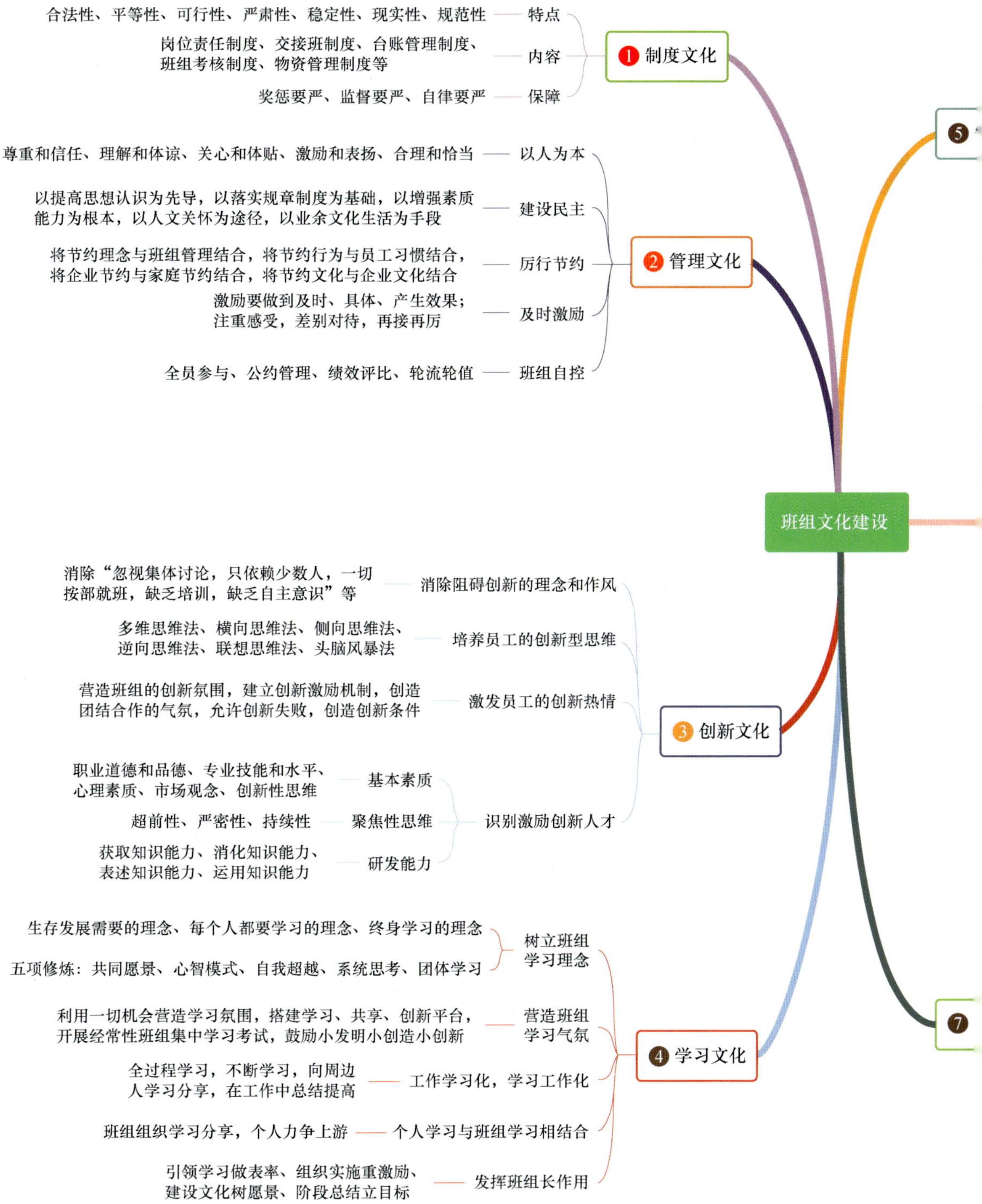
班组文化建设
1 制度文化
特点
合法性、平等性、可行性、严肃性、稳定性、现实性、规范性
内容
岗位责任制度、交接班制度、台账管理制度、班组考核制度、物资管理制度等
保障
奖惩要严、监督要严、自律要严
2 管理文化
以人为本
尊重和信任、理解和体谅、关心和体贴、激励和表扬、合理和恰当
建设民主
以提高思想认识为先导，以落实规章制度为基础，以增强素质能力为根本，以人文关怀为途径，以业余文化生活为手段
厉行节约
将节约理念与班组管理结合，将节约行为与员工习惯结合，将企业节约与家庭节约结合，将节约文化与企业文化结合
及时激励
激励要做到及时、具体、产生效果；注重感受，差别对待，再接再厉
班组自控
全员参与、公约管理、绩效评比、轮流轮值
3 创新文化
消除阻碍创新的理念和作风
消除“忽视集体讨论，只依赖少数人，一切按部就班，缺乏培训，缺乏自主意识”等
培养员工的创新型思维
多维思维法、横向思维法、侧向思维法、逆向思维法、联想思维法、头脑风暴法
激发员工的创新热情
营造班组的创新氛围，建立创新激励机制，创造团结合作的气氛，允许创新失败，创造创新条件
识别激励创新人才
基本素质
职业道德和品德、专业技能和水平、心理素质、市场观念、创新性思维
聚焦性思维
超前性、严密性、持续性
研发能力
获取知识能力、消化知识能力、表述知识能力、运用知识能力
4 学习文化
树立班组学习理念
生存发展需要的理念、每个人都要学习的理念、终身学习的理念
五项修炼：共同愿景、心智模式、自我超越、系统思考、团体学习
营造班组学习气氛
利用一切机会营造学习氛围，搭建学习、共享、创新平台，开展经常性班组集中学习考试，鼓励小发明小创造小创新
工作学习化，学习工作化
全过程学习，不断学习，向周边人学习分享，在工作中总结提高
个人学习与班组学习相结合
班组组织学习分享，个人力争上游
发挥班组长作用
引领学习做表率、组织实施重激励、建设文化树愿景、阶段总结立目标
5
7

- 安全文化
  - 安全文化建设内容
    - 物质文化建设、精神文化建设、制度文化建设、行为文化建设、技术安全文化建设
  - 班组安全管理制度
    - 安全生产通用规则、安全检查与隐患排查制度、工作安全分析制度、作业许可制度、行为安全观察制度
    - 检维修作业安全管理制度、应急处置预案及演练、现场急救知识和方法、生产安全事故警示制度
    - 现场安全管理制度（起重作业、电气作业、热工作业、能量隔离、危化品作业、高处作业、受限空间作业、高级消防、场内机动车等）
  - 中国海油安全文化
    - 核心价值理念、十大HSE管理理念、“人本、执行、干预”特色安全文化、“五想五不干”安全行为准则、“十项高风险作业”要求、安全标志行为
  - 企业安全文化的意义
    - 是企业安全生产的核心、是安全管理的基础、是实现安全制度的保障、是企业文明素质的重要标志
  - 安全文化建设途径
    - 加强制度建设，强化基础管理；强化“6S”管理，强化现场文明作业
    - 加强组织建设，强化安全培训
    - 加强措施多样化建设，强化落实安全责任
    - 细化安全管理，强化过程管控

- ❻ 和谐文化
  - 和谐三宝
    - 尊重、理解、沟通
  - 和谐三围
    - 在工作中营造和谐的气氛，在业余时间营造和谐的气氛，在思想上营造和谐的意识
    - 内部和谐、利益相关方和谐、外部环境和谐
  - 和谐三原则
    - 全员参与原则、良性互动原则、学习创新原则
  - 和谐九种心态
    - 快乐、合作、热情、自信、宽容、大度、空杯、负责、敬业
  - 以自我和谐促进班组和谐
    - 正确认识自己、学会调节心态、坚持自我完善

- 党建文化
  - 德 — 坚定理想信念
    - 熟悉党章（党史）、革命史、社会主义建设史、改革开放史；理解马克思主义、毛泽东思想、邓小平理论、三个代表、科学发展观、习近平新时代中国特色社会主义思想
    - 坚定“四个自信”，增强“四个意识”，做到“两个维护”
  - 能 — 锤炼工作本领
    - 勤勉敬业，求真务实，真抓实干，精益求精
    - 坚持原则、认真负责，面对大事大非敢于亮剑，面对矛盾敢于迎难而上，面对危机敢于挺身而出，面对歪风邪气敢于斗争
  - 勤 — 追求创新发展
    - 弘扬“石油精神”“工匠精神”
    - 切实实践“1534战略”，为实现“七年行动计划”作出贡献
  - 纪 — 遵守党纪党规
    - 牢记入党誓词，遵守党章党纪，实践“三个代表”
  - 廉 — 严守廉洁底线
    - 熟悉《中国共产党廉洁自律准则》《中国共产党纪律处分条例》《中国共产党党内监督条例》《中国共产党问责条例》《关于新形势下党内政治生活的若干准则》《中共中央关于加强党的政治建设的意见》等
    - 敬畏权力、管好权力、慎用权力，守住政治生命，保持政治本色

班组长安全领导力

- **班组的五个特点**
  - 结构小 —— 最基层单位，不能再分
  - 管理全 —— 质量、安全、生产、工艺、劳动纪律——麻雀虽小，五脏俱全
  - 工作细 —— 工作非常具体，需要耐心细致
  - 任务实 —— 上面千条线，下面一根针，企业管理最终要落到基层班组
  - 群众性 —— 需要班组长领导团结大家完成任务
- **班组长管理的五项内容**
  - 人、财、物、信息、时间（主次）
- **班组长的五个角色**
  - 责任者 —— 对企业来说，班组长是基层的管理者，是质量、成本、产量指标是否达成的最直接责任人，是企业利润的创造者
  - 带头人 —— 对作业人员来说，班组长是直接领导，是作业指导和作业评价者，是作业人员的帮助者和支持者，是班组的主心骨、带头人
  - 桥梁 —— 对主管人员来说，班组长是其命令和决定的执行者，是主管和作业之间的联系桥梁
  - 同事 —— 对其他班组长来说，是同事、战友，是协作配合者或竞争者
  - 助手 —— 对中层管理者来说，班组长是左右手
- **班组长的六项使命**
  1. 完成生产任务 —— 团结组员，通过不断寻找问题点，不断创新。开展质量改进活动，挖掘生产潜力。高质量、低消耗完成生产任务
  2. 培训和练兵 —— 按照本组各岗位的操作规程和工艺要求，组织质量培训和提高操作技能的基本功训练，增强质量意识，组织开展互帮互学等活动
  3. 质量控制 —— 组织自检、互检、巡检，做好过程检验工作
  4. 安全防范 —— 开展6S活动，创造整洁有序的工作环境，坚持安全第一，识别隐患，控制风险，防止事故
  5. 做好工作衔接 —— 做到“复查上工序，保证本工序，服务下工序”
  6. 开展质量改进活动 —— 持续加强质量改进活动，不断提升产品质量和生产时效
- **班组长的七种类型**
  - 唯命是从型 —— 缺乏创新和管理能力，唯命是从，不动脑子。常常表现为态度和作风生硬，出了问题逃避推卸责任
  - 劳动模范型 —— 工作细致，严守规章，以身作则，言传身教，偶尔听命于下属，需要进行管理能力方面的培训
  - 事必躬亲型 —— 不相信别人，样样事情都亲身去做，时间久了使得员工变懒
  - 生产技术型 —— 业务尖子，技术高超，意外处理能力强，缺乏人际关系协调能力，需要增加人际沟通培训
  - 得过且过型 —— 对工作没有责任心，得过且过，上级指示到他这里就没了进展。班组中没有威信
  - 哥们义气型 —— 擅长树立权威，组织能力强。讲义气，称兄道弟。容易感情用事，意气用事，缺乏原则性
  - ● 上述班组长都不能令人满意，下面这种“外科医生”型则可成为金牌班组长
  - 外科医生型 —— 在管理时就像外科医生一样，有条不紊，工作有重点，团队配合默契。工作交代很清楚，而且能抓住工作重点。团队管理有时不需要语言，一个眼神就能知道如何配合。这种班组长是最好的基层班组长

秀班组长十种能力

- 1 专业技术能力 —— 熟练掌握生产操作要求相适应的劳动技能，在班组中起到示范作用，关键时刻能解决问题，帮助下属正确判断
- 2 目标管理的能力 —— 具备划分和设定生产目标任务的能力。将上级下达的指标和任务分解成组员的任务和目标，提高员工的参与意识，不断改进提升
- 3 解决问题的能力 —— 善于发现问题，敢于直面问题，勇于解决问题。班组长要能发现问题，找出问题症结，及时采取对策、措施解决问题
- 4 用人所长的能力 —— 根据员工的特点进行任务分配，发挥全体人员的能力，知人善任，用人所长，善于调动和发挥大家的积极性，创造1+1>2的效果
- 5 融合沟通的能力 —— 能够用良好的沟通减少摩擦、融洽气氛，提高友好的依赖关系
- 6 幽默风趣的能力 —— 特别是在一些尴尬的场合下能够用适当的幽默使气氛轻松起来，能够用幽默批评下属，不使下属难堪
- 7 自我激励能力 —— 从不怨天尤人，始终保持阳光心态，实时激励员工
- 8 培养部署的能力 —— 对员工及时开展业务指导，传授必要的知识和方法，指导提高不足之处
- 9 自我约束能力 —— 避免一会晴天一会下雨的情况。有很强的情绪控制能力，充分意识到自己的长处和短板
- 10 文字表达能力 —— 善于总结，善于表达，善于书写，准确做到上情下达和下情上达。在大会小会上可以将复杂的事情简明扼要地归纳总结，以便员工有条不紊执行

班组长安全领导力素描

- 在班组人员中的印象 —— 办事公道、关心下属、目标明确、及时指导、力争上游、以身作则、准确发布命令、党建促进生产
- 班组长的快与勤
  - 三快 —— 嘴快（传达）、腿快（到现场）、手快（写报告）
  - 三勤 —— 勤动脑、勤汇报、勤沟通
- 最关心的时点
  - 三时 —— 交接班时、节假日时、极端天气
  - 三点 —— 危险点、危害点、事故高发点
- 最在意的有和无
  - 六有 —— 安全有目标、管理有规章、操作有规程、检查有记录、审核有依据、班组有安全员（包括兼职）
  - 六无 —— 作业无事故、现场无三违、设备无缺陷、环境无隐患、制度无缺失、培训无遗漏
- 五个坚决不准
  - 1 危险作业未经批准，坚决不准作业
  - 2 安全设备或防护装置不全、不灵，坚决不准使用
  - 3 新工人未经三级教育，坚决不准上岗
  - 4 特种作业人员未经培训合格取证，坚决不准操作
  - 5 作业方式不符合安全要求，坚决不准违章检修
- 六个严格确保 —— 确保班组严格遵守交接班制度、严格执行巡回检查、严格执行危险作业审批、严格遵守劳动纪律、严格控制工艺参数、严格执行安全规定

卓越班组长修炼

——企业班组长安全技能提升

中海油安全技术服务有限公司
海 洋 石 油 培 训 中 心 组织编写

焦权声　任登涛　周维洪　主编

气象出版社
China Meteorological Press

内容简介

本书详细介绍了班组长安全管理的整个脉络框架，以及在管理过程中需要注意的细节，为班组长提供了切实可行的安全管理方法和不断提升管理能力的有效工具。本书将班组长安全技能提升分为四个标准模块，包括“角色认知——做一名优秀的班组长”“职业素养——塑优秀基层管理者”“现场管理——塑卓越现场管理者”“应急管理——当全能应急就援员”。为使读者更好地理解其中的问题，书中的个别条目还附上案例以及扩展性的思考问题，引导读者总结自己的所思所悟。

图书在版编目(CIP)数据

卓越班组长修炼：企业班组长安全技能提升/焦权声，任登涛，周维洪主编. —北京：气象出版社，2021.4

ISBN 978-7-5029-7417-6

Ⅰ.①卓… Ⅱ.①焦… ②任… ③周… Ⅲ.①班组管理—安全管理 Ⅳ.①F406.6

中国版本图书馆CIP数据核字(2021)第068944号

Zhuoyue Banzuzhang Xiulian——Qiye Banzuzhang Anquan Jineng Tisheng

卓越班组长修炼——企业班组长安全技能提升

中海油安全技术服务有限公司
海洋石油培训中心 **组织编写**

焦权声　任登涛　周维洪 **主编**

出版发行：气象出版社

地　　址：北京市海淀区中关村南大街46号　　**邮政编码**：100081

电　　话：010-68407112(总编室)　010-68408042(发行部)

网　　址：http://www.qxcbs.com　　**E-mail**：qxcbs@cma.gov.cn

责任编辑：彭淑凡　　**终　　审**：吴晓鹏

责任校对：张硕杰　　**责任技编**：赵相宁

封面设计：传奇书装

印　　刷：三河市君旺印务有限公司

开　　本：710 mm×1000 mm　1/16　　**印　　张**：16.5

字　　数：323千字　　**彩　　插**：6

版　　次：2021年4月第1版　　**印　　次**：2021年4月第1次印刷

定　　价：60.00元

本书编审委员会

序

班组长作为基层班组的核心，是企业一线生产活动的直接指挥者和组织者，其安全素养直接决定公司安全管理体系的有效执行，其管理能力直接影响基层班组的安全生产，如果我们基层班组的安全生产搞不好，公司的安全生产就只能是空中楼阁、无本之木。加强班组长的培养、提高班组长的安全管理能力是搞好基层班组建设和安全生产的根本保障。

为认真贯彻落实国家关于班组长培训的要求，中国海油全面开展班组长安全技能提升专项轮训工作，同时系统梳理公司多年来班组安全建设的好传统、好经验、好做法，组织编写了《卓越班组长修炼——企业班组长安全技能提升》教材，这是一部提升班组长职业素养和现场安全管理能力的好书，希望广大班组长和基层员工把它作为必读书，结合实际工作认真研读学习，不断增长知识和技能，提高工作质量，助力公司安全发展。

中国海洋石油集团有限公司

质量健康安全环保部

2021 年 4 月

前言

班组是企业的细胞，是企业从事生产经营活动的基层管理组织，是企业各项工作的落脚点。班组管理是企业管理的基础，是搞好安全生产、减少伤亡和各类灾害事故的关键。班组沟通，是班组成员之间思想和信息的交换，是信息逐渐广泛传播的过程。如何通过培训来提升班组长的素质和能力，进而带动班组这个企业细胞健康活跃起来，为企业生产服务提供强大的支持，是政府部门、企业以及社会各界都非常关心和努力破解的课题。只有班组充满勃勃的生机，企业才会产生旺盛的活力，才能在激烈的市场竞争中长久地立于不败之地。

现代的工业生产，保证安全生产是一项极为重要的任务，要认真贯彻安全生产工作方针，建立健全安全规章制度，设置专职安全管理机构，进行安全教育，组织安全检查等。但许多经验教训告诉我们，在所有的工作中，最基础最关键的工作就是搞好班组的安全生产，因为班组是企业最基层的组织，是企业直接进行生产的机构。班组长作为班组第一安全责任人，在工作中应做到"以人为本"，坚持"安全第一、预防为主、综合治理"的方针，加强班组员工的安全意识和班组现场安全工作的监督检查。为此，我们编写了这本《卓越班组长修炼——企业班组长安全技能提升》教材。

本书详细讲解了班组安全管理的整个脉络框架，以及在管理过程中需要注意的细节，为班组长提供了切实可行的安全管理方法和不断提升管理能力的有效工具。为了便于企业内训或培训公司开展培训，我们将班组长安全技能提升培训分为四个标准模块，包括"角色认知——做一名优秀的班组长""职业素养——塑优秀基层管理者""现场管理——塑卓越现场管理者""应急管理——当全能应急救援员"。为使读者更好地理解其中的问题，书中的个别条目还附上案例以及扩展性的思考问题，引导读者记录、总结自己的所思所悟。

本书还附上了《应急管理部　人力资源和社会保障部　教育部　财政部　国家煤矿安全监察局关于高危行业领域安全技能提升行动计划的实施意见》和《关于印发〈中国海油安全技能提升行动实施方案〉的通知》，帮助企业认真贯彻执行高危行业领域安全技能提升行动计划的相关要求，全面提升人员安全技能水平。

希望这本书能够为战斗在企业一线的广大班组长解决工作困惑，提供启发和帮助。书中如有不妥之处，敬请谅解，期望专家和读者批评指正。

编　者

2021年2月

目录

第一章　角色认知
——做一名优秀的班组长

作为最基层的管理者，班组长要清楚自己在组织中的位置，认知自己在公司中的角色，如此才能真正做好班组管理工作，忠实履行自己的职责。

班组长在职场中对下代表经营者，对上代表生产者，对其他单位代表班组。为此，作为管理者，班组长是"将尾"；作为员工，班组长是"兵头"。因此，班组长需要明确自己在组织中的角色定位，明确自己的工作职责，即班组长要完成的工作目标和任务，以及为达成这一目标所需采取的行动。

第一节　班组长的角色定位

讲题 1　什么是班组长

现代企业的管理结构一般都是三角形样式，根据人员类别基本上可以分为四层，即决策层（高层）、管理层（中层）、执行层（基层）、作业层（基层）（见图 1-1）。高层"动脑"，中层"动口"，基层"动手"，也正是如此，基层因管理需要而形成的班组最为普遍。

决策层：决策层的工作是做决策，解决企业战略方向的问题，需要识别哪些是正确的事，哪些该做，哪些不该做，所以决策层要学会选择。一般来说，决策层指的是企业的高层，如副总、老总。

管理层：管理层是一个承上启下的层级，既要把企业高层的思想传达给下属，也要把下属的要求、呼声汇报给上级，所以管理层的工作是解决一些具体的管理方法或流程的问题。一般而言，管理层指的是企业的中层管理者，比如主管、经理、部门负责人。

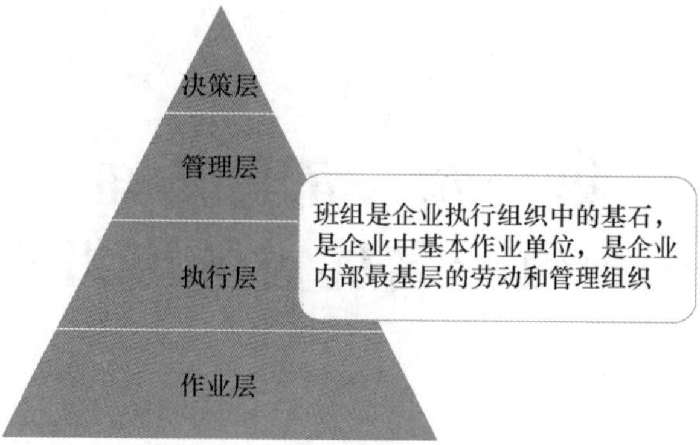

图 1-1　现代企业管理结构

执行层：从字面上讲，执行层的工作是执行，解决落地的问题，把文件的要求、公司领导的意愿和要求转化为实际行动。班组长主要处于执行层面，这就要求班组长的执行力要强，身先士卒，同时要求下属具有较强的执行力。

作业层：执行层的下属是广大的作业层，也就是说，班组长面对的是广大员工，人数较多，比较难管。

班组作为执行组织的基础，是企业一切工作的落脚点。一个班组中的领导者就是班组长，是班组生产管理的直接指挥和组织者，也是企业中最基层的负责人，属于"兵头将尾"，是一支数量非常庞大的队伍。每个企业因行业区别对其有不同的定义，其称呼也有班长、领班、组长、主管、线长、工长等各种称谓。

讲题 2　班组长的管理认知

班组管理是指为完成班组生产任务而必须做好的各项管理活动，即充分发挥全班组人员的主观能动性和生产积极性，团结协作，合理地组织人力、物力，充分利用各方面信息，使班组生产均衡有效地进行，产生"1＋1＞2"的效应，最终做到按质、按量、如期、安全地完成上级下达的各项生产计划指标。

在实际工作中，经营层的决策做得再好，如果没有班组长的有力支持和密切配合，没有一批领导得力的班组长来组织开展工作，那么经营层的决策就很难落实。班组长的特殊地位决定了他要对三个阶层的人员采取不同的立场：面对部下应站在代表经营者的立场上，用领导者的声音说话；面对经营者他又应站在反映部下呼声的立场上，用部下的声音说话；面对他的直接上司又应站在部下和上级辅助人员的立场上讲话。因此，班组长既是产品生产的组织领导者，也是直接的生产者。

管理是一个系统工程，目前很多企业都存在基层管理问题。一般来说，基层人员被称为企业的第一竞争力，他们的职业精神、工作能力直接影响到产品的质量水平。所以，一般企业看高层，优秀企业看中层，卓越企业看基层。但由于很多基层管理者是从员工中提拔起来的，对现场、工艺要求、产品特性等方面很了解，但没有管理经验和管理信心，企业中会出现基层管理者会干不会管的现象。

讲题 3　班组长的角色定位

角色是指人们对某一职位所期望的一系列行为。班组长作为最基层的管理者，要明确自己在组织中的位置，认知自己在公司中的角色。

一、班组长角色有什么独特性

班组长的角色是由其在组织结构中的地位和作用决定的，具有以下特点：

(1)班组长直接负责产品生产或劳动服务；

(2)班组长的工作富于操作性和技术性；

(3)班组长处于管理层与员工的中间位置，是管理层与操作层之间的桥梁：一方面，班组长代表管理层面对员工；另一方面，班组长代表员工面对管理层。

二、班组长如何准确把握自己的角色

班组作为企业“最小行政单元”，班组长不算“干部”，但实际上，班组长基本具备了“干部”的管理职能。班组长要代表三个立场：对下代表经营者，对上代表生产者，对其他单位代表班组。为此，班组长必须做到以下几点。

1. 了解上级的期望

作为员工，必须清楚地了解上级的指示，以及上级指示的背景、环境和上级的风格。否则，有时候作为员工的你费了很大的力气做某事，但并不是上级所希望的，结果费了力气反而没有达到本该有的效果。

2. 了解员工的期望

一般来说，员工对上级有以下 6 个方面的期望：

(1)做事公平合理；

(2)关心下属；

(3)明确目标；

(4)准确发布命令；

(5)及时指导；

(6)分享荣誉。

作为班组长，既要了解上级的期望，又要了解员工的期望，这样才能把工作做得更好。

讲题 4　班组长的角色扮演

作为优秀的班组长，需要具备很多能力，尤其要扮演好以下角色(表 1-1)。

表 1-1　班组长的角色类型

类型	具体表现
生产技术型	技术业务能手，但缺乏人际关系协调能力，工作方法简单，常常用对待机器的方法对待员工
唯命是从型	强调绝对服从，对上级忠心耿耿，而且毫不怀疑与抗拒，但也绝不会主动做事，一切听从上级的指示，不求有功但求无过，往往缺乏创新和管理能力
大撒把型	不乐意做班组长，做一天和尚撞一天钟，工作得过且过，没有责任心，采取无为而治的做法，徒有虚名
劳动模范型	工作踏踏实实，勤勤恳恳，只知道自己做事，但不会管理员工，不适合担任领导工作
哥们义气型	对待员工常常称兄道弟，讲哥们义气，在工作中感情用事，缺乏原则性，不能发挥班组长应有的作用
强迫压制型	固执守旧，过分压制员工，害怕员工威胁他的地位
教练型	既有技术又懂管理，注重培训员工和班组团队的建设，有明确的目标意识，主动发现并解决问题

一、全能工

班组长要成为一个全能工，既要了解产品结构和产品性能，也要了解工艺特性和工艺要求。很多班组长是从基层提拔起来的，往往是对某一段工艺、某个特性比较了解，但不了解所有工序，所以仍需学习。如果班组长是“空降兵”，可能对新任职公司的产品、工艺缺乏了解，要想取得好的学习效果，就要降低姿态向老员工请教。

二、员工的导师

班组长要有能力成为员工的导师，慢慢建立威信。管理者有“三服”：德服为上，才服为中，力服为下。首先，班组长要让员工觉得自己有价值，能够快速解决员工不能解决的问题；其次，班组长要有很强的执行力，只有这样，才能使员工的执行力增强。

三、员工的榜样

班组长要成为员工的榜样，发挥自身的影响力，用自己的行动影响、感染员工。有句话说“讲一万遍，不如做给他看”，就是这个道理。通常而言，员工都很反感“说一套、做一套”的领导，他们在严格要求员工的同时却放任自己的行为，使员工感觉受到愚弄。

四、员工的兄长

现代企业管理有三种方式：家庭式管理、军队式管理、学校式管理。学校式管理强调学习力，军队式管理强调执行力，班组长要进行家庭式管理。

家庭式管理是亲情管理，要求班组长对待下属要带着感情管理，营造一个和谐的氛围，让员工进到作业现场后没有压力，感觉很舒服、很愉悦。如果员工进入作业现场后感觉压力极大，这是很难留住员工的。很多企业员工流失率高的原因不是工资低，而是管理氛围不好或者员工对领导不满。由此可见，家庭式管理也是一种留人的手段。此外，班组长除了关心员工 8 小时以内，让员工做好工作，也要关心员工 8 小时以外，以赢得员工的信任。

案　例

案例一：“几年前，我在一名‘铁腕’班长手下工作。在那里的工作痛苦不堪，以至于我连班都不想去，更不要说在那儿做什么事情了。每逢周一，他就会批评某个人上周的工作；下一个星期，又会轮到别的什么人。”

案例二：“我碰到的组长是个小心眼，常常打听员工向主管说了什么，毫无主见、凡事求稳，好像从来不会尝试任何新的东西，当遇到主管责备时，他从来不会站出来为你讲话。”

案例三：“一天，我正在工作，遇到一个技术问题。我去找组长帮忙，可是在车间内不见他的影子，后来知道他在仓库聊天，当我把这件事告诉组长时，他只说了一句话：‘没有出事就行。’”

案例四：“白天我陪组长玩了一天，上晚班时，我就在车间睡觉了，组长也没说什么，后来机器发生故障，由于未及时停机，出现很多不良品，我偷偷当报废品处理了。”

1. 你认为这些班组长对其员工的绩效有何影响？

2. 你能从上述四个案例中学到什么？

讲题 5　班组长的角色转换

班组长在企业中既有上司，又有下属和同事，要面对不同的人，所以需要学会进行角色转换。通俗来说，就是“见人说人话，见鬼说鬼话”。面对不同的人，班组长要用不同的方式讲话，确保讲话内容和沟通对象匹配，考虑他们的职位特点，内容要有侧重点。

一、面对班组成员

班组长大部分时间面对的是直接下属——广大员工，这时班组长要站在管理者的立场做好监督管理工作，充当企业高层管理的代言人。

人们在阐述观点的时候，往往习惯于从一己之利出发，站在自己的立场上进行沟通。所以，为了使广大员工的想法达成一致，班组长就要站在管理者的立场上考虑问题。

二、面对中层管理者

面对直接上司时，班组长要站在下属的立场，接受指令，汇报工作。需要注意的是，班组长要认可上司，即便不认可其人，也要认可其职位。中、高层管理者很少进入生产现场，通过下属实事求是、准确及时的汇报，才能了解问题，所以班组长除了要充分了解上司的要求、意图外，还要将基层员工生产现场的问题准确、及时地汇报给上司，作为上司决策的依据。

班组长和上司沟通时需要技巧，要培养沟通的氛围。

三、面对高层管理者

当班组长有机会面对企业的高层，与其进行沟通时，要站在下级以及班组成员的立场，在服从领导的同时，主动提供基层的信息。一方面，班组长要认可高层，因为人的职位越高、年龄越大，往往也越爱面子，认可高层管理者可以让他感觉到自己对企业的忠诚度；另一方面，班组长要主动提供基层的信息，反映员工的呼声，把基层的问题准确、及时地反映给领导。

四、面对同级人员

班组长面对其他部门的基层管理者时，不能只站在自己班组的角度考虑问题，还要站在合作的立场、全局的高度，做好协同工作，要有同理心，经常进行换位思考。

五、面对企业外部人员

面对企业外部人员时，班组长要做好企业的宣传者，站在企业的立场做好服务工作。这里的外部人员不仅是指上游客户、供应商和下游客户，也包括其他一切外部的人员。面对这些人员时，班组长给他们的感觉应该是积极进取、忠诚可靠，但这并不意味着不正视企业的问题。总之，对外，维护企业形象，呈现积极向上的面貌；对内，要正视存在的问题，并积极解决问题，这就是班组长面对企业内外部人员的一种立场。

第二节　班组长的岗位职责

讲题 1　班组长的岗位使命

班组长的使命可以概括为四个字母——S、Q、C、D。

一、S(safety，安全)

安全永远是第一位的，员工需要在安全的生产环境中工作、生活。以制造业为例，班组长的首要任务是创造一个安全的生产环境。

对于安全的要求，企业要结合行业特点、企业特点、产品特点投入资源。如果安全隐患较少，这方面投入的资源可以相应少一些；如果安全隐患较多，投入的资源就要多一些。

二、Q(quality,品质)

品质要好,就是说班组长做任何事都要又好又快。作为基层管理者,好的工作体现就是产品品质高、一次性合格率高、产品的直通率高。

三、C(cost,成本)

企业经营的最终目的是实现利润最大化,利润与成本息息相关,节约成本与提高利润具有杠杆效应,降低成本就等于贡献利润。

四、D(delivery,交货期)

现代企业的竞争也是效率的竞争,产品不但要做得好,还要做得快,生产效率要高,这就对交货期提出了要求。

在具体工作中,班组长要识别一切安全隐患,并预防、消除这些隐患,建立一套高品质的质量管理体系,学会识别浪费,降低成本。成本是一种投资,降低成本应在保证产品质量的前提下,合理合规地进行。

最后,班组长还要提高员工的技能、提高生产效率。这是一个系统工程,随着社会的发展,企业的自动化程度越来越高,设备在企业中的作为和价值也越来越大,所以减少设备停机率也是管理的重要因素。

示 例

海洋石油 941 平台钻井班组,现有员工 37 人,泵工平均海上工作经验两年左右,钻工一年左右,在核心岗位缺编的情况下,钻井班组在 BZ19-6 凝析油气田国家重点开发项目中,传承发扬以“苦干实干”“三老四严”为核心的石油精神,主动出击,把创新优化作业程序作为提质增效的“主干道”,以创新思维打破时效瓶颈,制定精准提效目标,作业时效较以前有了显著提升。在 2020 年第二季度中国海油四海自升式钻井平台时效评比中,941 平台取得第一名的佳绩,并多次得到甲方表扬。

该班组在安装井口作业(图 1-2)中,打破常规、主动创新,优化流程使整个拆装接口节约 30 小时以上。

图 1-2 海洋石油 941 钻井队队长王永生组织人员安装井口作业

在队伍建设、安全管理上，钻井班组狠下功夫，充分利用 STEP 手册，结合平台现场作业开展技能培训，定期开展专业问答和现场实操考核。在用工方式上，班组采用新老搭配原则，进行强弱互补，同时核心岗位采取一对一、点对点精准帮扶，加大对平台人员的培训力度，强化培训及验证，增强培训效果。

讲题 2 班组长的基本任务

班组长的基本任务可以概括为三句话：事务管理，生产管理，辅助上级。

所谓事务管理，就是班组长做一些例行工作方面的管理，比如员工是否准时上下班、员工是否按要求穿着工装、员工是否准时打卡等事务性的、琐碎的事情。以制造业为例，生产管理就是指管理生产现场的人、机、料、法、环这五方面。所谓辅助上级，就是班组长要及时向上司汇报现场的问题，给上司提出管理的建议。班组长要想获得上司的认同与满意，就要当好军师，及时汇报。

具体来说，班组长的基本任务可以详细分为以下八方面。

一、完成目标

完成目标是班组长的首要使命，例如，绩效管理的核心内容就是 KPI，即关键绩效指标。

二、做计划

很多班组长不善于做计划，特别是在中国的社会背景下，很多人不重视计划，因为社会发展太快，计划不如变化快。然而，凡事预则立、不预则废，做计划永远是有必要的。计划的时间不要太长，和企业的现实相匹配即可。

三、调动资源

人、机、料、法、环都是资源，班组长要善于调动、利用各种资源，调动员工的工作积极性。

四、上情下达

班组长要善于向上汇报信息，向下传达要求，做好“传声筒”，起到纽带作用。

五、开会

班组长要学会开会，这是一种能力，是最常见的沟通方式之一。对于那些管理经验较少，不知道如何给员工开会的班组长来说，不要害怕开会，可以先模仿他人如何开会，在尝试和实践中提升自己的能力。

六、培训员工

培训是一种领导方式，班组长要做好领导，就要学会培训员工。

七、监督指导

班组长要监督和指导员工的工作，发现问题后及时指导。

八、营造班组氛围

班组长要营造一个良好的班组氛围——企业文化。

总之，班组长的性格特点和作业方式对整个班组的影响很大，言传不如身教，班组长要求下属时首先要做好自己。

示 例

2016 年 7 月 26 日至 8 月 31 日，海洋石油 255 船在广州菠萝庙船厂进行坞修，在坞修期间班组所有成员根据修船计划安排，积极地投入到紧张有序的船舶修理工作中。这个时期正是南方高温多雨季节，为保证船舶如期完成坞修，班组成员冒风雨、抗高温，发扬吃苦耐劳的精神，加班加点地工作，对船厂的修理项目严格把关验收，体现了班组成员对工作一丝不苟的精神。在全体班组人员的共同努力下，顺利完成了本次坞修，为船舶的平稳营运提供了有力保证。

讲题 3 班组长的现场管理职责

现场是企业从事生产、销售及研发等生产增值活动的场所。现场管理，是指为了有效地实现企业的经营目标，对生产过程诸要素进行合理配置和优化组合，使之有机结合达到一体化，以达成质量优良、交货期可靠、成本低廉、产品适销对路的综合管理。

一、生产控制

1. 执行每月生产计划

(1)安排作业人员，使生产流畅；

(2)训练及协助作业人员的工作。

2. 准备每日的生产活动

(1)检验机器设备、工具、零件和材料；

(2)执行主管所交付的工作任务；

(3)启动机器并确认其能运作正常。

3. 跟催作业

(1)调查出现异常的原因；

(2)向主管报告；

(3)采取临时措施；

(4)设计永久对策；

(5)依指示协助主管。

4. 作业完成后的工作

(1)准备下一班工作，如发现异常，要通知下一班人员；

(2)确认所管辖区域内的每一个开关均在“关闭”状态下；

(3)填写班组日报表。

5. 处理窝工事务

(1)调查外部窝工事件;

(2)调查内部窝工事件;

(3)确定原因及采取对策。

6. 准备新产品导入生产线

(1)协助主管;

(2)学习新产品生产工艺和指导作业人员正确作业。

二、成本控制

1. 成本改进计划

(1)向主管提出口头意见并提出改进计划;

(2)准备并提出"成本降低计划"进度表;

(3)从事本单位内各项改善活动的协调,并请求其他协助改善事项(如新工具等);

(4)监督及跟催"成本降低进度表"的进展情况。

2. 降低人工成本

(1)提出构想及协助上司以执行人工成本降低的措施;

(2)监督每月工数降低活动事项,并且跟催其进展情况;

(3)若未达成目标,则需研究其原因,并采取相应的行动。

3. 降低直接成本

(1)记录原料、物料耗用量;

(2)研究原料、物料用量增加的真正原因及其对策;

(3)监督原料、物料实际耗用量与计划耗用量的差异;

(4)就超过原计划耗用量的原因及采取相应的对策写出提案。

4. 节约能源

(1)确定有无泄漏之处,如气压、供水等,并采取措施阻止泄漏;

(2)在确定之后,再决定是否由自己来处置或寻求他人协助;

(3)监督作业人员在设备使用完后随手关闭电源。

5. 日常改进事务

(1)改善的准备;

(2)准备监督工况改善的活动事项;

(3)依据问题的状况,给予改善活动的指示;

(4)协助主管指导班组人员改善工作。

6. 其他

(1)与班组人员开会,说明成本降低的成果;

(2)把握每一个机会,以强化每一个作业人员的成本意识。

三、质量控制

1. 维持和改进质量水平：

(1)对组内成员说明清楚质量现状水平、将要达到的目标及相应的要求；

(2)监督及控制流程的质量输入信息；

(3)分析原因，以及采取相应的对策。

2. 坚决贯彻“质量是制造出来的”的信念：

(1)检查每日生产的第一个产品和最后一个产品；

(2)执行定期检查，以防止不合格品发生；

(3)监督作业人员是否遵守作业标准来工作。

3. 发现质量不合格时，能采取相应的对策：

(1)属于内部造成的不合格品，要修理好，并向主管报告及提出建议与对策；

(2)属于外部造成的不合格品，向主管报告，并请求修理的指示。

4. 组内成员每日开会，告知有关质量的问题，并加以讨论，同时还要评估组员的质量认知水准。

四、安全运行

1. 认真执行各项制度，对违反工艺操作规程及安全生产规程的行为加以制止，直至停止其工作。

2. 做好本班组的安全运行工作，杜绝重大人身、设备、火灾、爆炸事故，并减少一般事故。

3. 一旦发生事故立即组织抢救，采取果断措施，防止事故扩大，并及时向有关部门报告。

4. 展开事故调查，进行事故分析，吸取教训。班组长现场管理的四大职责包括生产、成本、质量及安全。

示例1

为了更好地为甲方提供优质服务，促使公司管理提升活动的各项工作全面落实，促进各项工作上水平，在采油公司实施船舶标准化管理活动中，海洋石油255船班组结合“提高船舶管理，细化工作标准”的主题，在积极组织学习的基础上，就本船现状深入检查，并以最快的速度、极大的热情投入到本船的标准化工作中，成果显著。班组成员工作生活场所以及个人仪容仪表均有显著改善，同时，好的工作生活环境也带给255船班组轻松愉快的心情，使班组成员更加积极努力地投入到工作之中。2016年海洋石油255船被评为采油服务公司船舶管理标准化达标船舶，同时在第三方审核时被评为优秀。

示例2

海洋石油255船班组面对持续的油价寒冬形势，响应总公司质量效益年活动号召，认真开会研讨，积极采取有效措施，取得良好的成效。

(1)采取经济航速航行，合理利用风流因素，降低船舶油耗，进行航次油耗统计分析，提高燃油使用率。

(2)加强与海上平台之间的积极沟通，合理安排船舶靠平台的计划，在保证作业的同时，尽量缩短作业时间，减少船舶油耗。

(3)完善设备自查制度，杜绝跑、冒、滴、漏的现象，避免不必要的浪费。

(4)配合标准化管理，提高船舶自检自修执行力度，提升保养质量，充分利用船舶非作业时间，2016 年海洋石油 255 船开展自检自修 239 次，降本增效费用节约 66.9 万元，综合船舶营运费比上一年度降低 10%。

示例 3

作为船舶生产的“尖兵”队伍，海工安装事业部海洋石油 202 船轮机二班始终秉承“海工铁军”精神。疫情期间，班组所有成员连续在尼日利亚 Dangote 项目施工长达 9 个月，但是轮机二班却在安全和质量方面始终保持着超高标准，这是班组全体成员按照 QHSE 体系要求开展工作、识别风险、规避隐患的结果。通过 QHSE 管理标准化建设，轮机二班已成为一支责任分工明确、奖惩制度公平、管理规章完善的专业性团队(图 1-3)。

图 1-3　海工安装事业部海洋石油 202 船轮机二班

第三节　如何做一名优秀的班组长

案例1

两个年轻人一起到一个工厂打工，A高中毕业，B初中毕业，进厂后一个月，A担任组长，B是员工。B默默无闻，总是认真工作，不断地向别人请教和学习，期望有一天像A一样当上组长。一年后，B当上组长，A还是组长。B工作更努力了，同时参加夜校的学习，下班后也在琢磨工作上的事情，A嘲笑B太认真，“像我们这样的条件当组长就不错了，丑小鸭还想变成白天鹅？”B不予置否，仍一如既往地钻研工作业务和管理技能，期望有一天能像经理一样参加总经理召开的会议。5年后，B被任命公司的副总经理，A还是一个组长。

【总结】有什么样的思想，就有什么样的行动，行动创造自己的未来。

讲题1　班组长应具备的道德修养

一个合格的管理者要想让下属服从自己的决定，拥护自己的领导，没有独特的个人魅力是不行的。所以，一个合格的班组长还要从以下几个方面树立自己的威信，从而达到令行禁止的目的。

一、以德服人

德包括政治品格和道德品质。一个领导者责任感强、不谋私利、公平待人、态度和蔼、善于沟通，又具有鲜明的个性特征和高尚的道德品质，就能增强下属对领导的信任感，使领导工作具有影响力和向心力，也就是我们平常说的个人魅力。魅力是最能够捕捉公众的想象力、凝聚公众的战斗力、吸引公众的注意力，鼓励公众忠心耿耿地为群体目标而努力奋斗的催化剂。

二、诚实守信

古人云：“言必信，行必果。”说话一定要讲信用，不食言，不说空话、假话、大话，只有这样才能够获得群众的信任。最容易损害班组长威信的，莫过于被人发现他在欺骗、吹牛搞鬼、不信守诺言了。

三、以情动人

情就是上下级之间、领导和群众之间同志式的感情。这种感情是建立在相互支持的基础之上的。有了这种感情，领导和下级就能同甘共苦，甚至生死与共。这是因为，每一个人都希望别人理解和尊重自己，尤其是来自领导的理解、同情、尊重、信任和关心更会使人受到鼓舞和振奋。领导者如果能够满腔热情地关心他人，诚心诚意地尊重他人，那么，下级就会对你心悦诚服，工作中就会产生无言的感召力和影响力，这就是情感投资的效应。

四、有专业素养

一个领导者必须具有一定的知识素养和技术水平，在知识化、专业化方面达到较高的层次，成为本班组的内行，才能获得较高的威信。知识是一种力量，是一种财富，也是一种丰富的权力资源。一个知识缺乏的人，技术不过硬的人，很难在复杂的工作中带领大家一起出色地完成任务。

五、有才能

以识树威使人信服，以才助威使人佩服。所谓的才主要指认知才能、决策才能、决断才能、指挥协调才能、组织管理才能、总揽全局才能、激励和思想政治工作才能、公关宣传才能、应变才能、处理问题才能和技术方面的才能。一个才华横溢的领导，可以使人产生一种信赖感和安全感，即使在非常困难的情况下，员工也会同心同德地跟着他去战胜困难。具备以上才能，员工才会认为你像个领导者，跟着你干没有错，于是你就有了号召力和威信。

六、有业绩

成绩是树威的根本，知识再多，能力再强，技术再高，但最终干不出成绩，在同行业里老是垫底，员工还是不会买你的账，不会听你的话。只有把成绩实实在在地摆在那里才有说服力，领导的威信才能树立起来。

七、有威信

管理者要建立自己的威信，必须把廉洁作为一个自我修养的主要方面，坚持艰苦朴素，反对奢侈浪费，不为金钱所惑，不为物欲所误。

八、公正公平

在工作中要做到公正、公平、公道。下属最怕不公，不公导致消极、离心；公则赢得人心。管理者要公平、公正地对待诸如分配、奖惩等问题，切忌亲我者近之，疏我者远之。

班组一般处于单位里的基层，但是工作内容最为烦琐，工作环境比较艰苦，人员管理比较复杂。班组长作为基层的管理者，管理起来更有挑战性。作为一个合格的班组长，应该知道自己在企业中所扮演的角色，准确地把握自己的权利和义务以及公司领导对你的期望与员工对你的期望。

讲题 2 班组长管理经验分享

凡事都要有规范，班组管理也同样要有规范。一个合格的班组长，不仅要制定班组内部的各项管理制度，更要在管理过程中，不断学习和总结出适合自身的一些管理经验。

一、自我反省

每天给自己留一些时间进行自我反省，检讨自己一天的行为哪些是需要进一步努力与改正的，哪些是以后不可以再做的，哪些是做得好要加强的，这样可以更清楚地认识自己，取长补短，在今后的工作中更上一层楼。

二、从不抱怨

抱怨是指以抱怨别人为理由来逃避责任，抱怨不会带来任何有建设性的东西，只能降低解决问题的可能性，从而使我们越来越平庸。

三、不轻易说“不”

当我们说“不”的时候，通常机会就与你擦肩而过。机会向来不会以光彩照人的形式出现，它来到时通常伪装成不幸或失败的样子。

四、创新改善

大多数人都愿意维持现状不愿改变，而没有改变，就没有创新与改善，就没有进步，不管是人还是事！

五、勇于承担责任

当我们把责任推给别人的时候，通常也把更高的职位与薪水拱手让人了。记住，球落在你的脚下，不要再踢出去，你就是接住球的人！

六、要有强烈的目标导向

当我们有一个很清晰的目标，并开始行动时，你离成功就不远了。首先要有清晰的目标，其次要围绕这个目标采取行动，否则目标也只是空谈。而强烈的目标导向更是说明了一种心态。失败者找借口，成功者找方法。

七、积极但不越权

积极但不添乱，主动但不越权，到位但不越位。对工作要积极主动，敢于直言，善于提出自己的意见，不能唯唯诺诺，只求四平八稳。在处理与上级关系时要克服三种错误认识：一是上级说啥是啥，叫怎么着就怎么着，好坏没有自己的责任；二是明知上级决策有问题却闭口不言，只待事后当诸葛，看笑话；三是自视高明，对上级的思路不研究、不完善、不落实，甚至另搞一套，阳奉阴违。当然，班组长的积极主动、大胆负责必须考虑到维护上级的权威，维护班组的团结，不能出风头、抢镜头，争个人的职权，在某些工作上不能擅自超越自己的职权。

八、回报原则

除了向上级汇报，更要注意“回报”。这里的“回报”是指上级交代给我们的事情，我们要及时地汇报自己将要开展此事项的计划，执行过程中的进度或异常，执行的结果。特别注意的是，不管这件事情的结果是成功还是失败，都要回复或报告。

九、加强沟通

沟通，意味着交流，有交流才能解除疑惑，而不是臆想。

十、弹性原则

要根据实际情况在原则之外懂得变通。毕竟很多公司的规定并不是很完善，我们应在以公司利益为出发点的情况下予以变通。当然，这种变通最重要的是要有变通的想法，其实执行起来我们还是可以尽量事先得到上级的准许。另外，弹性管理也提醒了我们管理者在制定任何制度、计划等事项时要留有一定的余地，避免过于僵化。

十一、团队协作

“三个臭皮匠，赛过一个诸葛亮。”试想一下，我们有多少事情能做到团队讨论后再实施呢？而且，团队讨论的最大好处就是可以提高团队成员的工作积极性，因为有他们的参与，他们会认为这件事情与自己息息相关，会更努力地投入到工作中去。

十二、尊重事实

掌握事实，一切以实施为依据，拒绝臆想、模糊的概念。用事实说话，用数字说话，尽量避免使用“好像、也许、大概、可能”等字眼。

十三、关心下属

人性化的管理、铁一般的纪律在很多人眼里是互相矛盾的，其实不然。公司的任何管理规定，既要合法，也要合理，只有真正做到人性化的管理，才能保持铁一般的纪律。

十四、学会激励

不管是下属还是自己，都需要激励，包括物质激励和精神激励。管理者往往需要激励下属做不愿做的事，不想做的事，不敢做的事，做不到的事。

十五、做事公正

班组长的权力不管是职位权还是奖惩权，它的应用效果很大程度上取决于你是否公平公正。

十六、加强自身理论知识的学习

工作上都忙不过来，哪还有时间学习啊？这常常是班组长不愿参加培训学习的借口，正因为这样，所以班组长会更忙，因为它缺乏最基本的管理方法。所以，加强学习，是班组长提升管理技能的不二法则。

第二章　职业素养
——塑优秀基层领导者

第一节　安全领导力

讲题 1　顺利开展工作需要树立权威

一、班组长的权威

权威就是对权力的一种自愿服从和支持。人们对权力的服从可能有被迫的成分,但是对权威的服从则属于认同。反对者可能不得不服从权力所做出的安排,但是服从不等于认同。权威就被认为是一种正当的权力。也可以说,权威是极具公众影响力的威望。权威一词是作为引导性名词而存在的,一般没有执行要求。权威是实力的代名词,它代表着地位、实力、信誉、威望、权力。

威信是一种众人钦佩、敬仰的声望,是威望与信任的结合,是班组长在组员心目中的威望和由威望而产生的信任。

班组长要有效地领导组员,得到组员的支持和尊重,就必须树立自己的权威形象,从而产生"无言的召唤,无声的命令"。

如果班组长树立的形象与员工心中期望的形象相符,那么他一定会得到员工的信任和拥护。要达到这一期望的形象,很大程度上取决于班组长对自身形象的维护。要树立自己的威信和形象,就要以德立威,具有良好的政治品格和道德品质。班组长要想具有权威,必须做到:

(1)有坚定的意志;

(2)有较强的业务能力;

(3)有较高的整体素质和先进观念;

(4)能够洞察是非、明辨方向;

(5)在工作中不谋私利；

(6)公平待人，态度和蔼，善于沟通。

班组长与主管不同，班组长不但要指挥生产，而且还要直接参与生产，具有指挥者和生产者的双重身份。如果说班组长自己干工作“偷奸耍滑”、拈轻怕重，又何以带动组员呢？所以，班组长要以身作则带头干实事，为员工树立起“遇难不怕、遇险我先、遇险我挡”的工作形象，才能更好地带动和影响组员投入生产，增加班组的凝聚力和战斗力。

二、班组长权威的来源

班组长的权威来源于8个字：能、信、情、才、勤、廉、公、新。

1. 以能树威

班组长的能力是对组员形成影响和产生吸引力的第一要素。不言而喻，谁也不愿意自己的班组长是个“草包”。一个班组长必须具有一定的知识素养和技术水平，在专业方面达到较高的层次，成为本部门、本行业的内行，才能享有较高的威信。

2. 以信取威

诚信是金。信是一个古老的概念，说文解字中信字之意为“从人从言，诚也”。意思是说信是个会意字，指人的言论要诚实，要守承诺，讲信用。

3. 以情立威

情就是上下级之间、领导和员工之间有同志式的感情。这种感情是建立在相互支持的基础之上的。有了这种感情，领导和员工才能同甘共苦，乃至生死与共。

4. 以才助威

一位才华横溢的班组长，可以使人产生一种信赖感和安全感，即使在非常困难的情况下，员工也会同心同德地跟着他去战胜困难。

5. 以勤增威

班组长要与员工交朋友，及时发现和帮助员工解决生产、工作、学习和生活中的各种实际问题，协调关系，解决矛盾，拉近与员工的距离。身为一班之长，不主动去学习先进的班组管理经验，不去尝试新的工作方法，班组工作就不能顺利开展，组员也不会以你为榜样，威信就难以树立起来。

6. 以廉生威

管理者要建立自己的威信，必须把廉洁作为一个自我修养的主要方面，坚持艰苦朴素，反对奢侈浪费，不为金钱所惑，不为物欲所误。

7. 以公助威

在工作中要做到公正、公平、公道，切忌亲我者近之，疏我者远之。用人唯贤，不要任人唯亲。

8. 以新创威

班组长要在尊重科学、尊重规律的基础上不断创新管理方法，创新技术，创造性地开展各项工作，使企业在市场竞争中立于不败之地。

班组长们要想更好地将员工团结在自己周围，就要树立起自己的威信，创造出适应自身环境的现代班组管理方式，使班组工作有条不紊地顺利进行。

三、优秀班组长的素质要求

俗话说“身教重于言教”，班组长在员工中树立什么样的形象，具有很强的导向作用。

1. 品质要求

一名优秀的班组长应该做到如下5点：

(1)关心公司发展和员工状况；

(2)明确公司的目标，并且及时、准确传达给员工；

(3)能向员工准确表达在公司内部人人平等和遵守制度的必要性；

(4)善于抓住促使公司发展的机遇；

(5)能和公司一起承担风险。

而上述最后两项，都需要具备敢做敢当的管理魄力。

班组长的敢做敢当，不仅表现在大胆开拓和承担责任上，还表现在自我品德的塑造上。班组长敢做敢当就不会揽功推过，不会文过饰非，也不会护短遮丑，而是踏踏实实地把工作做好做实做优秀。这样的班组长，他的人格魅力可以为他赢得更多的尊重，更多的服从，更多的追随者。

如果一位班组长既具有强烈的责任感、使命感，全心全意为员工服务，公平待人，态度和蔼，善于沟通、协调人际关系，又具有鲜明的个性特征和高尚的道德品质，那么他的威信肯定高，影响力肯定强。

2. 能力要求

(1)专业能力

对于班组长，其工作精力主要应放在一线生产上，因此专业技术所占的权重很高。作为一个兵头将尾，一定要是业务尖子，行家里手，唯有如此，说话才能有分量、有权威。

(2)目标管理能力

在处理业务时，班组长要设定主题、时限、数量等具体的目标，提高员工的参与意识，具备使P(Plan 计划)，D(Do 执行)，C(Check 检查)，A(Action 调整)这一循环周而复始顺利进行的能力。

(3)解决问题的能力

班组长要具有发现问题的眼光和推理预测能力，一旦发现妨碍达到目标或业务开展的问题，要立即分析现状，找到原因。善于“多问思维”，从全方位思考对策，并提出对策直至解决工作上的问题。

(4)组织能力

为了达到部门的目标，班组长要利用班组每位成员的特点进行任务的分配，发挥全体人员的能力，同心协力，使部门运作达到“1＋1≥2”的效应。

(5)交流、交际能力

为了能够进行直接的意见沟通、交流必要的信息,应该具备高度的表达、商谈、疏通及说服对方的能力。当然,交流能力随着工作经验的积累和悟性的增加会逐渐提高。

良好的沟通协调能减少摩擦、融洽气氛、提高士气,有助于构筑良好的信赖关系。

(6)倾听能力

很多管理者都有这样的体会,一位因感到待遇不公而愤愤不平的员工找你评理,你只需认真地听他倾诉,当他倾诉完时,心情就会平静许多,甚至不需你做出什么决定来解决此事。

这只是倾听的一大好处,善于倾听还有其他两大好处:一是让他人感觉你很谦虚,二是你会了解更多的事情。每个人都希望受到重视,并且都有表达自己意见的愿望。所以,友善的倾听者会成为最受欢迎的人。

(7)激励能力

要让员工充分发挥自己的才能努力工作,就要把员工的“要我去做”变成“我要去做”,实现这种转变的最佳方式就是对员工进行激励。如果我们用激励的方式而非命令的方式安排员工工作,才更能使员工体会到自己的重要性和工作的成就感。

激励的方式并不会削弱你的管理权力,相反,你会更加容易地安排工作,并能使员工更加愿意服从你的管理。

优秀的管理者不仅要善于激励员工,还要善于自我激励。作为一名管理者,每天有很多繁杂的事务及大量棘手的事情需要处理,其面对的压力可想而知。自我激励是缓解这种压力的重要手段,通过自我激励的方式,可以把压力转化成动力,增强工作成功的信心。

(8)指导员工的能力

在经过深思熟虑后,为了顺利地开展日常业务而传授必要的知识及方法;指出员工在意识和行动上的不足;使员工理解业务的定位、重要性,提高员工的工作劲头。

(9)培养员工的能力

培养员工是管理人员的重要任务。培养能力是熟悉每一位员工的诉求,在工作中让他们自由发挥自己的长处,不断提高他们的成就感与工作能力。

(10)自我约束能力

不沉湎于惰性及日常业务之中,描绘“理想的自画像”,经常以此约束自己的行为。为此必须非常清楚自己的长处与短处,努力增进自己的知识、人格、健康的能力。

四、在班组中迅速树立权威

1. 要头脑清晰、思维敏捷

作为一名班组长,首先要有很强的管理意识,对于自己所服务的对象要做到心中有数。譬如对检修班组来说,我们这个班组管理的业务范围是什么?有哪些设备设施?它们的操作规程和构造如何?有哪些保护和控制系统?这些设备设施在机组运行中起到什么作用？有什么功能？……这些问题都必须搞清楚。但仅仅了解掌握了设备的构造、性能和作用还不够，还要对自己所管理的人和设备做到了如指掌，如：所辖设备的运行状态如何？存在哪些安全隐患？准备采取哪些有效措施？班组成员的技术水平如何？实际工作能力怎样？能否胜任所从事的工作？不胜任又该怎么办？等等。在这些方面，不同班组长间的差距还是很大的，有待于在工作中一步步提高。

2. 要技能过硬、带好队伍

作为班组长，班组成员是要看你的真本事的。在一个班组中，班组长首先应当是技术权威、业务大拿，才有说服力，才能当好带头人，才能树立威信，适应班组管理的需要。但是，单靠班组长一个人掌握全部的技术是不够的，还应该带领全班成员学习业务，提高技术水平，组织、实施各种形式的技能培训，本着干什么、学什么，缺什么、补什么的原则扎扎实实搞好岗位技术培训。不能简单片面追求文凭，不重视岗位技能培训，以至于出现问题后，过分依赖厂家和科研部门，这个问题应该引起高度重视。要注重培养技能型人才，要积极鼓励大学生到基层班组工作，不断提高班组整体素质。想象一下，如果一个班组每个人的技能水平都很高，所有的人都很能干，那将会是怎样的一种局面？因此，我们一定要树立正确的人才观，妥善处理好文凭与技能的关系。

3. 要讲究工作方法、务求实效

班组工作一定要讲实际、求实效，实事求是，切记华而不实。我们做任何事情都要提倡求真务实的工作作风和严谨扎实的工作态度，标准要高，要求要严，要干就干好，要争第一、创一流。坚决杜绝马虎、凑合、不在乎等不负责任的行为，大力弘扬认真负责、吃苦耐劳、无私奉献的爱岗敬业精神。

要善于发现班组存在的问题，及时采取措施加以解决，使各方面工作高效有序，并富有创意。这就要求班组长在工作中要讲究工作方式、方法，要针对不同人员的个性、脾气和能力加以区别对待，要扬长避短，知人善任。充分调动每个人的潜能，发挥每个人的聪明才智，共同为做好班组工作而不懈努力。

当班组工作中出现困难时，首先要树立战胜困难的信心和决心。从战略上藐视它，战术上重视它。不同的处理方式往往会产生不同的效果，这都需要班组长在工作中不断摸索、领悟和提高。

4. 要严于律己、宽以待人

班组长要有原则性，为人处事要公道正派，按照规章制度办事，正确处理情、理、法的关系；对班组成员，在工作上要严格要求、一丝不苟，在生活上要给予无微不至的关怀。在班组内部，要积极创造一种健康向上、和谐友善的人际关系。作为班组长，还要吃苦在前、享受在后，严于律己，要求他人做到的，自己首先要做到，要求他人不做的，自己也应该不做。不能私字当头，只考虑自己的利益。切忌拉帮结伙搞“五湖四海皆兄弟”。要用人格的力量来影响人、感召人，要先人后己，以集体利益为重。只有这样，班组才会有很强的凝聚力和战斗力，才能更好地发挥团队精神，班组成员才能展现良好的风貌，创造出辉煌的业绩。

5. 要善于学习、善于思考

班组长要经常检查班组的工作，方方面面、条条块块，每个阶段、每件事情都要及时全面检查，从中发现成功和不足，总结经验教训，通过反思，提炼出对工作有帮助的东西，然后加以推广和发扬。还要善于向他人学习，拓展分析问题的思路，提高处理问题的能力，增强待人接物的灵活性、幽默性及艺术性等。邀请专家教授来培训的机会毕竟是有限的，这就有赖于我们平时的自主学习和较高的悟性。

班组长还要善于思考。思考应当是全方位的，做事情之前的构思、计划与决策，过程中的监督、分析与比较，事后的检查与总结，都需要进行系统的思考。

俗话说，不打无准备之仗，要目标明确、准备充分、有的放矢，才能赢得最终的胜利。成绩取决于好的思路，而思路源于深思熟虑的系统思考。

6. 为班组创造良好的外部条件和环境

要搞好班组工作，各级领导对班组工作要积极支持、真心帮助，尽可能为班组长的工作创造有利条件。

要扶正压邪，弘扬正气，既讲原则，又讲友情。在班组长遇到困难时，要鼎力相助，在学习和生活上要充分考虑班组长的实际情况，排忧解难、全力以赴支持班组长的工作，为班组长的日常工作创造良好的环境和条件。

示例

中海油油田化学事业部塘沽作业公司固井业务部，班组成员共计 18 人，其中区块负责人 5 人，主力工程师 3 人，带队工程师 3 人，实习工程师 7 人，年均完成 100 口以上钻完井作业任务。

班组工作致力于提升班组凝聚力和执行力：①班组长及时掌握员工思想动态；②认真对待员工诉求；③热情关心员工家庭。

“党员先锋队”排除疑难杂症：①面对重难点井作业，第一时间成立党员攻坚小组；②由党小组组长、重要岗位人员担任负责人；③技术创新、制度体系升级，助力公司高质量发展。

讲题 2 帮助员工解决问题，聚拢人心

一、消除员工工作上的恐惧心理

很多时候，员工不愿意去做一件工作，是因为他们已预感到，从事这件工作会给他们带来负面的结果，从而产生了恐惧心理。

在现实工作中，对于那些很在意自己行为的员工，尤其是很在意工作绩效的员工，有恐惧感是正常的。而这常常会使员工为了更好地完成一项工作，在工作中小

心谨慎，仔细防范。如果员工坚信自己不可能完成这项工作，或这项工作对自己很重要时，他们就会不按班组长的指令去做，甚至不去做。这种恐惧心理使得员工意识不到，自己也许会因为消积怠工而失去工作。

例如，当班组长问“为什么”时，员工常会回答：“我不敢去试，尽管我认为那是一个很好的办法。可它一旦失败，我就会陷入困境和麻烦之中。”另如：“我不敢告诉你，我不知道怎么做这项工作，这样你会认为我太笨。”可见，导致这一切后果的最直接感原因是：恐惧感使员工失去了做这件事的信心和能力。

最令人遗憾的是，员工不敢向班组长表达这份恐惧。即使班组长与员工谈话，员工也不会告诉班组长他们真正的原因，当然也就不会向班组长求助了。

具体而言，首先让他们明白这件事对他们是不会有什么负面影响的，或者说，负面效果并不如他们想象的那样糟糕，不要让员工因恐惧或苦思对策而忐忑不安。

在讲清利害关系后，班组长要给予员工一定的鼓舞和克服恐惧的实用方法，提出预防之道，激励员工，以排除员工的心理障碍。例如，一位员工性格内向讷言，而他的工作又要求他必须热情主动。这时，班组长就应该向他讲清楚道理，告诉他胆怯和恐惧是自然的，并告诉员工，只要他愿意付出努力和汗水，用积极心态去面对的话，他就能成为那种热情主动的员工。同时，还要向他讲述一些他人是如何克服胆怯和恐惧的事例，并建议他经常向自己说一句自我激励的话。结果，这名员工每天都多次重复这句话：“要进取！要进取！”努力使自己大胆行动。在班组长的帮助下，在不断的自我激励中，他最终实现了自我超越，成为一位优秀员工。

谁都有缺点，谁都有软弱的一面。事实上，恐惧通常只有当员工面对新情况或新工作时才会产生。聪明的班组长不会嘲笑员工，也不会蔑视员工，他们总是客观地看待员工的“恐惧”，积极帮助员工走出恐惧的阴影。有如此善解人意的班组长，“我还怕什么？”这激励了大家努力奋发、不知疲倦地工作。这使他们大胆施才，放心创新，甚至可以与班组长一争高低。

二、安慰失意的员工

人生中，不如意之事十之八九。年轻人遇到不如意的事有很多，如患病、感情波折、家庭矛盾、被人误解等。悲伤、愤怒、挫折感、惊惧、失意使他们萎靡不振，工作效率低下，甚至失去理智。在相当长的时间里，他们可能会失去工作的热情、前进的动力和创新的能力。

员工的失意情绪，是扰乱工作的消极因素，摆脱失意情绪也是一个重新调整自我、重树信心的过程。所以，作为优秀的班组长一定要毫不犹豫地伸出援手，安慰并帮助员工度过人生艰难的时期。

安慰员工的三个基本方法：

(1)创造条件，帮助员工恢复其原来的正常生活。

(2)尽力帮助员工及其家人到企业外部寻求帮助，让员工重获心理平衡并提高工作效率。

(3)给予员工时间和空间,让时间抚平他们的创伤,使员工从痛苦中振作起来。

三、增强员工的自信心

自信是一种工作动力。员工不自信就会有挫败感,感觉自己被抛弃,从而产生愤怒、厌烦等不良情绪,自然不会有积极性,不会有高的工作效率。

当被激励者对自己满意时,最容易建立自信心。因此,班组长应该多激励员工,肯定他们的优点,挖掘他们的潜能,使他们尽快胜任工作并做出成绩。看到了自己的成绩,会增强他们的自信心。

增强员工自信心的方法很多,表 2-1 中列举的方法可以试着用一用。

表 2-1　增强员工自信心的方法

序号	方　法
1	建立明确的规则,执行规则要前后一致
2	当员工之间发生冲突时,要为他们解决问题
3	与员工谈话时,专心一致,让他们感到受重视
4	赋予责任时,让员工以自己的方式发挥。即使事情做得不好,也不要免除他们的责任
5	诚实地表达你的感情,要求员工也诚实地表达他们的感情
6	承认自己的错误
7	让每位员工在工作中发挥他的创意
8	关注员工好的表现,不要只挑错
9	避免责骂
10	让员工知道你信任他
11	不要拿员工比来比去
12	公平,不要偏心
13	鼓励整洁
14	处理员工的过错要对事不对人
15	与员工分享决策的权力
16	不要求员工做超过他们能力的事,如果员工确实不能胜任工作,可以调换其他工作
17	对员工要仁爱、体恤

四、提高员工对团队的归属感

1. 员工缺乏归属感的危害

不少人抱怨员工的流失率高，对公司的发展影响太大，究其原因是员工对公司的归属感低。员工归属感低的公司，会有下列问题：

(1)浪费培训资源；

(2)员工适应需要一定时间，造成效率偏低；

(3)对公司信誉有质疑；

(4)对直接管理者的管理才能有质疑。

2. 影响员工归属感的因素

(1)上级领导易情绪化，动辄以降职或解雇威胁员工；

(2)人际关系不佳；

(3)上级领导偏袒某些人，令其他人感到不公平；

(4)感觉已经努力，但仍然得不到上级领导的认同或赞赏；

(5)前景不明朗，公司财务经常陷于困境；

(6)诸多限制，员工不能畅所欲言，不能发挥所长。

3. 提高员工归属感的方法

人生有三分之一的时间是在工作中度过的。如果工作不惬意，三分之一的人生就在不快乐之中，有些较敏感的人甚至会因此出现失眠、抑郁现象。这足以证明一份惬意的工作对人生有何其重要的影响。

员工对公司归属感的提高，也就意味着员工对公司及所在班组在情感上的认同。一个对公司有着强烈归属感的员工，会用他的热情带动更多的员工对班组的认同，班组的人际氛围自然变得融洽和谐。那么，如何提高班组员工的归属感呢？

(1)不能强求员工没有情绪

人是有感情的动物，不能强求员工的情绪公私分明，一切私人感情均不得带进工作现场，更不要期望每一位员工都是硬汉或铁娘子，他们都需要他人的关怀。

员工满怀心事，未必是因为工作不如意或身体不适，有可能是被外在因素所影响。例如，至亲病故、家庭纠纷、经济陷于困境、感情问题等，都会使一个人的情绪波动。作为班组长，应予以体谅，并就员工某方面的良好表现加以赞赏，使他觉得自己的遭遇并非那么糟。

(2)对员工多一点关心

冰冷的面孔、严格的规章、漠不关心的同事，都使人感到不安，特别是对于处于顺境中一直被呵护的人，就是一种虐待。

班组长在适当时候为员工解决问题，不单是例行公事，也应包含个人的感情。员工遇到挫折时，情绪低落，工作效率和质量会受到影响，如得不到领导的体谅，情况可能会更糟。

以朋友的身份询问员工发生什么事，细心聆听、慎给意见；最重要的是，要为员工保密，永不将员工的私事转告任何人，才能得到员工的信任，振作精神安心投入工作。

(3)允许员工调剂一下情趣

在个人工作台上适量放置私人纪念品，不但能调剂视觉，更能调剂繁重的工作和沉闷的工作环境，使员工干劲十足地工作。所谓适量，是指以不妨碍工作为原则。

有时候经过员工的工作台时，不妨留意他们的桌面，是否摆放着家人的照片，可以饶有兴趣地观赏这些相片。因为放置私人照片，不仅是给自己看，更希望得到他人的欣赏和赞美。

对一些奇形怪状的装饰品，不妨细加欣赏，使员工感到被重视。但遇到桌面上放置了太多私人物品的员工，不宜强令他立即挪开，而是建议他适当地摆放，可以增加视觉美感，而又不会妨碍其工作的进行。

关怀员工，可增加其归属感；但是过分关怀，则流于感情用事。例如，因为同情一位失恋的员工，而将其工作转移给其他员工，是对后者的不公平，会影响员工的工作情绪。

此外，听员工细诉不快事，可以使他们宣泄情绪，但要懂得控制场面，不要使员工的情绪失控。有时候，员工的家庭出现状况，导致了员工脾气暴躁，作为直接领导，在他倾诉后，做出适当的劝解和安慰就足够了。

无论什么时间，班组长和员工之间可以存在友情，但在工作上，必须公私分明，一视同仁。

示 例

海油大厦B座物业服务班组共有员工75人，除客户服务板块以外，其他岗位均为业务外包。B座大厦2006年投入使用，建筑面积30041平方米，为海油发展人力资源共享中心、管道工程公司以及工程技术公司、采油公司等共计20余家1200位业主提供安保、客户服务、工程维修、环境维护、大型会议接待等服务。2017年3月，海油大厦B座物业服务班组正式成立，2018年分别荣获海油发展QC成果三等奖、QC全国石油和化学工业联合会二等奖、天津海油物业公司2018年度优秀班组、配餐服务公司红旗班组荣誉称号，2019年荣获海油发展红旗班组荣誉称号，2020年被天津市物业管理协会评为为人民服务先进大厦项目。

班组利用党员活动室建立员工谈话机制，制作《员工沟通记录册》，通过从心理疏导、工作方面的想法与建议等各方面了解员工心理，缩短与员工之间的距离，让员工在工作的同时感受到家的温暖，中心管理人员每年力争做到员工谈话全覆盖。

讲题3 应对不同类型员工的办法

员工秉性不同，其行为模式也不同。作为班组长，要根据员工秉性的差异，采取不同的应对办法。

另外，员工的道德水平不同、综合素质不同，对待人的态度也会不同。班组长要根据不同员工类型的特点，灵活应对。

一、应对“刺头”型员工的办法

团队中或许有些这样的人，他们个性鲜明、桀骜不驯、难以掌控，喜欢按照自己的方式行事，在某些领域出类拔萃，但往往不顾及团队合作。这样的人常被称为“刺头”，最令班组长头痛。

这些恃才傲物的“刺头”，无视团队的共同努力，是团队分裂的主要因素。这些自认为聪明的、抱持个人主义，但却不合群的“刺头”，严重影响团队的互助合作。他们我行我素，但是其突出的个人表现，常会成为他们的护身符，甚至会获得某些管理者的庇护。

如果说应对“吊儿郎当”的员工主要是以批评甚至处罚为主的话，那么应对“刺头”则需要更多智慧。

1. 以德服人，以才服人

这是对班组长个人能力的挑战，也是树立威信的大好机会。在动用此办法前，做好自身各种能力的储备。

以德服人，考验的是班组长的胸怀。好的管理者，不一定是身怀绝技的人，但成功的管理者一定是心胸开阔的人。如果你不能肯定员工的成绩、尊重员工的劳动、宽容员工的无心之失、赞扬员工的过人之处，你的仕途也就到此为止了。

以才服人，就是用自己的真才实学告诉他们你能够做他的班长，当之无愧！

2. 适当地令其坐冷板凳

即利用团队的力量，让他们感受到这样做会成为团队中“不受欢迎的人”，让他们体味到在团队被孤立的滋味。

下次当他们再有所动作时，你可试着改变策略，视而不见，让团队成员诉说因他们的不合作给大家造成的不便、困扰和麻烦。相信他们会有所触动，有所改变的。

记住，有缺点、有个性的员工是班组的宝贝，把对他们的冲突管理看成是对自己的考验，只要你能很好地处理员工的各种不合作，你的管理水平定会有很大的提高。

3. 以其人之道还治其人之身

这必须建立在对此员工充分了解的基础上。

(1)以恶治恶

某员工工作极尽勤勉，交给他的工作令人放心，都能完成得很好，但就是态度恶声恶气，谁的账都不买，与之有工作联系的人都怕同他打交道。这时可将其安排在一位以严厉著称的组长之下，并安排另一个同样爱要态度的人与之搭档，利用员工之间的摩擦来提醒他。

(2)以懒治懒

有的员工技能很好，但就是爱偷懒。不如将两个懒人编在一组，规定各项硬性指标，工资如能考虑到计件更好，让他们互相监督，互相跟催，完不成任务，两人都要受罚，不用你多操心，肯定变勤快。

(3)以能治能

所谓山外有山，人外有人，但不是每个能人都是“刺头”。因此，可以调配更有能力的人与之配合。

上述手段，只要适宜对路，一般都能用其所长，克其所短。

二、应对“顶牛”型员工的办法

喜欢“顶牛”的员工很有个人原则，是一种不轻易接受失败的人。这种人个性很强，有自己独特的见解，他们性格直爽坦诚，说话从不拐弯抹角。这种性格耿直的硬汉型员工，很能发挥鲇鱼的作用，是典型的“鲇鱼人才”。不过，他们的这种耿直性格，会让同事们不太喜欢，领导也颇感头痛。

1.“顶牛”型员工的缺点

“顶牛”型员工一般不讨班组长喜欢，因为他们爱当面提意见，并且不给面子，批评班组长从不避讳，常使班组长感到难堪。

2.“顶牛”型员工的优点

“顶牛”型员工头脑清晰，思维敏捷，处理事情果断。他们从不会被困难吓倒，也不会因一时的挫折而情绪低落，一蹶不振。他们往往具有“明知山有虎，偏向虎山行”的精神，而且坚信人能征服一切艰难险阻。

这种类型的员工优点很多，但在班组内的日子并不好过，那些懒散的员工憎恨他们，那些无才无学的人妒忌他们，那些阿谀奉承的人疏远他们，使其孤立无援。

3. 应对“顶牛”型员工的技巧

如果班组长能恰当管理好“顶牛”型员工，则对班组的工作非常有利。优秀的班组长不但会使用这种人才，还会栽培改造他们，给他们一些私人指导，使他们在待人接物、应对人际关系时掌握一定的技巧。对于那些有才识但性格耿直的“硬汉子”，成功的班组长是不会计较他们出言不逊的。班组长不但要学会巧妙利用这种人才，还应该给他们一些人际关系上的指点，使他们掌握一定的人际交往技能。

三、应对刁难型员工的办法

当你成为班组长后，当初在一条生产线上共患难的同事，如今变成了上下级关系，看着你的升迁，有些老同事会因种种原因刁难你，碍于情面，你会不知如何应对，但为了班组任务的完成，你又不得不采取一些必要措施。如何应对这类员工呢?

通常来说，老同事的刁难，主要是嫉妒心理作祟，并无实质性的利益冲突，一般的表现为:不搭理、不配合、不理睬。这时完全取决于你的心态和处事方式，处理得好，你前面的路会越来越宽;反之，你将可能举步维艰。

总体来说，这种刁难不是恶意的，对于这种不太严重的冲突，最好的办法是回避。回避不是置之不理，而是不发生正面冲突，用耐心和诚意去赢得他们的合作。

1. 应对昔日竞争对手的技巧

出现这种现象时，班组长需要有三种心理准备：自信、大度和区别对待。

对于昔日的竞争对手，应对的办法是让他感觉到挣回了“面子”。因此，切记“宜软不宜硬”，对他的敌意和怠慢不以为意，反而以更加谦虚的态度、尊重的语气向他委派任务，下达指令，可以说一句“这种问题，是你最拿手的了，全靠你了”，会起到较好的效果。让他感觉到你的真诚，是对他失意心情的最大安慰。即便他不领情，你也赢得了印象分，即使你处分他，多数组员也是会理解支持你的。

最忌讳的就是以硬制硬，还以颜色，逞一时威风，认为自己作为上司，尊严是多么重要，“还以为我是从前的我，不给他点厉害看看，都不知道自己姓什么”，然后用手中的权力去处罚他。你出了一口气，却招来更多的反感，更有甚者，如果上司不支持你的做法，更有损自己的威信。

2. 应对昔日好友的技巧

升任班组长后，无论你如何平易或亲和，管理却不能太讲人情，所以自你上任的第一天起，就要处理好与昔日好友的关系。

昔日好友为何会故意刁难呢？除了嫉妒心理之外，还有就是避免惹上沾光的嫌疑，从而有意地拉开距离，反应激烈的就会以“故意刁难”来表明立场，与你“划清界限”。

对待这类员工，既然他刻意与你保持距离，你做到“一视同仁、公平公正”，就是他要的效果。如果不能，就不偏不倚，就事论事，一定不对他格外施惠就是了。

这时处理冲突的办法是：

(1)选择回避，不理睬、不处理，当刁难仅是冲着你个人来的时候，回避可显示你的气量。

(2)采用强制办法，当刁难损害到工作时，必须公正处理。

四、应对“吊儿郎当”型员工的办法

在班组你会经常见到这样一些人：他们在班组工作一般超过两年，平时是大错不犯但小错不断，从不在你表扬的名单里，也不足以充当反面教材，管理起来比较头痛。

这种“吊儿郎当”型的员工也有其优缺点。

优点是通常大多掌握某一项技能，对本职工作较为熟练。

缺点是这类人一方面自恃有两手，另一方面又升迁无望，前途暗淡，故而态度消极，心不在焉，凡事无所谓，而且通常因资格老，不把新上任的班组长放在眼里。

这种不冷不热、吊儿郎当，其实是一种自卫和赌气的心理表现。“反正我就这样，你能把我怎么样？”但是，他们也不会轻易以身试法。

对于这样的员工，班组长要掌握好底线：只要不影响工作的最终成果，就无须采取任何措施。你的任务是完成工作，管理员工只是完成工作的手段而已。工作中做到以下几点。

1. 给予足够的尊重与关注

他们作为问题员工被忽视了很久，而且他们相信你一定已经从前任那里知道了自己的作为。所以，他们一定是戒备地试探着，或一味地冷漠着，等待你来打开心底的坚冰。冰冻三尺、非一日之寒，不要期望你一两次就能融化他们，一定要坚持下去。

这种尊重和关注，应着重在他们的优势方面，如作业技巧、熟练程度等，给他们机会成为实操培训的示范者，甚至是技能讲师等，把他们从抗拒的旁观者变成台上的主角，人一旦愿意站在众人目光之中，他们一定会让自己不负众望。另外，有时员工表现得吊儿郎当也是希望得到别人的重视与关注。要记住对他们的成绩予以肯定，与他们相处要谦虚和诚恳。

2. 恩威并施

为了防止他们故态复萌，你应该趁热打铁，明确地表达自己的要求和期望，恩威并施，赢得他们的信任，这才是我们想要的结果。

3. 相应的处罚

当然，总会有少数员工软硬不吃，我行我素。这时候，你应当黑下脸来，坚决制止相关行为："老刘，这一段时间，你的进步不大，6S 评比你排在最后，迟到次数也排在前列，我不能容忍这种情况再持续下去了。如果还没有改善的迹象，我必须按章办事进行处罚。"

4. 调离岗位

如果警告和处罚都无济于事，你还有一个选择，就是：调离原岗位。

这些员工之所以吊儿郎当，正是因为岗位技能的熟练掌握或应用，你一旦将其调离他们所擅长的领域，他们又得去适应新的变化，学习新的技能，原先的技能无用武之地，其工作态度必然会大为改观。

让他们离开，是最不得已的下策。我们一般不希望用到这一招。你想，如果这次你没有处理得让大家心服口服，下次还有这样的事情发生，你该如何处理呢？

五、应对"自以为是"型员工的办法

1."自以为是"型员工的共同特点

在每一个企业团队中都会有个别自以为是、比较难管的员工，在他们身上有以下共同特点。

(1)他们都有一定的工作能力和经验，有一定的工作资历，在团队中的成绩不是最好的，但也绝不是最差的。

(2)这些人在小范围内具有一定的号召力和影响力，有一定的群众基础，恃才自傲。

(3)经常和上司公开顶撞，反对一些新的计划和制度，甚至散布一些消极思想和言论，产生了极为不好的负面影响，但绝不是有意识的，而是性格使然。

(4)爱表现自己，自由散漫，眼高手低，不拘小节，讲义气，认人不认制度。

2."自以为是"型员工的优缺点

(1)缺点

有些人天生活跃,性格开朗乐观、大胆,敢于打破常规,认为天下没有不可能的事。但他们又喜欢以自我为中心,不喜欢别人的劝告,总以为自己的方法永远是正确的。这种人发展到极端就是个人英雄主义,爱犯的错误就是极端冒险。他们往往只注意到自己,而不顾及他人感受,因而极易引起大家的不满和反对。

(2)优点

这种人在工作上对自己充满信心,对所有的事情都采取攻势,对新东西尤其感兴趣,并且总要探个究竟。他们相信自己的能力,认为自己能主宰自己的命运。

3."自以为是"型员工产生的原因

团队中出现这样的员工,有以下几点原因。

(1)前任或前几任领导一再迁就,任其骄横,养成了习惯。

(2)公司越级管理现象严重,高层领导对其有重用之意,让其像有了"尚方宝剑"一样,目空一切。

(3)公司经营不善,这类员工自认为属中流砥柱一类,公司没人敢动他。

(4)团队氛围不佳,勾心斗角现象严重,派系复杂,管理不公,处于人治而非法治阶段。

(5)曾经当过"领导",现在"下野"了,但却不能客观认识到自己的不足,对处理心存意见,心中不服,认为升职无望,不求上进,破罐子破摔。

4."自以为是"型员工的应对技巧

作为班组长,尤其是新上任的班组长,如果你遇到这样的员工,就像一个烫手的山芋,弃之可惜,也可能会影响到大家的积极性;重用吧,他又经常让你难堪,影响工作的开展和管理,怎么办呢?有什么办法让这样的员工发挥积极的正面带头作用呢?

(1)正确认识和包容

如果你的团队中有这样的员工,首先要有正确的认识:这样的员工是完全可以扭转过来的,使用得当,他们可以起到积极的带头作用,并身体力行,甚至激发团队的斗志。其次,要有容人之心,有时适当的阻力是防止犯大错的预防剂。一个团队,一个集体,不能一潭死水,不能没有一点不同的声音出现,这种声音,既要有正面的响应声音,也应该有不同的反对声音,否则就只会是一言堂。正面的响应支持声音可以激励大家的积极性,提高士气;而反对声音可以让你适度地冷静,避免自以为是。但绝不能让难管的员工肆无忌惮,处处作梗,让你的领导威信荡然无存。适当的时候念念"紧箍咒",让他始终处于你的管控之下,然后慢慢引导、交心,促其改善和进步。

这类员工,服人不服制度,但敢于认输,只要你给他留足了面子,让他心服口服,在经过一段时间的"较量"之后,都能回归团队,与大家和睦相处。

(2)冷处理法

在一定的时间范围(小班组可能5～10天,大班组可能会久点,但不要超过一个月)内,尤其是在工作很忙、任务很重、所有集体成员都忙得不亦乐乎的情况下,对其不闻不问,也不分派任何工作,让他自己去冷静、思过,直到他实在忍不住找你来谈话的时候,主动权就掌握在你的手中了。这时可以很热情地接待他,陈述问题,用换位思考的方法与其沟通,让其认识到自己的不足,主动提出合作方案。

(3)打赌收服法

瞅准合适的机会,在公共场合,当其再一次给你难堪的时候,你可以采取和他打赌的方式,现场约定:赢,怎么办?输,怎么办?赌注内容要以工作为中心,赌的内容就是其认为“不可能”(其实并非不可能,只是有一定难度)的事情。当然,作为领导,在选择赌注的时候,一定要有必胜的把握。然后做出样子给他看,让他无话可说,乖乖地服从你的管理。

(4)给他树敌法

这类员工,一般属于典型的“负面”代表,在一个集体中要平衡力量,而不能是一边倒。所以你就有必要给他树立一个“正面”的代表,让二者相互较劲,而你只要从中调和、平衡力量即可。

(5)批评打压法

从集体中找一个平时很不受大家关注,但一直默默无闻、踏实努力工作的员工,帮助其出成绩,不断发现其态度上的闪光点,经常在公开场合进行表彰奖励,同时不指名地批评自以为是员工的行为和做法,让大家看到你的公平、公正。但当其有一点点积极改进的时候,要及时表扬,慢慢让其归顺你的管理。

(6)交换承诺法

“自以为是”型员工一般都比较讲信用,讲义气。只要你能有办法与其成为朋友,那么他一定会信服你,并且赴汤蹈火,在所不辞。这个办法一般要经过几步来完成:第一步,先取得其对你的好感,比如在其有难的时候,主动、无私地给予帮助;第二步,找机会进一步加深了解,增进感情,但要适度,不可让其对你了解太多;第三步,主动约其谈心、谈工作,协助其成长,前提是他一定要好好表现,而你的承诺也一定要兑现。在谈的过程中,先要表扬其优点和长处,肯定他的能力,然后指明其缺点和不足,再提出解决办法,最后是鼓励。这也是常用的“三明治”法。

(7)集体剥离法

如前所述,这类员工一般都有一定的影响力,代表了某一群有消极思想的人的意见,只不过他敢于说出来罢了。这种负面影响力,不能让其在集体中蔓延和扩大。可以采取以他为首,进行集体隔离,从大集体中剥离出来,让其领导和管理,但对他要提出一些要求,给予一定的权力和承诺,让其带动这一部分人创造积极的局面。

通过以上做法,相信一定可以收到比较好的效果。当然,如果还没有见效,也只能“忍痛割爱”——调离了。总之,这类员工还是有一定能力,可以为集体创造效益和价值的。管理学中有一句名言“永远没有不好的员工，只有不好的领导”。

六、应对工作情绪不稳定员工的办法

工作情绪不稳定这种现象在员工中最为普遍。有员工素质的内因，也有管理不当的外因。工作情绪不稳定，员工自己会苦恼，班组长管理难度会增大，需要正确对待。

1. 情绪不稳定型员工的缺点

(1)工作情绪不稳定，忽冷忽热

“热”起来埋头苦干，废寝忘食，成绩也非常出色；但“冷”起来，又散漫松懈，毫无斗志。

(2)视工作为磨难，在工作中感受不到乐趣。这类员工不会轻易丢开工作，因为工作是他们谋生的手段。他们往往没有吃苦精神，没有挑战困难的勇气，而对享受垂涎三尺，并精通“玩术”，凡能使他们得到乐趣的地方，都会不惜代价，亲自去体验一番。

2. 情绪不稳定型员工的优点

工作情绪不稳定的员工也有他们的优点，例如性格开朗，惹人喜爱，并且重感情，善交际。

3. 情绪不稳定型员工的应对技巧

这种人并非无用之才，如能量体裁衣，给他们一个合适的岗位，挖掘他们的潜力，就能够做出成绩。

七、应对爱打“小报告”员工的办法

爱打“小报告”的员工并不多，但几年班组长当下来，你总会碰到那么一两个，通常，这种员工很令班组其他成员鄙视。但有些班组长似乎也会欣赏这种员工。

对待这类员工，班组长要谨慎小心，有时候，员工的“小报告”能够提供很多班组长没有掌握的信息；但有时候，员工的“小报告”会造成整个班组人际关系的紧张。

对于爱打别人“小报告”的员工，处理要点如下。

1. 给予冷处理

对这种员工首先是以冷处理为主，即以不冷不热的态度对待该员工，让他们最终明白你不喜欢打“小报告”的人，使其逐渐改掉这种爱打“小报告”的毛病。

2. 调整管理理念与风格

班组长要适当调整自己的管理理念和风格，慎重处理所收集的信息，千万注意不能偏听偏信，要在班组内营造融洽和谐的工作气氛，减少员工之间的矛盾与摩擦。

3. 善加利用

班组长可以适当地利用这种员工喜欢打“小报告”的性格特点，让他们帮你传播一些“正道”消息，一则满足他们的嗜好，二则为这些消息的正式出台预热和过渡。

八、应对勤奋但低效率员工的办法

勤奋就是认认真真，努力干好一件事情，不怕吃苦，踏实工作。然而，有的员工，勤奋而低效。这些人非常勤奋地工作，仿佛时间从来都不够用一样，上班时最早到，而下班时别人都走了，他们还在埋头工作，不知疲倦，丝毫不敢有稍许怠慢。但检查他们的工作绩效时，却令人吃惊，他们的工作效率极低。

1. 勤奋但低效率员工的优点

勤奋而低效率的员工，往往非常热爱自己的工作，视工作为生命，视工作为乐趣。他们不管工作成绩如何，因为工作过程本身已经给了他们足够的乐趣。

这类人一般不爱搬弄是非，也不爱出风头，他们总是一心一意埋头自己的工作，对于工作以外的其他事情不关心，不多问。在他们心中，把工作做好便是至高无上的目标，其他的都不重要。

2. 勤奋低效型员工的应对技巧

一看到效率很低的员工，有些班组长就想到淘汰他们。其实，这往往不是上策。因为技术差只是一种表象，应当根据其原因区别对待。

(1)教会他们操作技术要领的具体方法

①讲给他听：讲懂原理、要点；

②做给他看：示范操作；

③让他试做：指导动手操作；

④帮他确认：检查试做结果，给予矫正；

⑤给他表扬：适当鼓励一下。

(2)分清情况区别对待

对于低效员工，要帮助他们分析低效的原因，并指导他们有意识地去改变自己。

①对于低效但好学而上进的人，要提供足够的培训机会，以提高他们的工作能力和水平；

②对于兢兢业业、废寝忘食工作的人，应多给予表彰，从物质上给予奖励，从精神上给予鼓励；

③对于实在没办法提高而又老老实实做事的员工，把他们安置做一些简单、重复性强的工作。

第二节　高效沟通

讲题 1 有效沟通协调

一、与员工沟通的三个基本原则

班组长要想成为成功的管理者，获得更大的进步，就必须了解与员工沟通的一些基本原则。

1. 维护自尊,加强自信

自信就是“对自己感到满意”,通常有信心的人都会表现得有毅力,能干而且易于合作,乐意去解决问题,研究各种可行的方法,勇于面对挑战。

你要维护员工的自尊,小心避免伤害员工,尤其在讨论问题的时候,你只要对事而不对人,便可维护员工的自尊。

赞赏员工的意见,表示对他们能力充满信心,把他们看作独特的个体,这些都可以加强员工的自信。

2. 细心倾听,认真处理

倾听是打开双方沟通的关键所在。聆听表示了解员工感受,使员工知道你体会到他的处境。在细心倾听之余,表示关怀和体谅,你就可以开启沟通之门。

要让员工知道,你正在专心聆听,理解他们的诉求和感受,使员工愿意说出真心话,对于解决困难有很大的帮助。

3. 请求员工帮助解决问题

现在的员工都有熟练的技巧,也很乐于发挥一技之长。事实上,他们对本身工作的认识比任何人都清楚。因此,要求员工帮助解决问题,不仅可以有效地运用宝贵的资源,而且可以营造一起合作、共同参与的气氛。但是,并非所有的意见都可行,如果真的不可行,要对员工加以解释,并请员工提出其他方法。当员工同意把构思付诸行动时,你应该支持,并随时提供协助。

二、班组长上下沟通的要点

1. 与上级的沟通

(1)支持:尽责,尤其在上级需要帮助时予以支持;

(2)执行指令:聆听,询问,响应;

(3)为领导分忧:理解上级,勇挑重担,提出建议;

(4)提供信息:及时给予反馈、工作汇报、沟通信息。

2. 与员工的沟通

(1)关心:主动询问、关心,了解困难和需要;

(2)支持:帮助解决问题,给予认可、信任及精神、物质方面的帮助;

(3)指导:引导,反馈,考核,在职培训,辅导;

(4)理解:倾听,鼓励员工倾诉;

(5)重视:授权,信任,尊重,认可;

(6)得到指示:清楚的指令,不多头领导,健全沟通渠道;

(7)及时反馈:及时反馈工作的问题;

(8)给予协调:沟通,调解,解决冲突。

3. 与同级的沟通

(1)尊重:多倾听对方意见,重视对方意见,不要背后议论;

(2)合作:主动提供信息,沟通本部门情况;

(3)帮助:给予支持;

(4)理解:宽容,豁达。

三、班组长与员工沟通的技巧

1. 了解员工类型

在不同的情况下,班组长要面对各种各样的员工:

(1)班组长年轻,而小组成员都是资深的老员工;

(2)小组的组员来源不同,时常有冲突;

(3)小组成员没有工作的积极性和热情。

你有没有遇到过以上的情况呢?在日常与人交往中,你有没有遇到类似的挑战呢?你在不同的情况下与不同的人一起工作,遇到挑战时,最重要的是要耐心地去了解员工的想法。如果你对员工的情况一无所知,那怎么可能做好沟通呢?

2. 了解员工的一般心理

班组长必须了解员工的一般心理,才能更好地与员工进行沟通,把握沟通的重点。员工的一般心理如下:

(1)谁都想支配自己的行为,不想被人像木偶一样任意操纵;

(2)希望班组长客观评价自己的能力,如果知道班组长对自己有所期待,愿意全力以赴;

(3)想回避被人强制、糊弄的事情,希望班组长听取自己的意见;

(4)自己所做的事不想被人轻视、耻笑或当作谈资。

3. 认真倾听与控制技巧

"沟通,采纳意见,愿意倾听",是班组长获得众人尊重的最重要的特质。

(1)倾听技巧

倾听能鼓励他人倾吐他们的状况与问题,这是协助他们解决问题的一种方式。倾听技巧是有效影响力的关键,而它需要相当的耐心与全神贯注。

倾听技巧由四个部分组成,分别是鼓励、询问、反应与复述。

①鼓励:促进对方表达的意愿;

②询问:以探寻的方式获得对方更多的信息资料;

③反应:告诉对方你在听,同时确定完全了解对方的意思;

④复述:用于讨论结束时,确定没有误解对方的意思。

当然,对于一线员工来说,由于素质层次不一,倾听的方式要因人而异,班组长要以一种能让员工切实感受到你真心诚意地在倾听的方式去倾听。这里有一些基本的要点:

①关注;

②了解他们的想法;

③对他们的想法做出回应;

④感谢他们的想法;

⑤让员工存有希望；

⑥说出你的看法。

另外，向员工提出问题，然后耐心聆听，可使双方的沟通更加有效。当然，你必须诚恳，耐心地发问、解释和观察。

(2)气氛控制技巧

安全而和谐的气氛，能使对方更愿意沟通，如果沟通双方彼此猜忌、指责或恶意中伤，将使气氛紧张，发生冲突，加速彼此心理设防，使沟通中断或无效。

气氛控制技巧由如下四个部分组成。

①联合：以兴趣、价值、需求和目标等强调双方所共有的事务，营造和谐的气氛而达到沟通的效果。

②参与：激发对方的投入态度，创造一种热忱，使目标更快完成，并为随后进行的推动营造积极气氛。

③依赖：营造安全的情境，提高对方的安全感，而接纳对方的感受、态度与价值等。

④觉察：将潜在的"爆炸性"或高度冲突状况予以化解，避免将讨论演变为负面传播或破坏性。

(3)推动技巧

推动技巧是用来影响他人的行为，使逐渐符合我们的议题。有效运用推动技巧的关键，在于以明白具体的积极态度，让对方在毫无怀疑的情况下接受你的意见，并觉得受到激励，想完成工作。

推动技巧由四个部分组成，分别是回馈、提议、推论与增强。

①回馈：让对方了解你对其行为的感受，这些回馈对人们改变行为或维持适当行为是相当重要的，尤其是提供回馈时，要以清晰具体而非侵犯的态度提出。

②提议：将自己的意见具体明确地表达出来，让对方能了解自己的行动方向与目的。

③推论：使讨论具有进展性，整理谈话内容，并以它为基础，为讨论目的延伸而锁定目标。

④增强：利用增强对方出现的正向行为(符合沟通意图的行为)来影响他人，也就是利用增强来激励他人做你想要他们做的事。

使用沟通技巧对于你成为一位成功的管理人员是十分重要的。这些技巧可以使你更快捷地解决问题，把握机会，建立一个群策群力、生产力高的班组。

4. 与员工沟通的注意事项

在与员工打交道时，作为班组长要不恼怒、不苛求、不偏袒，要有主动姿态。

(1)率先表明自己的态度和做法

当有难题要应付时，员工都盯着班组长，如不及时阐明态度和做法的话(哪怕是错误的)，员工会认为班组长很无能。同样，要想与员工打成一片，必须先放下架子，不要高高在上,要有适宜的言行举止。

(2)批人不揭“皮”

现场人多,即使员工做得不对,如果当着大家的面训斥的话,也会深深挫伤其自尊心,认为你不再信任他,从而产生极大的抵触情绪。记住:夸奖要在人多的场合,批评要单独谈话,尤其是点名道姓的训斥,更要尽量避免。

讲题 2 正确地上传下达

一、准确发出专业指示

班组长每天都得给员工发号施令,通过指示完成工作内容,这是班组长与员工沟通交流最重要的内容之一。

为确保班组生产任务的完成,班组长必须给员工发出清晰、明确的工作指示。

1. 无效指示的后果

有的班组长时常发出这样的指示:

“小心看看来料有没有不良,要是有,统统给我挑出来!”

“为了提高品质,我们要全力以赴!”

“做完以后一定要自检一下!”

“凡是有异常的,一个也不要放过!”

收到这样的指示,作业人员真的会按照指示去做吗?执行真的能达到要求吗?肯定不会,为什么呢?因为指示的内容过于模糊。

要看什么来料的哪种不良?要怎么做才算是全力以赴?自检要检什么内容?从指示里听不出来,很多作业人员只好按自己的理解去执行了。因此做出来的结果往往不完全符合要求,或不得要领。耐心的班组长,会针对具体工作内容再指示一遍,而急躁的班组长,则会迁怒于员工,认为员工理解能力太差,办事能力欠佳。而事实上,其根源是指示内容过于抽象,作业人员无法理解具体要做的工作。要是以同样的口吻给新员工下指示,新员工会怎么做呢?无从下手!

这个责任不在于指示的接收方,而在于指示的发出方。无具体内容的指示,员工不得要领,听了比没听更糟。没有具体内容的指示,使员工无所适从,要么不去做,要么靠自己的想象发挥来做,必然导致作业结果出现偏差。

不做比“不懂也做”要好,不做是在等待更明确的指示,除了时间上延误之外,至少不会酿成“木已成舟,后悔晚矣”的局面。如果做得不好,到时又是维修,又是返工,而有些产品根本无法返工或返工成本过大,则造成的直接经济损失是班组长无法承受的。

2. 指示准确发出与接收的要素

若是对作业人员下达这样的指示:

“明天一个公司的 B 材料投入前,全数检查 C 飞轮的 D 形槽有无飞刺,飞刺规格参照 QA 设定的样品。”

“为了提高品质，这个月我们要全力研讨 P 零件所引起的不良，首先收集工程内数据。”

“螺丝上紧后，全检上框正面有无伤痕，伤痕规格参照 QA 样品。”

那么，作业人员一听就知道你想叫他们做些什么，而且做完后一定会有结果反馈给你。

换言之，发出的指示里要有 5W1H（何人 Who、何时 When、何事 What、何地 Where、何故 Why、如何做 How）方面的具体内容，这样作业人员才知道自己的工作目标。

（1）要有指示发出者，即要求他人达成某一目标，或实施某一做法的人。

（2）要有指示接收者，即接受别人要求并加以执行的人。

（3）指示里有具体的情报或含有某一具体意思。情报简明扼要，人、事、物、地点、时间、目标、方法都要包含在内。

（4）要有传递的媒介，如口头谈话、电话、书面通知、托人传递、身体语言等传递媒介。能当面谈话的就不要打电话，能打电话的就不要书面通知（规定文书除外），能书面通知的就不要托人传递。

（5）发出者与接收者在时间上、空间上十分接近。在相隔不远的时间里，将指示用最快的速度传达出去。试想，一个指示要是作业人员事后才收到，那就等于马后炮，还不如不下达的好。

（6）接收者有接收能力。我们在要求准确、快速发出指示的同时，接收者的接收能力同样不可缺少。如果员工不具备接收能力的话，那么第一个要问的是班组长，没有指示接收能力的人怎么能成为合格的操作者？

上面的第（3）点和第（6）点最容易被班组长所忽视，班组长总是以为作业人员知道整件事的来龙去脉，自己只要简单提示一下，作业人员肯定能理解自己的意图，因此长话短说，甚而一语代之。

3. 班组长发出指示时应有的心态

（1）班组长不能只讲如有关加薪、升迁方面的对员工十分重要的指示，也要能够下达调动积极性的指示。

（2）如果一些项目不仅需要员工努力，自己也要承担一些责任时，要明确自己的责任，并告诉员工。

（3）需要几个员工相互协调配合作业的部分，要划清各自的职责，不能笼统带过。

（4）班组长不要担心员工能否听取自己的意见，有反对意见要耐心解释。

（5）不要害怕员工提不同的反对意见，多一分意见就多一分思考，多一分成功的机会。这些问题，班组长必须平时就灌输坚决执行的观念。

（6）不要怕员工认为自己有偏见，要尽力做到公平即可。如果一碗水都端不平，那么班组长最终必然失去绝大多数人的支持。

(7)要求员工完成高难度项目时，要把奖励和处罚都说清楚，促使员工竭尽全力拼搏。

二、准确地上传下达

1. 对班组成员下达各项指令

命令的目的是让员工按照自己的意图完成特定的行为或工作。

下达命令需注意下列几点(5W2H)：

(1)Why(做任务的原因)

(2)Who(对象)

(3)What(任务内容)

(4)When(何时完成)

(5)Where(地点)

(6)How many(数量)

(7)How(如何做)

另外，班组长在下达命令时，还需要考虑员工的意愿与能力，争取得到员工的支持。下达命令，口令清楚是基本条件，所以要因人因事因地制宜地给予指令，以便获得最好的收效。

2. 向上级反映员工意见

班组长是上下级沟通的桥梁，做到"下情上传""上令下行"是非常重要的。

(1)注意方式并提出建议

在向上级反映班组员工的意见前，班组长应该将事项整理一遍，最好采取书面报告的形式。重要的是不但就事论事，更应该附上自己的看法及建议。

因为上级工作比较忙，面对的人员比较广，如果参考班组长的意见做决策，会更高效迅捷，同时避免错漏。

(2)不能仅做"传声筒"

作为一名管理人员，班组长不能仅仅以一个"传声筒"的身份工作，这是远远不够的。

班组长对员工提出的意见和看法，如果自己能够解决的一定要当场解决处理，事后再向上级报告。班组长不能把所有的事情都不做处理而原样交给上级处理，这不但会增加上级的管理负担，而且会让上级领导觉得你很无能。

三、做到上令下行

向员工传达执行上面的精神和决议是属于"上令下行"范畴的工作，如何做好这项工作也是考验班组长沟通能力的关键所在。

1. 充分理解上级决议

班组长不能只是把决议往班组告示栏一贴或者在班会上无关痛痒地讲几句。首先，班组长必须对决议要有充分的理解，在此基础上，再把决议的目的、要求以及执行的方法向员工做出具体说明。

如果班组长都没能了解透彻，那么员工又如何执行？是否达到要求等都无法判断评价，万一做错了，事情就更加糟糕了。

2. 跟踪并解决问题

班组长不能只是将工作安排下去就坐等结果，工作进度的跟踪是必要的。在此过程中，班组长要不时地与员工进行沟通交流，关注工作的执行情况，解决工作中碰到的各种问题。

3. 做好向员工的疏通、解释工作

上级的很多决议都会让员工不舒服，比如说推迟下班时间、休息日加班等，这时员工们闹情绪是在所难免的。作为管理人员不应该把自己的情绪表现出来，火上浇油。要针对决议的内容耐心向员工说服解释，安抚人心，保证班组生产任务的正常进行。在这一点上，应该坚决站在上级的立场上。

4. 及时沟通反馈

上级的决议下达后，应该及时反馈执行过程、结果。对于一些反响比较大、可能造成严重后果（职工罢工、破坏、人员流失）的事项，更要及时报告，寻求有效的对策。

讲题 3 化解员工冲突

一、处理好班组长与员工的冲突

很多班组长都遇到这样的情况：本来一件无可厚非的事情，没有想到员工会那样抵触和抗拒。这时候，如果处理不当，就会加深鸿沟、陷入困境，甚至导致双方的关系彻底破裂。那么，一旦与员工发生冲突怎么办？通常情况下，缓和气氛、疏通关系、积极化解，才是正确的思路。

1. 走出冲突

班组长与员工之间产生矛盾冲突，通常是因为双方对工作有着不同的标准和期望。关于冲突关系的最重要一件事，是要知道如何才能阻止冲突。下面我们给出几点原则。

(1)学会认识冲突。当你感受到一种剑拔弩张的氛围时，就可以肯定那里正在发生一场冲突。

(2)对你自身的感受要有所注意。你的内心世界正在发生什么变化？你的肌肉紧张起来了吗？你觉得饿了吗？你感到生气吗？或者是，你觉得沮丧吗？总之，要重视你的感觉。

(3)观察一下你周围发生的事情。一旦你找回了现实感，你就可以更好地把握你的感觉。

(4)寻找你自身的真实感觉。对你自己说，现在我觉得很不好。

(5)问自己是什么才使你有现在这种感觉呢？能找回正确的感觉吗？希望自己是一个施虐者、拯救者或者受害者？

(6)对消极的后果加以抑制。如不一定要解雇故意找茬的员工,这也许正是他所希望的。

(7)积极地去听,并对你所感受到的和想要做出的事情做出决断性的反应。

(8)暂时把某一问题搁置起来,先解决人们心理上的问题。

(9)对某个人提供帮助,只要他同意接受并希望获得帮助。

(10)接受其他人的帮助,如果你真的希望得到而且需要帮助的话。

总之,解决冲突问题的最好办法,便是让你的自我状态发挥作用。首先,要意识到究竟发生了什么事情,要从组织的整体角度出发,找出最重要的问题。然后,运用一些技巧,提前化解冲突,最终建立一种建设性的人际关系。

2. 处理与员工的不愉快

你希望员工能够尽快地完成工作,而员工认为你太不现实,因而导致你很失望,他也十分委屈。另外一名员工希望你能为他提供更好的工作条件,而你没办到,他很失望,你也不知该怎么办。有一名员工对你十分粗鲁,还有一名员工总是不合适地奉承你。你该如何处理这些不愉快的事情呢?

(1)必须弄清冲突的状况;

(2)要找出导致这种冲突的原因;

(3)必须正视所要克服的困难;

(4)要检测一下所采用的方法是否能有效解决这一冲突;

(5)应当预见到事情的结果。

为了更好地说明以上5点,请看下面的例子:

小曹的工作总是很落后,她经常连最低要求也达不到。你已经与她谈过,并且仔细地观察她的工作,给她提了一些好的建议,但这一切都无济于事。你每一次与她谈及工作时她都感到沮丧不安。要弄清问题的原因,你必须明白你和小曹对工作有着两种不同的标准。

(1)问题的关键是你必须引起她对此事的高度重视;

(2)障碍看来似乎是小曹不愿意与你谈及她的工作,或者她没有能力把工作做得更好。

你可以选择的办法是:对小曹进行专门培训,提高她的工作能力,或是降低你的期望。你直面问题并努力解决,会使小曹的工作得到改进,她也能与你进行更好的沟通。

3. 化解冲突的技巧

(1)冲突化解法的具体操作

冲突化解法是指处理冲突的态度、做法,以缓解班组内部的工作气氛,疏通关系,营造良好的工作环境。

①分析发生冲突的原因,找出主要责任方;

②请与本事无关的第三人从中调停,搭好桥梁;

③针对不同情况，酌情处理冲突；

④在合适的情况下，适时表达自己化解冲突的良好愿望；

⑤冲突一旦停止，不再追究，不再扩散。

(2)冲突化解法实施要点

①引咎自责，自我批评。心理素质要过硬，态度要诚恳，若责任在自己一方，就应勇于找员工承认错误，并道歉以求得谅解；如果重要责任在员工一方，只要不是原则性问题，就应灵活处理，以便更好地开展工作。所以作为班组长可以主动灵活一些，主动承担一些冲突的责任，给员工一个台阶下。人都是有感情的，这样的胸襟容易感化员工，从而化干戈为玉帛。

②放下架子，主动搭腔。不少人都有这样的体验，即当与员工发生争执之后，以后相见时觉得尴尬，都希望对方打破僵局，作为班组长，就应及时主动搭腔问好，热情打招呼，以消除冲突所造成的阴影，给员工和公众留下不计前嫌、大度处事的印象。不要闹情绪，不搭腔不理睬，昂首而过，矛盾会像滚雪球般越滚越大，造成更大的隔阂，和好的困难会更大。

③不与争论，冷却处理。就是当下属与自己发生冲突之后，作为班组长要不计较、不争论、不扩散，大事化小，小事化了，在工作中一如既往，该指示仍指示，该表扬还表扬，就像没发生过任何事情一样。时间一长，冲突所造成的负面作用也就会自然而然消失了。

④请人斡旋，从中化解。找一些对员工有影响力的"和平使者"，带去自己的歉意，以及做一些调解说服工作，不失为一种行之有效的策略，尤其是当事人自己碍于情面不能说、不便说的一些语言，通过调解者之口说，效果更明显。调解人从中斡旋，就等于在上下级之间架起了一座沟通的桥梁。但是，调解人一般情况下只能起到穿针引线作用，要重新修好，起决定性作用的还是要靠当事人自己去和解。

⑤避免尴尬，电话沟通。打电话解释可以避免双方面对面的交谈可能带来的尴尬和别扭。打电话时要注意语言应亲切自然，不管是由于自己方法不当造成的碰撞，还是由于彼此心情不好引发的冲突，不管是员工的傲慢而引起的"战争"，还是由于自己思虑不周造成的隔阂，都可以利用这个现代化的通信工具去解释，或者利用微信留言、短信等把话说开，求得理解达成共识，这就为恢复关系初步营造了一个良好的开端，为下一步的和解铺开了道路。

⑥寻找机会，化解矛盾。选择适当时机，积极化解矛盾。譬如，当员工遇到喜事(如结婚、生日)或受到表彰时，作为班组长就应及时去祝贺道喜，这时员工情绪高涨，精神愉快，适时登门，员工自然不会拒绝，反而能感受到你的诚意和对他的尊重，当然也就冰释前嫌了。

⑦宽宏大量，适度忍让。当与员工发生冲突后，要有原则性地忍让，这反映着一个人的胸怀与见识。但是，如果一味地回避矛盾、妥协忍让、委曲求全的话，就会给人软弱可欺的印象。正确的做法是宽宏大量，不要小肚鸡肠，斤斤计较。适度忍让，

既可以避免正面冲突，同时也保全了双方的尊严。但如果员工偏偏是不近情理、心胸狭窄、蛮横霸道的人，就应当机立断，毫不犹豫地给予相应的回击和处分，处理这样的员工一定要理直气壮、客观公正，让所有人都明白不是针对谁，而是一种管理行为。

二、妥善处理员工之间的冲突

员工与员工之间时常会因为工作或生活上的事情发生冲突。通常，员工看起来是在为一些鸡毛蒜皮的小事情闹矛盾，班组长要看到引发矛盾的本质问题。这里可能涉及自我领域、自尊以及地位的争斗，这就要引起足够的重视。口角会经常存在，你要把握好解决的尺度，要适度才行。

1. 尽量接近员工

尽量使自己能让下属接近，通过与他们的交谈来了解工作的进展或是遇到的麻烦。

做一个让员工能接近的班组长，就必须仔细听取他们的意见，重视一些细小的事情，处处体现出对他们的关心和在意。通过询问了解事情的进展，看是否有人需要帮助或努力去发现一些不好的征兆(如有的员工使劲敲门、乱扔工具或者大声叫嚷、迟到等)，因为这些行为中可能蕴藏着矛盾冲突，所以你最好在冲突来临之前化解它，尤其是一些涉及多名员工的问题。

没有人愿意生活在不愉快的环境之中，一名问题员工可能会导致整个工作氛围不愉快。假设你有两名员工经常争吵，那么你就有必要去弄清这种争吵是开玩笑，还是相互中伤？如果属于后者，你便要作为中间人去加以调解了。

2. 合理应对员工冲突

有人很害怕出现矛盾，当矛盾出现时便不惜一切代价来消除它。并非所有的冲突都是不利的，有时，存在一些意见上的分歧是十分必要的。

持异议或不赞同是一种很自然的事情，争论是一种健康的行为，企业会因此受益匪浅。因为，如果我们对什么都保持一致，就不会有挑战，不会有创造性，也不会有相互的学习和提高。例如，如果两名员工就某一问题的最佳解决方案争得面红耳赤，这时候你要表现出对他们这种认真态度和敬业精神的赞许，你可以找出一个实际可行的折中办法，或者从一个特殊的角度来发现解决冲突的妙方。

冲突的结果包括有益的结果和有害的结果：

(1)有益的结果

①在某种情况下，消除了分裂因素，取得了更加一致的意见，组织内重新形成团结的气氛。在公开冲突之后，冲突者可能会感到相互之间更加了解了。因此，有益的冲突有利于组织内部“气氛的清新”。

②因为在冲突的压力之下，发现原来的领导者不合适，冲突之后，组织可能产生新的领导，这可能使组织面貌发生有益的变化。

③冲突的结果，旧的不合适的目标可能被修改，代之以合适的目标。例如，工程

部门和生产部门在产品质量、成本和价值方面发生争执之后，可能得到一种既符合市场需求又符合企业利益的产品设计。

④在几次小事件的冲突之后，引起了人们注意，从而制定必要的制度，提高了管理水平。有些公司建立了经理定期召开员工座谈会的制度，人们有机会反映意见，从而提高了组织的效率。

⑤在冲突的影响下，可能增加完成任务的干劲，使组织加速运转。为此，有的行为学家把冲突称为组织的“润滑剂”。

⑥冲突可以促进创新。由于不同意见、观点的交锋，人们的认识深化，引发创造性的思想。

⑦由于冲突迫使人们表明自己的观点来支持自己的论点，促进了意见的交流。

⑧某些心理学家还认为，冲突可以满足许多人固有的挑衅性。

(2)有害的结果

①冲突会给某些人产生情绪压力，影响身心精神方面的健康。

②剧烈的冲突常常造成组织资源的错误分配，给组织的整体效能带来损失，在冲突中还会浪费一定的时间和金钱。

③当争执者的立场走向极端时，组织系统不能处于正常状态，导致做出不正确的决定。

④冲突曲解了组织目标，走上了歪道，给组织造成损失。

如果你遇到那种个人之间的冲突，最好是私下里单独听听双方的陈词，但不要急于表态，以肯定谁或否定谁。

人在生气时可能会说出诸如“我再也不会跟你反映任何事情了”的话，当然，他不可能做得到，你要避免火上浇油。因为员工向你谈及他的感觉，能够消除他的怒气。待事情冷静下来后，你再做出决定，看如何使他们更好地相处，共同实现班组的目标。

不要指望产生分歧的双方能够和好如初。但你要告诫他们必须相互尊重，不论感觉如何都应当理性对待。

这时候，你趁机定出一些条例。比如说：不准直呼其名，不得故意破坏或扰乱他人工作，不得对同事持不合作态度，不准以任何理由动用暴力等。

在这种情况下，你可能遇到的问题是其他员工会对此表明他们的态度。如果员工出现对峙，不要轻易表态，应该强调的是“工作第一”。只有当你对自己的调查能力、分辨能力以及自己的公正无私有绝对的信心和把握时，你才能让当事人双方对质，而且对质的场合最好选在私人办公室或工作地之外的其他地方。

在解决这类问题时，有一个行之有效的方法，就是让当事人双方互换角色，设身处地地为他人想一想。

3. 公正解决纠纷

当员工之间产生矛盾时，你面临着两个选择：要么你当面调解矛盾，要么协助员工商讨出使双方都能满意的解决方案。精明的班组长只要有可能都会选择后者，在整个过程中帮助员工提高自己处理矛盾的技巧。今后，班组内部无论何时产生矛盾，牢记的原则是先听一下各方的理由，然后再试图解决。而不是先站边，一定要记住，挑动一个员工对付另一个员工，在任何情况下都是不正确的。

有些班组长有意想把一个员工开除时，会利用其他的员工“鼓动”那名员工主动离开。对付那些不听话的员工是你作为班组领导的分内之事，而与其他员工无关。

尽管在班组里总会有你的“心腹”员工，与其他员工比起来，你更信任他们，甚至言听计从，但是不要让这种偏爱影响了你处理问题的立场，这才是最重要的。班组的每一位成员都在为整个团队做出贡献。

每位员工都有自己的特点，有不同的喜好和价值观，你可以兼容并蓄，让每位员工都能感受到你的支持。当员工知道自己被赏识时，工作起来才会更有干劲。

三、正确处理员工对他人的抱怨

抱怨是人的一种正常的心理情绪。员工对他人的抱怨，班组长不要无所谓，不要使这种情绪蔓延和激化，而要认真对待。

1. 认真倾听员工述说

面对抱怨，班组长首先要认真倾听，只要员工愿意在你面前抱怨，说明你已经获得了他的信任。

2. 了解起因

任何抱怨都有原因。多方面地了解原委，在事情没有完全弄清之前，班组长切忌发表言论、表明态度。

3. 平等沟通

实际上，大多数抱怨是针对一些小事或者一些不合理的现象，只有通过充分、友善、耐心的沟通来解决。

4. 处理果断

对于需要采取有效措施的抱怨，一要民主、公正、严明，二要及时、果断，特别要防止情绪的扩散，将其影响的人群控制在最小的范围内。

5. 就事论事

尊重任何员工的抱怨，不要受其工作表现等其他因素的影响，处理抱怨时要将注意力集中在抱怨本身，而不是借此机会让他检讨工作。

四、正确处理员工对班组长的抱怨

工作中难免会遇到各种各样的问题，作为班组长，会经常听到员工的抱怨声，我们究竟应该如何处理这些抱怨的声音呢？面对员工的抱怨，班组长应该以正确的心态处之。

1. 重视抱怨

抱怨可能会成为愤怒，产生更大的矛盾，也会将负面的情绪散播给周围其他人的。所以，当员工抱怨的时候，一定要引起足够的重视，积极面对，认真地处理。

2. 淡定对待抱怨

听到员工的抱怨时，一定要让自己冷静下来，不要急着发脾气，情绪解决不了问题，还容易激化矛盾，使问题升级，遇到问题要淡定、冷静，泰然处之，也是管理者修养的一部分，同时也体现了管理者的一种能力。

3. 善于倾听员工意见

善于并且耐心地倾听别人，是一个人素质高的体现，也是一位管理者必须掌握的沟通技巧。很多时候，在听到与自己观点不一致的谈话时，我们总是忍不住插话，打断对方，急于表明自己的观点和立场，这样做于事无补。上帝赐给我们一张嘴，两个耳朵，就是为了让我们多听少说，学会用心地倾听，可以更好地了解对方的真实想法，在自己说话的时候才能更好地找到切入点，更好地交流。

4. 开门见山地沟通

在与员工谈话的时候要开门见山，直截了当，搞清楚员工的抱怨。沟通的时候，切忌绕弯子，谈了半天，让员工弄不清楚你想表达什么，也容易让人产生误解，以为你是在欲盖弥彰，故意躲避抱怨的问题。

5. 信任自己的员工

信任对方，才有可能得到对方的信任，信任是一种相互的行为。当遇到员工有抱怨的时候，要信任自己的员工，处理问题时要就事论事，而不要掺杂强烈的个人感情，使问题复杂化。

6. 坦诚对待自己的错误

如果自己确实存在一定的过错，就要大大方方地承认，坦诚地面对大家，不要遮遮掩掩，更不要搬出更多的理由辩解。勇敢地承认自己的错误，是一个管理者宽大胸怀的体现。坦然地面对自己的错误才是进一步沟通，更好地解决问题的关键。

讲题 4　建立良好的人际关系

一、营造良好的人际关系氛围

人是环境中最重要的因素，良好的工作氛围是由人创造的。

1. 良好人际氛围的特征

良好的人际氛围是自由、真诚和平等的工作氛围，是在员工对自身工作满意的基础上，与同事、班组长之间融洽相处，相互认可，有集体认同感，充分发挥团队合作精神，达成工作目标，在工作中实现人生价值。在这种氛围里，每位员工在得到他人认同的同时，都能积极地贡献自己的力量，灵活地调整工作方式，使之具有更高的效率。

2. 营造令人愉快的人际氛围

(1)明确岗位分工

班组岗位之间的合作是否顺利是工作氛围好坏的一个重要标志，明确的分工才能有良好的合作。

职责分工明确工作程序是由谁来具体执行的，如此才不会有互相推诿等影响工作氛围的情况发生。

(2)通过落实企业文化来营造人际氛围

从企业文化入手，提高员工的工作激情，营造一个互相帮助、互相理解、互相激励、互相关心的工作氛围，从而稳定工作情绪，激发工作热情，形成良好的企业文化，进而产生合力，达成组织目标。

(3)做好班组内部沟通

真诚、平等的内部沟通是创造和谐工作氛围的基础。企业内部绝对不允许有官僚作风的存在，职务只代表分工不同，应该鼓励不同资历、级别的员工之间的互相信任、互相帮助和互相尊重。每一位员工都有充分表达意见和建议的权利，能够对任何人提出他的想法，主动地进行沟通，被沟通方也应该积极主动地予以配合，回答或解释，但沟通的原则是就事论事，友好协商。

(4)重视班组团队建设，营造宽松的工作氛围

班组内应该有良好的学习风气，班组长要鼓励和带领团队成员加强学习先进的技术和经验，在进行工作总结的时候，应该同时进行广泛而有针对性的沟通和交流，分析教训，分享经验。

二、建立信任型的人际关系

1. 信任是建立人际关系的根基

一个组织所有成员相互信赖，才能真正地运转起来。信任，就是共同的信念与目标，是平等与协作；信任是开放、自由地工作；信任更是交流的结果。

如果班组面临严重的信任危机，大家会感到工作氛围的压抑和沉闷。

2. 影响信任的障碍

(1)组织价值观的缺失；

(2)人与人互相操纵的习惯或欲望；

(3)不进则退或者缺乏发展空间；

(4)工作气氛压抑，缺乏相互交流的机会。

因此，要建立以信任为基础的良好的人际关系，必须消除这几个障碍。员工之间、员工与班组长之间互相信任，才会士气高昂地投入工作中。

3. 培养信任感

(1)表明态度

要表明你既是在为自己的利益而工作，也是在为他人的利益而工作。每个人都关心自己的利益，但是，如果别人认为你在以权谋私，你的信誉就会受到损害。

(2)保护团队

要成为团队的一员，就要全力支持你的工作团队。当团队或团队成员受到外来者攻击的时候，要坚决维护他们的利益，这样就说明你对你的工作群体是忠诚的。

(3)开诚布公

信息的不对称不透明可能导致不信任。如果你开诚布公,就可以带来支持和信任。因此,应该让员工充分了解信息,解释你做出某项决策的原因,对于现存问题则坦诚相告,并充分地透露与之相关的信息。

(4)公平公正

在进行决策或采取行动之前,先想想别人对决策或行动的客观性与公平性会有什么看法。在进行绩效评估时,应当客观公正公平、不偏不倚。在分配奖励时,应该注意其公平性。

(5)说出你的感觉

那些只是向员工传达冷冰冰的事实的管理人员与团队领导,容易遭到员工的冷漠和疏远。说出你的感觉,别人会认为你是真诚的,有人情味的,他们会借此了解你的为人,从而更加尊敬你。

(6)保持行为作风的一贯性

一般来说,不信任来源于不知道自己面对的将是什么。花一定的时间来思考你的原则与底线,让它们指引你的决策,形成个人独特的工作作风,并严守你的原则就能够赢得信任。

(7)为他人保守秘密

信任那些你可以相信和依赖的人。如果别人告诉你一些秘密,守口如瓶不泄露这些秘密。如果他们认为你会把秘密透露给不可靠的人,他们就不会信任你。

(8)展示你的才能

展示你的专业技术与才能以及良好的工作意识,能引起他人的仰慕和尊敬。应特别注意培养和表现你的沟通、团队建设以及与人交往的能力。

三、建立班组良好人际氛围的八大技巧

1. 不要威胁员工

有些班组长常常使用威胁的话语对员工安排工作或谈话。如在安排一件难度较大的工作时会说:“如果你不能按时完成,你就给我走人。”“你应当明白你的处境,如果不按我的要求把事情做好,你就要走人!”等等。这些言语是基层管理中的大忌,它不但不能促进工作的完成,还会起到相反的作用,带来班组的不和谐,阻碍工作的顺利开展,使你的工作处于被动状态。

(1)威胁会伤害你和员工的感情,不但不能促进工作,还可能极大地伤害员工的工作积极性和工作灵感。

(2)威胁会传递错误信息。说出威胁言语时,说者可能并不是真的想如何如何,但听者有意,使他在听到这些言语后做出错误的判断。

(3)威胁会让你丧失威信。当班组长说出的威胁事项并不是自己权限所能决定的事时,别人就会不再相信你所说的话,自己的威信也就在不知不觉中一点点丧失。

2. 主动与员工打招呼

打招呼是意见沟通的第一步，营造亲切友好的工作氛围，轻松地投入工作。

3. 批评与称赞都有必要

由于员工形形色色，素质有高有低，一团和气是不可能管理好一个班组的，因此，批评与称赞都是必要的。

批评时，应准确地把握批评的内容，在冷静地听取对方的解释后，先赞赏对方的努力，再委婉地提出批评。

批评应站在员工的立场上，真诚地面对问题，有建设性地解决问题，同时，不要加以无谓的讽刺，才会收到成效。

4. 认清场合，适时说话

(1)班组长应有的讲话方式

①交代的事已经完成时，应称赞员工："你干得很好！""辛苦啦！""多谢！"

②拜托或指示时应说客套话，表示尊敬对方。

③当自己失败时应反省并主动说"对不起"。

④听取员工的报告或从旁听到时应容纳他们的意见。

⑤当有人批评某员工而你要袒护他时，可以用体谅的语气婉转表达。

(2)班组长不应有的说话态度

①会使对方丧失干劲的话："你在干些什么？要说多少次才懂啊，你太笨啦！你要再干多少年才会做啊！"

②回避责任，将失败转嫁于他人："就他把事情搞得一团糟，他完全不靠谱。"

③不负责任，当交办工作或把已交代过的事情忘掉时："我曾经说过那种话吗？"

5. 不要刻意掩饰自身缺点

一般，班组长都对自己的能力充满自信，但也还是希望员工能给予好的评价。所以，当员工指出自己的缺点时，却难以接受。但是，不论如何掩饰缺点，长时间的相处，总会原形毕露，人无完人，在员工面前应该呈现原本的自我。

6. 别太苛求员工

为了有效工作，你需要合理配置资源，让员工在不受过多干预的情况下，发挥出最大的工作热情和水平，这样就可以成倍地提高工作团队的效率。

如果你要求员工事无巨细地向你报告，做任何事都要经过批准，一旦违反了规章就遭到训斥，他们就会认为你过于苛刻，不近人情。

7. 不要压制员工的发展

优秀的员工需要发展，从某种意义上讲，员工就像鲜花一样。当你压制了员工的发展，他们的工作表现不仅不会永葆青春，反而会因为缺乏照料和激励而逐渐枯萎。

为了不至于压制员工的发展，班组长可以采取以下措施。

(1)在团队中，保证每一份工作至少有两个人知道怎么做。

(2)当员工们告诉你他们希望在某些方面有所发展时，要认真倾听他们的意见。

(3)养成鼓励员工的好习惯，为他们的学习、成长提供机会。如果员工知道他们在一种受激励的环境中工作，他们表现得会更加积极。

8. 避免厚此薄彼

大多数员工都希望看到，决定他们成功与否的因素是他们在工作中的表现，而不是其他。如果让其他因素来左右判断时，员工就会对班组长失去信任和信心，而这种信心的缺乏将会表现在频繁的人员流失、对忠诚的丧失以及消极怠工上。班组长个人喜好的极端表现是有歧视，包括他们的年龄、性别及一些与工作无关的因素。

当你长期按个人喜好工作，这对员工信任的打击是非常大的，如果希望员工忠诚，你必须对他们也忠诚。忠诚与否可以通过对他们的态度明显地表现出来。

四、跨部门沟通协调的方法

班组长作为一名管理者，在企业内部除了基本的上传下达之外，还要与其他班组之间进行平级沟通与协调(如工作重组、资源整合、进度协调、人员借调等)，以交换意见，促进彼此的了解，加强合作，保证企业正常运转。

1. 平级沟通的障碍

在实际工作中，平级之间存在沟通障碍，常见原因如下。

(1)目标不一

不理解或不接受组织目标，各班组之间的目标不统一，不关心其他组织目标的实现。

(2)自我封闭

班组间互相提防，很少进行工作、技术等交流，不愿意主动分享信息、成果。

(3)本位主义

往往以自我或小团体为中心，无论利弊得失都站在小我的立场上考虑，缺乏大局观念、全局意识及团队合作精神。

(4)责任转移

面对困难工作或责任时班组间经常“踢皮球”，互相推诿过错，无“组织的利益为最高利益”的信念，而导致工作没有效率。

2. 平级沟通的原则

班组长进行平级沟通与协调应当以企业的方针、目标和计划为前提，以企业利益最大化为终极目标，做到以人为本，和谐相处，努力争取双赢，让平级沟通无障碍。此外，平级沟通还应当遵循以下原则。

(1)要尊重，忌伪善

双方彼此尊重，保持和善的态度是有效沟通的前提。只有尊重对方，对方才会给予同样的尊重。沟通中可以圆通但不能过于圆滑，不要给对方造成没有诚意的印象。

(2)要主动,忌逃避

凡事由自己先做起,注重平时的交流,促进彼此的了解,主动沟通信息和提供协助,率先走出第一步,达成有效的沟通。

(3)要互利,忌自私

遵循互利互惠的原则,设身处地为对方考虑,不要只考虑本部门的利益,彼此同心协力才能提升组织的整体业绩。

(4)要坦荡,忌猜疑

凡事坦坦荡荡,不要相互遮遮掩掩,不要用猜忌的心理去理解对方的行为或意图。调整好自己的心态,才能赢得对方的信任与认可,营造良好的人际关系,从而确保沟通顺畅。

3. 平级沟通的模式

平级沟通一般有侵略式沟通、退缩式沟通与积极式沟通三种模式,其具体内容如表 2-2 所示。应该尽量采用积极式沟通模式。

表 2-2 平级沟通模式

模式	说明
侵略式	(1)自视甚高:自认为自己的部门比其他部门重要 (2)喜欢压制:争强好胜,欺负弱者;逼迫对方认同自己的规定
退缩式	(1)缺乏自信:总认为对方的能力比自己强;因害怕沟通会暴露自己的弱点;常用约束的言辞,或做出妥协,放弃自己的利益 (2)逃避问题:说话拖泥带水,含糊不清,无主见或不敢明确表达自己的意思,经常为自己的沟通寻求借口
积极式	(1)坚持原则:清晰自己的底线及责任,不作原则上的让步,捍卫自己必须捍卫的权利 (2)遵循规则:按照公司的制度、规则行事;反对霸道行为,积极维护双方的合理利益

4. 平级沟通的理念

(1)双赢思维

平级单位之间的沟通,“双赢思维”可以获得最好的结果。

(2)把握重点

要做好平级之间的沟通协调,有以下三个重点。

①自己的态度:当要与对方沟通协调时,必须要有谦让的态度,否则双方相持不下,那就很难协调了。

②思维模式：必须往上一层思考，不要拘泥于现况，要能跳脱出现在的执着点。

③制度规章：有些沟通协调不是人的因素，我们要能找出真正的关键；若是公司制度的缺失或者不完善，则需从制度层面着手。

5. 平级沟通的技巧

平级之间顺利沟通，不仅有助于工作任务的顺利实现，还有助于创建一种精诚团结、密切合作的优秀企业文化。班组长在平级沟通中应该掌握如表 2-3 所示的技巧，确保沟通效果，获取平级班组的支持与协作，让其成为自己的帮手而不是对手。

表 2-3 平级沟通注意事项和技巧说明

注意事项	技巧说明
不越权行事	平级之间是平等、合作的关系，在寻求平级配合时，应当尊重对方，并遵照公司的规则进行，不越权行事，更不能以威胁的口吻、发号施令的方式进行沟通，忌把鸡毛当令箭
不打小报告	面对矛盾和冲突时，要相互协调，自我解决，忌私下打小报告
不制造矛盾	及时沟通情况，进行感情、信息交流，促进相互的了解与信任，减少一些不必要的误会和摩擦，形成较强合力，保证共同目标的实现
不斤斤计较	多审视自己的不足，寻找自身的原因，多看对方的长处，少看短处；宽以待人，不斤斤计较，才能形成信任、友好的和谐氛围
不推卸责任	面对过错，勇于承担责任，真诚地认错，这样不仅有助于打破僵局，化解矛盾，还能够赢得对方的尊敬和认可
面对面交流	不仅可以显示自己的真诚及对对方的尊重，还可以避免因信息传递失真或理解偏差产生误会，从而减少矛盾和冲突

五、正确处理上下级关系

在工作中，班组长与自己的上级和组员建立良好的关系非常重要。与上级建立良好的关系有助于获得其赏识，工作起来会得心应手。组员的能力再高，工作业绩再好，如果与领导处于对峙状态，领导也会从一些方面挑毛病，让你无法安心工作，即便你像老黄牛一样勤恳，业绩评估也不会好到哪儿去。而与下属建立良好的关系是保证工作成效的基础，只有与组员关系良好，才能同心同德共创佳绩。所以班组长要处理好上下两方面的关系。

1. 细观察，了解领导的办事风格

处理好与领导的关系对班组长工作十分重要，要保证你的工作关系富有成效就必须学会“搞”定你的“头儿”。不过要做到这一点，你应该先明白下面这些问题。

你的领导是个什么样的人？你的领导是一个只愿把握大局的人，还是个事无巨细皆不放松的人？如果你向一个只愿把握大局的人汇报一大堆细枝末节的事情，那么领导就会厌烦。一位只愿把握大局的领导会认为你该把所有基础工作都做好，否则他就不会信任你。如果你的领导只注重结果，那么你应该早些了解领导的办事风格，你俩的合作就会愉快得多。

一旦你真正处理好了与领导的关系，你们更像是伙伴而不像是上下级。作为伙伴，领导会分配你更多的任务，使你事业有进步、工作更出色。

2. 勤思考，当好领导的参谋助手

管理专家提出，班组长应该关注可能性而不是局限性，即在工作中把目光盯住可能发生的机会并为此做好准备，努力让自己抓住机会。这样会促使自己为机会的到来而去学习，储备知识。

你的上司能当领导是因为他有过人的能力。而你想做到更高的位置就应虚心向你的上级学习，学习他处理问题的方法，学习他思考问题的方式。久而久之，你的能力也就得到了提升，自然离你的目标也就越来越近。

班组长在单位中处于一个较特殊的位置。一方面，班组长是上级领导命令的执行者，必须维护单位的利益；另一方面，班组长又是一线组员的代表，必须代表一线组员的利益。尽管这两种职能有时会发生冲突，但在适当的时候也必须把握好自己，积极参与上级决策的制定，给上级领导当好参谋。

为更好地当好上级的参谋，班组长在实践中要做好以下几点。

(1)要善于从高处着眼看问题

班组长在给上级做参谋的过程中，要想影响领导的决策，就必须站在全局的高度去观察、分析和谋划问题。

要想提出上级领导易于采纳的建议，班组长不能仅仅着眼于本职工作，还要把眼界提高到新的高度。具体地说，就是要打破已有的认识和思维局限，站在全局的制高点，与上级领导同位思考、同步谋划，从而使自己的建议与上级领导的意图不谋而合。

(2)要有胸怀全局的意识

在谋划工作时，班组长必须具有很强的全局意识，脑子里要多装一些全局性的问题，经常想一想全局的要求，把自己分管的工作放在单位整体建设的背景下去思考，立足于全局为上级领导决策提建议、拿方案。

(3)要有宏观的眼光

思维定式会制约我们的思考，班组长考虑问题时要善于突破个人的思维定式，宏观谋略。要在通晓上情、熟知本情、掌握下情的基础上，不断拓宽视野，正确领会上司的意图，准确掌握企业的全面情况。

(4)善于从大处入手

一个团队组织，每一个阶段都会有几项重要工作和关键任务，重头戏能不能唱好，是检验班组长办事能力的试金石，因此，班组长要在影响整个团队或部门全局的重点问题上为上司出主意、拿对策。

班组长必须摒弃位卑心理。班组长是上级领导的智囊，履行着参谋的职责，担当着承上启下的重任。因此，要摒弃“人微言轻，职小位卑”的自卑心理，既要干好本职工作，又要在团队大事上动脑筋；既要防止坐井观天，又要避免好高骛远，力争在本职岗位上干出一流的成绩。

(5)善于超前预测

作为上级领导的助手，班组长要有敏锐的洞察力，对单位每个阶段可能展开的常规性工作和重大活动，做到想在前、谋在先，避免仓促上阵。同时，还得把握好火候，要注意求早但不过早。筹划工作提前准备，提前考虑，留出时间，毫无疑问可以争取主动权，但不能盲目行动。有些工作因人员、条件、环境、时机等具体因素不确定，很容易产生变化，如果时间提前过早，往往会降低工作效率，事倍功半。

做事要果断但不武断。有些时效性强的工作所面临的机遇稍纵即逝，班组长看准了就要及时向上级领导提出建议，不能优柔寡断、犹豫不决。但提建议前，必须胸有成竹、深思熟虑、准备充分，如果急于求成、草率行事，反而会贻误工作。

3. 善反思，冷静对待领导的批评

班组长在工作中出现了差错而被领导批评是很自然的事情，虽然“良药苦口利于病，忠言逆耳利于行”，但多数班组长是很难以积极的态度对待责难的。一个聪明的班组长，应当正确对待领导的责难。

(1)提高思想认识，强化纪律观念

在工作中，上级领导对下级管理者有着法定的监督、控制、指导等权力。当下级管理者出现了偏差或错误时，上级领导有责任对其进行批评指正，这是毋庸置疑的，否则，就是失职。所以，作为班组长应当具有全局观念，被责难时不应认为是领导故意找茬，跟自己过不去。这种想法不但不利于改正错误，还会形成抵触情绪，影响与上级领导的正常工作关系。

(2)进行换位思考

当上级领导责难自己时，如难以接受，你可以设身处地从领导的角度思考一下：如果我是领导，会怎样对待犯了这种错误的下属？这样一来，你就会心平气和了，就会正视自己的缺点错误了。实际上，对于许多问题的思考，适时转换思维角度，会豁然开朗。

只要领导的出发点是好的，是为了工作，是为了大局，为了避免不良影响或造成更大的损失，是为了帮助你、挽救你，哪怕是态度生硬一些激烈一些、方式直接一些，作为下属，你也要大度地给予理解和体谅。

(3)不要推卸自己应负的责任

有了错误，给工作造成了损失，不从自身找原因，而是急于辨护、解脱，结果只会适得其反。

正确的做法是：接受责难，并积极着手解决造成的不良后果。及时承认自己的疏忽，当上级进一步调查原因时，配合、逐步搞清真相。这样，你该承担什么责任，他人该承担什么责任，什么是客观不可避免因素，终会有个公正的结论。要知道，任何问题的处理都要有个过程，应当学会耐心等待，否则，欲速则不达。

(4)知错就改

据心理学家观察，当人们看到犯了错误的人痛心疾首、懊悔自责的态度，并且竭尽全力去改正时，大都会因此而生恻隐之心，减轻对其错误的谴责和反感心理，同时还会给予热情的关注和由衷的帮助。这样一来，也许成为你人生转折的一个契机。很多人就是在跌了一次跟头后，幡然悔悟，从失败中学习并取得了成功。应当明白，化被动为主动，变不利因素为有利因素，事物就会向着好的方向转化。

知错就改是上策，将错就错是下策。

4. 促团结，赢得组员支持

对于每个班组来说，要想圆满完成工作任务，需要全体组员的团结协作、奋发进取。只有团结起来了，才能充分利用本班组的各种资源，调动一切力量创造性地完成上司交给的各项任务。

(1)促进团结是大事

“团结就是力量，团结就是胜利”告诉我们这样一个道理：“人心齐，泰山移。”只有团结起来，才有强大的战斗力，才能取得成功，才能向前发展。对一个班组来讲，只有团结起来了，才能充分利用本班组的各种资源，调动一切力量来完成班组的任务、做好班组的工作；也才能人尽所能、各司其职，从而减少内耗，提高工作效率。只要班组成员拧成一股绳，心往一处想，就能形成一种积极向上、勤奋工作的良好氛围，才能集思广益地把工作做得更好、更出色，从而超预期地完成上级领导交办的各项任务。

(2)赢得组员支持和拥护

赢得组员的支持是班组长搞好班组管理工作的前提。那么，如何才能赢得组员的支持呢？

首先，对待组员所犯的小错误要睁一只眼、闭一只眼，不要心胸狭窄、斤斤计较、鸡蛋里面挑骨头，否则就不能与班组成员合作共事。对于一些无关紧要、无伤大雅的过失，应尽量不予计较，尤其是提升不久的班组长，更应该处理好与组员的关系。

其次，满足不同层次的人的不同需求。班组长要赢得组员的支持、合作和帮助，就应该根据不同的人、不同的情况，采取灵活的策略和技巧。鲁莽蛮干和僵化教条都是不对的。要善于从对方的立场看问题，了解他人的需要。作为班组长要经常站在组员的立场想一想，如果你做到了这一点，就能实现共赢。

最后，要尽量满足组员的需要。“以人为本”在很大程度上是为了满足人的更高一级需要。因组员所处的生活、工作环境条件的不同，需求层次也不同。作为班组长要想赢得组员的支持、合作与帮助，必须结合自身条件满足不同层次的人的需要。

第三节 激 励

讲题 1 员工激励基础知识

一、员工激励的十项原则

激励措施面临很多挑战，班组长在制定和实施激励时，一定要谨慎，下面是一些关于激励的原则，注意这些原则，能提高激励的效果。

1. 信赖自己有无限的激励潜能

激励起源于信赖，确信自己能激励自己，同时培养优秀的员工，大家众志成城，上下一心，完成组织委以的重任。

2. 肯定员工及其工作的价值

激励的一个基本前提是承认员工是企业价值的主要创造者，因此，首先应肯定员工及其工作产生的价值。每个人都有一定的能力，只是能力表现的形式不同。重视员工，发现员工的潜能，合理地分配任务，使其充分发挥自身所具备的才能，对员工来说就是一种有效的激励。

3. 激励要因人而异

由于不同员工的需求不同，相同的激励措施起到的激励效果也不尽相同。即便是同一位员工，在不同的时间或环境下，也会有不同的需求。虽然外部因素有一定影响，但是员工的主观感受，要因人而异。

在制定和实施激励措施时，首先要清楚每位员工的真正需求，将这些需求整理、归类，然后再制定出相应的激励措施。

4. 展现你的精神

在互动过程中，时时刻刻表现出热情、坚定的决心和毅力，用你的积极行为来鼓舞和引导员工，让员工们认同你的角色，而自发性地增强工作动力及责任感。

5. 信赖你的员工

被信赖的员工，都会心甘情愿地为信任他们的领导努力工作。记住，你要在行动、语言上处处表现出你信赖他们的诚意。

6. 奖惩适度

奖励和惩罚会直接影响激励效果。奖励过重会使员工产生骄傲自满的情绪，失去进一步提高自己的动力；奖励过轻会起不到效果，或者让员工产生不被重视的感觉，容易打击其积极性。惩罚过重会让员工感到不公或者失去对公司的认同，甚至产生怠工或抵触的情绪；惩罚过轻会让员工轻视错误的严重性，犯同样的错误。

7. 公平对待每位员工

公平性是员工管理中一个至关重要的原则，任何不公的待遇都会影响员工的工作效率和工作情绪，影响激励效果。取得同等成绩的员工，一定要获得同样的奖励；同理，犯同等错误的员工，也应受到同样的处罚。如果做不到这一点，班组长宁可不奖励或者不处罚。

班组长在处理员工问题时，一定要有一种公平的心态，不应有任何偏见和偏心，不能有任何不公的言语和行为。

8. 支持上级组织所定的目标

这样，员工们也会看样学样，全力以赴，并接受你的领导与指挥。

9. 合理制定目标

制定目标时，应视员工的能力、水准与完成任务的难易度，做合理、公平的考量。

10. 精神激励与物质激励相结合

不能口惠而实不至，如将肯定成绩等精神方面的奖励与奖金、红利等物质上的奖励相结合，最能激发员工的热情，并以更大的努力投入工作。

二、员工值得奖励的十种行为

管理学家米切尔·拉伯夫经过多年的研究发现，一些管理者常常在奖励不合理的工作行为。他根据这些不合理的举措，归结出应奖励和避免奖励的十个方面的工作行为。

(1)奖励彻底解决问题而不是只图眼前利益的行为；

(2)奖励承担风险而不是回避风险的行为；

(3)奖励善用创造力而不是愚蠢盲从的行为；

(4)奖励果断地行动而不是光说不练的行为；

(5)奖励多动脑筋而不是一味苦干的行为；

(6)奖励使事情简单化、高效化而不是使事情复杂化的行为；

(7)奖励沉默而有效率的人，而不是喋喋不休者；

(8)奖励有质量地工作行为，而不是匆忙草率地工作行为；

(9)奖励忠诚者，而不是跳槽者；

(10)奖励团结合作，而不是互相对抗。

美国哈佛大学教授詹姆士研究指出：实行计时工资的员工仅发挥其能力的20％～30％，而在受到充分激励时可发挥至80％～90％的能力。

三、激励员工的五个注意事项

1. 要注意给员工描绘共同的愿景

它包括涉及本行业的发展趋势和企业在行业内部的发展趋势，以及员工依存于企业的价值。企业有发展前景并不代表企业中的员工都有价值感。

2. 要注意用行动去昭示员工

对班组长来说，当你希望员工做出改变，请拿出自己的示范行动来。

作为班组长，不但要“说”，更重要的是“做”。“说”与“做”简单的组合有五种，其示范作用各有不同：

(1)说了，不做，负面作用最大；

(2)不说，不做，负面作用次之；

(3)做了，再说，示范作用次之；

(4)不说，做了，有积极作用；

(5)边说，边做，有很好的示范作用。

3. 要注意善用影响的方式

作为班组长，其主要任务就是运用组织的目标与自身的人格魅力去感召组员，启发组员，引领组员产生自我感知，迸发工作的原动力，从而产生巨大的行动力。

4. 要注意公平公正

一般来说，大家会尊敬态度强硬但公正的管理者，强硬只有伴随公正，员工才可能接受。

公正意味着秩序上的公正。如对员工的奖惩要特别强调有据可依，不搞无中生有的奖罚。

公正意味着制度面前人人平等。公正的立足点是制度管人，而不是人管人。

公正强调让事实说话，让数字说话，注意其精确性、有效性。

公正是对班组长品格的一种考验，它首先要求管理者有端正的品行。

5. 要注意沟通的实质性效果

沟通对于班组长来说更具有特殊意义。

(1)沟通的过程是争取员工支持的过程。管理的本质就是被管理者的追随与服从的过程，成功管理者的员工支持率必须高于70%，如果小于60%则很危险，低于50%就是不合格。

(2)沟通过程是汲取智慧的过程。如好的方法、主意、决策雏形等都可以在沟通中得到。

(3)沟通是激励员工最好的却往往是最廉价的方式。班组长认真聆听、询问，虽然不可能解决所有问题，但你给员工的感觉是肯定的——我很重要，我的工作很重要。给员工以自我重要感很有必要。

四、激励员工士气的四种方法

1. 让工作有趣且重要

每个人至少要对其工作的一部分有高度兴趣。对员工而言，有些工作真的很单调乏味，班组长可以在这些工作中加入一些可以激励员工的手段。此外，让员工离开固定的工作一阵子，如轮换岗位，也许会提高其创造力与积极性。

2. 确保有效沟通

员工总是渴望了解如何做好岗位工作及公司营运状况，班组长可以告诉员工公司效益来源及支出动向等情况，确定公司提供许多沟通渠道让员工得到资讯，并鼓励员工提出问题及分享资讯。

3. 让员工参与决策

让员工参与对他们有利害关系事情的决策，这种做法表示对他们的尊重及处理事情的务实态度。当事人(员工)往往最了解问题的状况，可以提出一些切合实际的改进方式；当员工有参与感时，会增加工作的责任感，也能轻易接受改变。

4. 增加成长机会

班组长对员工的工作表现给予肯定，每个员工都会心存感激。大部分员工的成长来自工作上的发展，工作也会为员工带来学习新知识、提升新技巧的机会。对多数员工来说，拥有新的机会来表现、学习与成长，是上级给予的最好奖励。

讲题 2 员工激励实用技巧

一、激发员工的工作意愿

如何激发班组员工的工作意愿，是班组长激励员工的一项很重要的工作。员工工作意愿欠缺的原因很多，对班组员工来说，主要有以下几点：

(1)上级存心找他们麻烦；

(2)自己拼命干的事却被忽视；

(3)感受不到来自领导的关怀；

(4)人际关系紧张。

激发员工工作意愿的具体措施见表 2-4。

表 2-4　激发员工工作意愿的具体措施

项　目	具体措施
激发员工的工作兴趣	使员工了解工作的目的和意义
	使工作内容更丰富
	合理设计工作流程，使其符合生理和心理需求
	给员工一定的决策权
	使员工能及时了解工作进度和工作结果
	使员工有成就感
让员工了解对其工作的评价	让员工了解评价的项目和标准
	让员工了解相应的奖惩方式
	让员工及时了解对自己工作的评价结果

续表

项 目	具体措施
培养员工的参与意识	让员工参与班组决策
	对员工进行必要的授权
	培育员工的责任感
使员工获得满足感	给员工创造提高其素质和能力的机会
	让员工独立完成工作
	满足员工对尊重的需求
	满足员工自我实现的需求
	及时地赞美和奖励
改善人际关系	加强与员工的沟通
	为员工之间进行有效的沟通创造条件
	培养团队精神

二、转变员工的消极行为

员工消极行为是指员工在工作中通过经验积累而形成对工作所持有稳定的消极的评价与行为倾向。转变员工消极行为有助于提高员工的工作积极性，消除员工的消极态度，更好地完成工作。

1. 了解员工消极行为的类型与原因

(1)员工消极行为的类型

研究结果表明，员工中普遍存在的消极行为共有下列七种类型：

①未能达到最低的工作要求；

②对他人和自己缺乏尊重；

③不能界定自己的职责；

④合作精神差；

⑤沟通水平低；

⑥行为情绪化；

⑦对工作的承诺较低。

(2)员工消极行为产生的原因

实际上只有少部分人员缺乏职业道德，大多数普通员工非常渴望在工作中有所建树，并将个人发展的希望寄予工作。虽然大家都表示希望通过工作来改善生活和发展事业，但经常出现的现象是做得再好也是徒劳的。为何这些普通员工放弃自己的目标、工作表现较差甚至不达标呢？调查结果显示，原因有各种各样。

①同事偷懒不出力；

②上级不断压制；

③不敢胜过同事；

④员工流失率较高；

⑤同事间缺乏相互尊重；

⑥缺乏上级的赏识；

⑦缺乏自我控制能力。

2. 转变员工消极行为的方法

(1)参与实践法

通过员工参与实践，在实践中不断地认识、了解工作，从工作中得到启发和教育进而转变员工的消极态度。在管理中，我们可以通过员工参与现场管理、工作丰富化、提合理化建议等途径来转变员工的消极工作态度。

(2)强化法

当员工的工作状态发生变化时，我们可以进行强化教育，包括负强化，如批评、罚款、停职、降级等；正强化，如物质奖励、晋升、表扬、认同等。

(3)目标导向法

员工的消极工作态度有时是因为班组长未能把工作目标与员工的切身利益紧密地联系起来，因此，要把工作目标与员工的切身利益联系起来，提高其主观能动性。

(4)宣传教育法

企业应重视利用企业文化来教育员工，陶冶员工的情操。这样可以帮助员工对企业形成正确的认识，改变对工作的错误看法，有助于转变员工的消极工作行为，树立正确的价值观。

(5)榜样示范法

在企业中树立一些爱岗敬业的先进榜样，对员工消极工作态度的转变有很大的帮助。通过各种渠道使员工了解先进人物的思想行为，使员工在心灵深处受到触动，起到积极的影响作用。

(6)恳谈法

通过恳谈的方法与有消极工作态度的员工积极沟通，有助于员工行为的转变。

3. 找出隐藏在背后的意图与心情

不管对方是冷淡、敌视，悲观或是挑衅，他们的态度本身已经说出了他们内心的许多话。而为了了解员工的情绪，班组长首先要找出原因，也就是隐藏在某一种态度背后的意图和心情。

三、对员工进行精神激励

物质奖励自然使员工有很大的满足感，但对于班组长来说，也要使用“精神激励”这种方法。精神激励同样也能达到良好的效果。赞美、表扬、精神上支持、鼓舞是激发员工斗志必不可少的催化剂。

1. 关心员工家庭

如果家庭生活中的一些琐碎而无法排解的事情让员工烦躁不安，他的种种抗拒情绪，甚至使他成为一名棘手的员工，班组长最体谅、最好的解决方法是给他一定的时间和空间，让他休息，或是旅游，给他时间调整。在这期间，班组长若能从根本上帮他找出使其烦躁的原因，并设法帮其解除，那是再好不过的了。相信等他度假回来时，心情的放松可能使他变成了另外一个人。

因此，顺其自然是很重要的。如果一名员工满脑子都在想着家庭的困难，他是不可能做好工作的。所以，当员工的士气受到家庭事务的影响时，班组长应该做的是关心他们。如果你能帮助他们解决个人困难，那么，他们就会工作得更有成效。

2. 经常赞扬员工

当员工特别卖力地工作时，班组长千万不要吝啬赞扬。当班组长希望激励员工提高工作效率时，就要赞扬他。

四、正确使用表扬激励

赞扬与批评是班组长激励员工的两个手段。赞美、表扬、精神上支持、鼓舞是激发员工斗志必不可少的催化剂。当然班组长不能一味地赞扬，一团和气是不可能管理员工、激励员工的，有时恰当的批评也能达到同赞扬相当的激励效果。

1. 不要吝啬赞扬

当班组长希望员工提高工作效率时，你需要做的事情很简单，就是：赞扬他。因为，赞扬是达到这一目的最有效的办法。人人都有得到他人承认、信任、重视和赏识的渴望。显然，追求被重视、被赞扬，已成为人们内心最强的渴望。

赞扬的成本微乎其微，可其影响常常是出乎意料的。今天更多的人不仅是为了获得薪水而工作，他们更希望得到企业的重视。而对他们最有价值、最有力的赞美就是经常跟他们说："企业因为有你感到骄傲。"

赞扬之所以有如此奇效，是因为赞扬一个人就意味着尊敬。重视称赞可以最大限度地鼓舞人的士气和精神。一名员工有了被尊重感，可以激发他的工作热情，释放他的潜在能量。

2. 赞美员工的闪光点

有些班组长感到赞扬一个人很困难，他们常抱怨没有在员工身上发现"闪光点"，不知道如何开口。这种说法很难让人赞同。其实，每位员工都是一块"金子"，只要班组长睁大双眼、细心观察，都可以从他们身上找到闪光点和值得赞扬的地方。

赞扬其实是一件很容易的事情，如果你想赞扬一个人，总能观察到他值得称赞的地方。

3. 赞扬要适时

适时赞扬就是不漏听、不漏看、不忘记员工取得的成果，要及时在众人面前表扬，同时也可以借助他人来表扬。

以下场合，班组长要适时表扬：

(1)圆满完成业务目标时,如质量目标达成;
(2)推进工作 QCD 的改善,并取得成效时;
(3)正在向难度很高的工作发起挑战时;
(4)报告内容精彩,有翔实的 5W1H 的内容;
(5)能够发现一般人发现不了的问题,或对班组作业有新见解时;
(6)取得公认资格或通过公司内部考试合格时;
(7)6S 活动第一个执行时;
(8)热心指导晚辈掌握工作技能时;
(9)协助他人工作,取得成果时;
(10)在班组或公司伸张正义时。

五、正确使用批评、激励

班组长如果在该批评的时候不批评,会使员工心存侥幸,误以为领导已经默许,奈何不了自己,从而导致下回再犯。

批评教育要有针对性,罚对一个,就会教育一片,这才能起到激励作用。反之,选错一人,就会冷落一片;罚错一人,就会寒心一片。所以要小心选用,切勿滥用。

能随机应变改变批评方式,且令人心悦诚服地接受,才能算是一流的管理者。

1. 批评的方法

班组长在批评时要注意,不可任由自己感情的冲动而发怒,要以诚意协助并予以鼓励为根本,才是助员工成长之道。此外,批评时应清楚地告诉员工,让他们知道自己错在哪里,这才是批评的基本态度,切不可让被批评的员工不知道挨批评的原因。

批评的方法和举例见表 2-5。

表 2-5 批评的方法和举例

行为项	批评方法	举例说明
缺勤、迟到、早退增多时	关切批评	平时很少见你迟到,是不是身体不舒服
肆无忌惮地发表对他人、公司不满、埋怨的言辞时	委婉批评	你有很多不满是吗?能不能把其中的某个原因和经过说给我听听
脸色不好、干活无精打采时	略加批评	平时的生龙活虎劲哪去了?拿出点劲来
对人粗声恶气、行为不检点时	严厉批评	这种话你都敢说?这种事你都敢做?这是你吗
有逃避工作、不负责任的言行时	严厉批评	究竟怎么回事?这不像你的所作所为

续表

行为项	批评方法	举例说明
背后造谣中伤同事时	揭穿批评	你有事实根据吗？没有就不要随便添油加醋
诉说自己身体不适、不愿更多承担责任时	关爱批评	怎么没照顾好自己？什么时候开始的？看医生了没有
待人办事心不在焉时	提醒批评	对人这样很失礼！我只能说到此为止，听漏别人说的话，办错了事，对你我都没好处
接连抱怨身心疲惫、推脱工作时	勉励批评	再加把劲吧！如果要我一块做的话请告诉我
渐渐没了生气、缺乏干劲时	提醒批评	有什么心事把它说出来，让我也听听，看有什么能帮你的

2. 批评的注意事项

(1)就事论事，不要提及他人他事。如把以前的“旧账”一笔一笔地搬出来，逐条清算；胡乱断言员工无可救药，将来不会有前途；一口咬定别人如何好，员工如何没出息；连同员工家人一起批评等都是错误的。

(2)要给人留台阶，如：

①不要当着大家的面，点名道姓地批评；

②不要当着不相关的第三者，或者在资格更低者的面前批评；

③不要到处发布批评的言辞；

④不要实际处罚，这比批评更严厉。

(3)要听员工的解释，不能抓住就批，有理没理先骂一顿再说。

(4)不要不给挽回机会，一错就批，根本不采取补救措施。

(5)不要让其失去信任，错一回就认为无可救药，以后就不再使用。

(6)要采取相应的实际处罚。每次都停留在口头上，没有触及员工的任何实际利益，听与不听都一样，不能起到震慑作用，以致一犯再犯。

六、在班组导入良性竞争

良性竞争能促进员工之间形成你追我赶的学习、工作气氛。所以，班组成员之间要有良性竞争。

1. 适度竞争有利于激发士气

以比赛的形式完成一项项原本枯燥乏味的工作，会让工作变得快乐而富有吸引力，其成效之佳显而易见。班组长可以通过员工之间的彼此竞争，激发他们的好胜心，满足他们工作的成就感。

当然，这里的竞争是为了共同进步而竞争，否则，变成了少数人打击一大片。

(1)竞赛激励的工作重点

①宣传这个奖励计划和它的目的；

②设立实际的、可行的、可计量的预定目标；

③竞赛要有一定的期限，期限不能设得太长；

④竞赛的规则不能定得太复杂；

⑤奖品要有诱惑力；

⑥奖品的价值与员工的表现要有直接的关联性；

⑦竞赛结束，要尽快表扬和给予奖励。

(2)竞赛激励的注意事项

①竞争必须建立在公平之上。如果想以竞争有效推进全体发展的脚步，要摆正态度，凭着公平的竞争，有效激励员工个人以及群体的工作热情。因此，竞争必须建立在公平之上。

②“公平”不是绝对的。员工的能力良莠不齐，这是不争的事实，如果在制定竞争目标时忽略这点，就无法起到激励员工的作用，反而降低了员工参与竞争的动力。

③事先把相关事项说明清楚。用竞赛方式来奖励员工，应该把详细的竞赛规则写清楚，同时把奖金额度或奖品的信息公之于众。

④防止恶意竞争。员工之间的竞争分为良性竞争和恶性竞争。班组长的职责就是要遏制员工之间的恶性竞争，并在员工之间发生恶性竞争时，积极引导他们参与到有益的良性竞争之中。

恶性竞争会使班组内人心惶惶，员工相互之间戒心强烈，大家都提高警惕防止被别人算计，工作的气氛就会很压抑。作为一名优秀的班组长，平日一定要关心员工的心理变化，在班组内部采取措施，防止恶性竞争。

2. 引导员工进行良性竞争的技巧

(1)要有一套科学正确的业绩评估机制。要多从实际业绩着眼综合评价员工的能力，不能根据其他员工的意见或者是班组长自己的好恶来评价员工的业绩。总之，评判的标准要尽量客观，少些主观臆断。

(2)要在部门内部制定出一套公开的沟通体系；要让大家多接触，多交流，有话摆在明处讲，有意见当面提。

(3)不能鼓励员工搞告密、揭发等小动作，不能听信个别人的一面之词，应该鼓励员工之间多学习、多交流。

(4)要坚决杜绝和惩罚那些为谋私利而不惜攻击同事、破坏部门正常工作的行为和员工。

七、鼓励员工无私奉献

所有员工都渴望被赏识，不仅仅是因为他们的才干，也因为他们乐意为工作付出。

工作当中总是有些吃力不讨好的任务，但是当班组长一次又一次地让同一个人做这些工作，却没有意识到他的这种无私奉献精神时，这位员工就会很伤心，甚至拒绝再做此类工作。所以，班组长应该尊重员工的默默付出。

1. 定要表示感谢

当你的员工加班做了分外的工作或者在工作中耗费了额外的精力时，班组长应该向他们表示感谢，大多数人都会乐意为一个赏识他们的班组长出力。

2. 关心他们的利益

当你的员工和别的管理者或其他班组在劳动任务上有分歧时，支持自己的班组成员。这种情况在一线经常出现，当其他班组因生产任务紧张而要求从你的班组抽调人员时，你要敢于拒绝，尤其是当别的班组并不是很忙时。要关心自己班组成员的利益，也许你的班组成员已经付出了许多，再让他们继续付出有失公平。

3. 要用商量的口吻指派任务

如果你商量着让员工完成一项工作，有一种互相信任的关系，他们有困难就会告诉你，然后们协商怎样把任务完成好，比如说："让我们看看小刘能不能接受这项工作"或"我可以将你原来的工作完成期限宽限几天，好让你腾出时间来去完成这项工作"。

甚至你只需解释一下这项任务非他莫属，别无其他人选时，员工会很乐意接受指派。

4. 尽量让员工主动请缨

如果你手下员工不止一个人可以干这项工作，甚至有一两个人早就想干了，那么就把这项工作交给班组，让他们自己决定如何分配。也许他们会商量出一个好办法。

任务安排下去后，班组长也并不是撒手不管了。谁都知道你是班组负责人，有最后的决定权。

如果员工对如何分配任务取得了一致意见，他们会更乐意接受最后决定，并且能把任务完成得很好。

5. 进行有效激励

对表现出众的员工进行物质奖励是很重要的。但在大多数公司，这种奖励机制由更高层的管理者控制，而不是班组长所能决定的。

但是，有效的激励还包括对他们工作的认同，一句感谢的话、一封表扬的信……都可以获得员工很大的回报。许多人都是知足常乐的，当他们知道自己没有辜负班组的期望时，会获得最大的满足。当你对员工的表现很满意时，满怀深情地说一句："非常感谢，我很感激"就足够了。

第四节　情绪管理与压力管理

讲题 1　情绪管理

一、情绪的定义

每个人都有情绪和情绪变化，那么什么是情绪呢？

情绪，泛指感情、心境。许多学者对情绪的含义进行了多种多样的概括。美国心理学家利珀把情绪定义为"一种具有动机和知觉的积极力量，它组织、维持和指导行为"；前苏联心理学家将情绪概括为"对事物的关系或主观态度的体验"。

二、情绪的种类

尽管人们对情绪的定义各不相同，但都承认情绪是由以下四部分组成的：

(1)情绪涉及身体的变化，这些变化是情绪的表达形式；

(2)情绪是行动的准备阶段，这可能跟实际行为相联系；

(3)情绪涉及有意识的体验；

(4)情绪包含认知的成分，涉及对外界事物的评价。

我国古代将人的情绪分为喜、怒、哀、乐、爱、恶、惧七种基本形式。现代心理学一般把情绪分为快乐、愤怒、悲哀、恐惧四种基本形式。根据情绪发生的强度、持续时间和紧张程度，可以将情绪分为心境、激情和应激。

三、情绪管理的定义

所谓情绪管理，就是指通过研究个体和群体对自身情绪和他人情绪的认识、协调、引导、互动和控制，充分挖掘和培植个体和群体的情绪智商、培养驾驭情绪的能力，从而确保个体和群体保持良好的情绪状态，由此产生良好的管理效果。

简单地说，情绪管理是对个体和群体的情绪感知、控制、调节的过程，其核心是将人本原理作为最重要的管理原理，使人性、人的情绪得到充分体现。从尊重人、依靠人、发展人、完善人出发，提高情绪的自觉意识，控制情绪低潮，保持乐观心态，不断自我激励，自我完善。

四、情绪管理的重要性

个人和企业都要重视情绪管理。

对个人而言，情绪不但对个人的身心健康起着非常重要的作用，也是影响个人成功的关键要素。心理学家和企业管理人员发现，和智商相比，情商对成功的影响更大。心理学家调查过 40 位诺贝尔奖获得者，发现他们当中并不是所有人都有很高的智商，他们的成功是因为他们在情商上高人一等。因此，无论对从事任何职业的人来说，管理好自己的情绪都是个人毕生的事业。

情绪管理对组织同样重要。心理学界和企业管理界已发现，情绪不只是个体的心理现象，同时由个体组成的集体、团队或组织同样也会有情绪管理方面的问题。也就是说，员工的喜、怒、哀、乐等各种各样的情绪，往往会影响工作的状态和效率。而消极情绪又导致工作中的各种各样问题，影响产品的质量、工程的质量、服务的质量，甚至引发质量安全事故，影响企业的正常运转。也就是说，情绪管理不纯粹是员工个人的事情，也是企业的责任。

五、有效控制情绪

情绪并无好坏之分，一般只划分为积极情绪、消极情绪。由情绪引发的行为则有好坏之分，行为的后果也有好坏之分。我们都知道消极情绪会给我们的生活带来许多烦恼，给我们的事业成功设置重重障碍。那么，有人就提出：可不可以消灭这些消极情绪呢？

其实，情绪是不可能被完全消灭的，但可以进行适度控制、有效管理和疏导。我们可以做一个试验：如果你做出一个微笑的面容，那么你的心情就立即会感到增加了几分愉悦。心理学的研究表明，不但情绪可以影响人的行为，而且反过来行为也可以影响情绪。

六、员工情绪低落时，班组长如何应对

当你意识到自己的消极情绪时，要采取措施进行有效控制。

(1)理智地消解不良情绪。首先，必须承认不良情绪的存在；其次，承认了不良情绪的存在后，就要分析产生这一情绪的原因，并弄清楚究竟为什么会苦恼、忧愁或愤怒，是否确实可恼、可忧、可怒，那么不良情绪就会得到缓解；最后，如果确实有可恼、可忧、可怒的理由，那么就要寻求适当的方法和途径来解决它。比如，你如果因为考前把握不大，因此焦虑不安，你就要积极把精力转移到加强学习上来，集中精力搞好复习减轻自己的忧虑。

(2)遗忘或转移不良情绪。一般情况下，能对自己的情绪产生强烈刺激的事情，通常都与自己的切身利益有很大关系，要很快将它遗忘是很困难的。但是，可以进行积极地转移，设法使自己的思绪转移到更有意义的事情上去。如主动去帮助别人，或者找知心朋友谈心，或是找有益的书来阅读。

讲题 2 压力管理

一、压力的定义

心理学上把压力定义为：个体在生理和心理上感受到威胁时的一种紧张状态。压力由压力因素和压力反应组成，压力因素是因人而异的，譬如对甲来说，考试不及格是奇耻大辱，但对乙来说，他可能对此毫不在乎，照样我行我素。而压力反应则是每个人对压力因素采取的习惯性的反应模式，它是因人而异、千姿百态的。

二、压力的表现形式

压力有各式各样的表现形式，但是有三个主要分类。

(1)生理表现：比如头痛、疲劳、反胃甚至心悸等。

(2)精神或情感表现：抑郁可能是压力最普遍的精神症状。其他情感或者精神症状包括：焦虑、沮丧、易怒、脾气暴躁、紧张、不能集中精力或者记忆力下降等。

(3)行为上表现：如嚎哭、叫喊、扔东西、吸烟、酗酒、吃东西、踱步或者其他的紧张行为，如咬指甲等。

三、产生压力的原因

导致压力的因素因人而异，但一般可以分外因和内因两种。

1. 外因

(1)社会、科技发展。当今时代是一个“焦虑的时代”。科技日新月异，社会飞速发展，当个体自身的能力水平不能适应时代的需求时，便会产生自信心降低、焦虑、孤僻等不良情绪。

(2)自然环境。主要包括自然灾害、噪音、环境污染和过度拥挤等。飓风与龙卷风、洪水与地震等自然灾害会引起身体伤害、心理创伤以及家庭离散，同时还会出现心理和生理上的综合症状。而噪音会使我们的刺激超载，因而产生压力，导致一系列的消极后果。人体长期暴露在有污染的空气中，会导致头痛、疲劳、失眠、烦躁、胃肠功能紊乱、记忆力下降、视觉和听觉削弱等症状，严重的会引起癌症。过分拥挤会让人有不适或不舒服感，增加人和人之间摩擦的机会，更易引发一些消极情绪，甚至有可能导致攻击性行为。

(3)生活琐事和人际关系。现代人生活工作节奏加快，各种生活压力自然接踵而至，主要表现为经济困难、住房紧张、离婚、子女教育等方面。而各种各样的人际关系也是导致压力的原因，这些人际关系压力可能来自亲人、朋友、同事、上级领导和下属等。经常跟别人争吵、冷战，人和人之间不能和睦相处等，是人际关系紧张的表现。

2. 内因

(1)人格。人格是隐藏在面具背后的一个人的真实本质，它同行为和应对存在着某种程度的联系。每个人都有自己独特的人格。面对不同性质的事件，具有不同心理特征的人可能会做出不同的反应。比如在日常生活中，有些人遇到一点小事就会造成情绪上的极大波动，表现出紧张和焦虑；也有些人即使遭遇重大挫折或打击，仍能泰然处之、镇定自如。

(2)健康。患病是引起心理压力的主要因素之一。一般来说，患慢性病或重病大病对人的影响最大。对病情的担忧，病情对工作、生活和学习带来诸多的不便，这些都导致了压力的产生。

四、如何释放压力

国际上比较流行的减压原则是“3R 原则”：放松(relaxation)、缩减(reduction)、重整(reorientation)。换句话说，是将减少遭遇压力的机会、放松自己、重新调整要求或期望值三者结合起来，在已有的正面压力、自发压力与过度压力之间寻求一个平衡点。

除了运用以上原则外，还可以从以下几方面去把握。

1. 多从积极正面的角度考虑问题

过度压力的来源，很大程度是自己造成的，尤其是受到自我的期望、价值观等影响。我们应该做自己情绪的主人，而不应该被负面情绪牵着走。

2. 适当放松自己，学会爱自己

人必须有规律地生活作息：该睡的时候不要熬夜，也要自我控制饮食和体重。由于平时工作较忙，一有闲暇时间，就应该多到户外接近大自然，享受阳光洗礼，达到放松身心的目的。

3. 有自己的朋友圈

这种朋友圈有自己的家人、同学、同事或商业伙伴等。只要你真心待人，别人也会真心待你，有朋友的人，往往心理阳光，更容易接受新事物，结交新朋友，感受到工作的快乐和生活的幸福。

4. 培养自己的放松技巧

人可以经由训练而掌握放松的技巧，如通过自我催眠、瑜伽、肌肉放松训练方式等来学习放松；有些人通过练书法、浇花、养鱼，也可以达到放松的目的。不论哪种放松方式，重点都在于经过一段时间的沉静，使自己有机会反思、整合，再充电。

第五节　团队建设

讲题 1　班组的团队精神

团队精神是指团队成员在共同的目标指引下，积极协作，共同努力工作，以期达成目标的一种精神状态，是成员的团队意识与集体态度。培养班组团队精神、做好团队建设需要注意以下要点。

一、使班组成员认同团队目标

团队精神是成员对团队的态度表现，它体现为成员对团队的满意感，并有愿为达成团队目标的心理和行为表现。这种心理和行为表现只有当个人的目标与团队的目标一致，得到团队内成员的认同方能产生。如果团队内成员对目标不认同，甚至反对，便不可能形成高昂的战斗力。所以，班组长要经常对其成员进行教育，宣传团队或企业的目标，使班组成员感到自己的满足来自于企业和团队的成就，从而为实现企业和团队的目标而努力工作。

二、使班组成员对工作有满足感

班组成员认为所从事的工作合乎他的兴趣，具有挑战性，能充分发挥潜力，可施展抱负，这样的工作就会使他感到满意。满意的工作可以激发高昂的劳动热情。所以，班组长不仅要了解班组每位成员的脾气、爱好、特长、文化水平、健康状况、家庭状况，因为这些信息往往是影响成员个人需求、动机与行为的重要因素，而且还要在安排工作时尽量照顾班组员的兴趣、能力与专长，使员工的学识才能在工作上有充分的发挥机会。

三、使经济报酬合理

合理的经济报酬是对班组成员付出劳动的肯定和补偿。取得一定的经济报酬对不同的员工来说具有不同的意义。对有些人来说，报酬是一种社会地位的体现；对有些人来说，可能是受到赏识的形式；但对大多数员工来说，经济报酬决定了生活水平的高低，可以满足员工较低层次的需要。因而企业在工资与奖金的分配上如能按劳分配，保证工作表现较好的员工能获得较高的报酬，就会激发员工的积极性和创造性。反之，就会严重挫伤其积极性，降低团队的战斗力。所以，合理的经济报酬，不仅对激发班组团队的战斗力有重要作用，而且对保持团队的战斗力也十分重要。

四、使班组成员关系和谐

团队内部团结、思想统一、感情融洽、关系和谐、行动协调，每位员工对团队的归属感、责任感、自豪感就会增强；当个人利益与团队的集体利益发生矛盾时，个体就会无条件地服从集体。相反，如果成员互不相容，相互猜疑嫉妒、尔虞我诈、内讧不止，正常的人际关系不复存在，这样的团队不仅没有战斗力，而且必然解体。因此，班组长要努力改善和增强团队内成员间的和谐关系。

五、保持员工的身心健康

班组长要努力改善员工的工作环境、生活环境，丰富员工的文化活动，努力增进员工的身心健康。建立良好的内部沟通渠道，努力消除不满与隔阂，保持员工的心理平衡，减少员工的心理挫折，进而有助于提高团队的战斗力。

示例1

海洋石油721仪器组于2014年8月成立，首战即创下12缆船3天完成首航电缆施放调试任务。现有成员16人，党员4人，平均年龄31岁。在成立的6年时间里，仪器组以安全作业为原则，以务实工作为己任，为船队建设发挥了积极作用，现已累计完成安全生产2295天，累计圆满完成40个工区共计52788平方千米三维地震采集作业，收到甲方20余封表扬信。

海洋石油721仪器组以务实的工作态度，勤恳的工作作风，立足于本职工作岗位，汇聚平凡的力量，在持续的革新中创新发展，在不断的发展中保持战斗力，助力船队迈向国际化发展道路，为公司发展做出了应有的贡献(图 2-1)。

图 2-1 海洋石油 721 仪器组多缆齐收提高收缆效率

示例 2

渤中 34-1 油田生产工艺班组现有 36 人(含监督)，其中党员 11 人，高级工 19 人，技师 5 人，高级及以上技能等级人员占比达 67%，班组成员平均年龄 30 岁，是一支秉承优良传统、充满创新活力、敢于担当、主动作为、作风优良的队伍。

在日常工作中，生产工艺班组始终坚持高标准、严要求，立足岗位，充分发挥“师带徒”和以赛促练的作用，不断提升班组成员的技能水平。班组成员曾 3 次参加集团公司技能大赛，2 次获得团体第一名，1 次获得团体第三名；2 人获得个人金奖，2 人获得个人铜奖；2 人获得“中央企业技术能手”，2 人获得“中国海油技术能手”和“中国海油青年岗位能手”荣誉称号。

在做好做细做精专业工作的同时，班组成员牢记“安全第一、环保至上、人为根本、设备完好”的安全理念，不断提高自己安全意识和安全技能。2017 年，在集团公司组织的“安全最后一厘米”安全知识竞赛中，班组代表队过关斩将，从几百只队伍中脱颖而出，一举获得第一名，并获得 2019 年“全国青年安全生产示范岗”荣誉称号。

自渤海油田注水年项目推进以来，班组成员积极思考，全面梳理生产污水处理流程和注水流程存在的问题，通过对相关设备进行升级改造和加强流程管理，有效提升了注水水质，实现注水水质全达标。

示例 3

配餐公司保税区物业服务中心客户服务班组主要为海洋石油工程股份有限公司总部大厦提供来访接待、物品借用、报刊收发、会议服务、物资配送、活动策划、大型接待等客户服务，物业服务面积达 69196 m^2。班组现有员工 21 人，设有客服领班、客服接待员、收发员等岗位，平均年龄 26 岁，大专以上学历占 75%。该班组自

2012 年成立以来，一直坚持以“勇于担当不怕输，敢于创新不守旧”的理念开展各项工作，在海油系统内外取得了很多荣誉，也为公司品牌建设贡献了力量。

班组定期开展“对不起、谢谢你”的活动，鼓励员工之间积极进行情感表达，使得团队氛围更为和谐融洽。同时，班组从关爱员工角度出发，升级改造更衣室，设立健康角，使员工保持良好的生活和工作状态。在此基础上，班组在临近节日前还组织“三八节送花”“中秋月饼分享”“温暖冬日送暖贴”等活动，让大家处处、事事感受到家的温馨与关爱。

讲题 2 培养班组团队精神

一个团队要更高效地发挥作用，其中每一位成员都必须为整个团队及团队的任务而全力以赴地工作，成员必须完全理解团队的任务并为之努力。

一、营造良好的工作氛围

营造良好的工作氛围，是培养团队精神的首要方法。

怎样才能成为一名高效团队的领导者呢？班组长必须努力了解成员的需求，以及他们的工作动机，营造良好的工作环境；在达成目标的同时，满足班组团队成员的个人需求。

二、培养班组成员团队合作的默契度

培养团队默契，是增进团队精神的另一个不二法宝。

作为团队的领导者，班组长固然要让每位成员都有发挥的空间，但更重要的是，你要用心培养团队成员协调一致的默契感；同时，努力做到扬长避短。这就要求班组长做到以下几点。

(1)告诫班组成员，如果缺乏合作意识将会产生很严重的问题，将导致无法完成工作任务。

(2)向管理培训部门寻求帮助，培养员工合作技巧。合作不仅仅是一种态度，也是一种技巧，就如同其他的技巧一样，是可以通过正规的培训来学习和掌握的。

(3)完善工作评价和奖惩机制。这是班组长为了确保工作的重点是合作而不是竞争所需要采取的重要措施之一。表现最优秀的员工可能被挑选出来并得到提升吗？涨薪水仅仅是根据个人的表现吗？如果团队有一套完善的测评机制，有多少因素是强调团队精神的？如果你要求合作，那么就对合作的表现进行奖励。完善奖励合作的制度，但要注意，奖励是给整个班组团队的，而不是某个人。

如果能真正做到这点，自然就能凝聚团队的智慧，创造优异的团队表现和工作成绩。

三、明确团队任务

要确保团队中的每一位成员都熟悉团队的任务是什么。传统的班组中，成员仅仅知道自己的那部分工作，不明白自己在团队中的作用。每一位团队成员都有必要

了解和清楚整个团队的任务。假设团队为公司机构提供信息服务，其中资料的一部分是要定期刊载的，而另一部分则仅仅是为满足某些特定的管理而准备的，你就要有编辑、撰稿人、美工和排版人员。你可能把这项基本任务描述为，在不超出预算的情况下，将高质量的业务通信送到消费者和其他客户手中。即使在传统的工作团队中，这样着眼于整体任务的表达方式也会对任务的完成有巨大的帮助，对一个团队来说，这更是不可或缺的。

四、着眼于完成团队整体任务

确保每一位成员都着眼于完成团队的任务，而不仅仅是他们各自的工作。一旦每一位成员都知晓团队的任务是什么，他们就要让个人的工作来服务于整个团队。

五、鼓励员工协作精神

鼓励员工协作以及让他们把自己视为团队的一部分。员工们常常感到这种过渡比较困难，那些习惯了基于个人工作进行奖罚的员工，要他们着眼于团队协作需要一段时间。如果员工表现出团队协作精神，一定要给予表扬和鼓励，同时可以将其作为其他员工学习的表率。

六、增进团队间协同合作的精神

1. 永远把班组成员放在第一位

关心、珍惜班组团队成员，他们才会采取行动，去做好每件事情。

当班组成员受到鼓舞感召，他们的无限潜能就会爆发出来，那么，他们所做的任何事情都会相当高效和出色。

2. 重视教育培训

从职前教育开始，班组长就应该向新成员传达有关团队的正确观念，让他们学习团队的精神，而后，在定期的在职培训中，仍然要不断加强他们在“人际关系”“沟通”“管理”等方面的技能。通过有计划性的训练，员工之间会建立良好的工作伙伴关系，并在团队协作中全力奉献自己的才能，与其他成员一起合作，共创佳绩。

第三章 现场管理
——塑卓越现场管理者

第一节 班组安全管理基础

讲题 1 班组现场班前班后会

俗话说："一日之计在于晨。"班前会是班组现场一天工作的开始，一天的工作怎么做，怎么分工配合、协同作战，班组长应提前策划好，并做合理安排。

坚持高效地召开班前会，对人员培养和班组建设具有重要意义，其具体表现在以下方面。

1. 有序安排，提高工作效率

班前会是一个系统交流的机会，主要讲前一天的问题和当天的任务安排。班组长在总结问题时要让大家知道问题的责任人是谁、产生的后果如何，目的是教育他人和防止事故的发生，布置任务时最好用量化的指标，使大家明确任务，变被动为主动。

班组长充分利用每天班前会，把事前策划好的工作、交接班时的情况，向全员说明，这样能降低沟通成本，使大家上岗时目标明确，节省时间，提高效率。

2. 传达信息，保持良好沟通

员工长期工作在生产第一线，班前会是他们了解企业信息的重要渠道。

3. 增强集体观念

班组成员长期在一起工作，能带来"班组一家"的归属感，这有利于提高班组成员的认同感，强化他们的集体观念，增强他们的自我约束能力。

4. 引导良好的工作习惯

班前会是一个很好的现场"说教"场所，利用每天的班前会总结得失，能使员工逐步纠正不良行为，养成良好习惯。

5. 培养良好的班组风气

利用班前会持之以恒地进行员工教育，培养良好的工作习惯，提倡积极向上的班组风气，形成人才培养的良性土壤。

理解了高效率班前会的目的和意义后，班组长要掌握一些技巧，提高班前会的质量和效率，高质、高效地做好现场工作。

一、班前会召开的目的

高效的班前会有四大目的：营造工作气氛、进行工作安排、员工教育指导及传递企业信息。

1. 营造工作气氛

上班刚开始时，员工难免还停留在思想松弛、注意力不集中的自由“休息”状态。班前会使班组成员快速进入工作状态，创造适度的工作紧张感。

2. 进行工作安排

当天的工作任务、目标、人员调配、注意事项等工作安排是现场班前会的主要内容，班组长应通过明确的工作指示，使当天工作有序地进行下去。

3. 员工教育指导

班前会是召开频率最高、参与人员最广的日常工作会议。昨天出现的问题、今天要注意的事项，班组长都可利用班前会来进行指导和教育，持之以恒，不仅能提高员工的工作意识，而且能培养良好的工作风气。

4. 传递企业信息

班前会还是上传下达的重要途径。班组长可利用班前会传递行业发展、企业动态、业务信息、管理要求等相关信息，使员工的个人工作目标和企业经营目标达到一致。

二、班前会召开的内容

一般来说，现场班前会的内容主要包括：企业经营动态、生产信息、质量信息、现场6S状况、安全状况、工作纪律、班组风气以及联络事项。当然，并不是每天都要面面俱到，而是要根据当天现场的实际情况列表以确定当天要讲的主要内容。

通常，现场班前会包括以下几个方面的内容。

1. 轮流主持，分享个人感想

让员工轮流主持班前会，给予员工总结经验、表达意见和建议的机会，这是班组民主管理的有效途径，有利于提高员工的工作意识、集体观念和班组凝聚力。

让大家分享前一天或近一段时间的工作经验、心得体会、自我反省、工作建议等，尤其针对发生安全或质量事故，造成人员或财产损失的情况进行重点分析和案例解读。

2. 工作总结

一般的情况班组长首先要对头一天的工作进行总结。总结工作，可以从以下几方面进行：有没有未完成的任务，有没有未达到的目标，有没有事故和异常，现场有哪些变化点，以及上述情形带来的反省和要求。

盲点提示：

在总结时，要避免诸如“大家干得都不错”之类大而空的表达，尽可能具体到人、具体到事，有理有据地进行表扬或批评。

3. 工作安排

安排当天工作是现场班前会的重点内容，主要包括：今天的生产计划、工作目标、任务分配、人员调配等。

班组长布置工作时要做到清楚明确，不要含糊其辞造成混淆，讲到具体的工作安排时要注视员工，确认对方的反应，确保对方理解到位。

4. 工作要求

根据昨天的情况和今天的安排，班组长应该明确提出对大家的要求和期望，包括：时间的要求、工作质量的要求、工作配合的要求、遵守纪律的要求、及时联络的要求等。

5. 企业相关信息

根据实际情况，班组长应定时向员工传递企业的相关信息，使员工了解生产大局，更好地理解和接受工作要求。

企业的相关信息包括：市场和行业动态、客户要求、企业经营情况和发展方向、正在和即将开展的管理活动等。

三、有效召开班前会

班前会是基础管理中一个重要的环节，具有出勤管理、鼓舞士气、政令下达、增加团队凝聚力和向心力的作用。同时可以强化员工对企业文化的认同感、归属感，培养人才，形成好的风气。班组长应充分利用班前会进行职业教育，创造工作的紧张感，取长补短，促进全员学习，引导智慧生产。在召开班前会时，班组长要注重班前会的形式和内容创新。

1. 召开高效率的班前会

一个好的班前会是全员共同参与、人人都有热情的会议，班组长切不要唱独角戏，大家积极参与，一起做好这个工作，才能真正发挥班前会的重要作用，让班前会不流于形式，成为生产管理的一个重要环节。所以，采用班前会的轮值制是一个很好的办法。

在班前会上要整队、点名，确认出勤，这也是班前会的一项重要功能。

确认出勤，不仅可以准确地考核员工的出勤率，对于当天生产任务的安排也很重要。该点名时要点名，人少时可采用全员呼应式点名，人多时应该由班组长等骨干自行确认本组人员到会情况，主管向班组长呼应式确认，并大声说出出勤确认结果。

问候语要设计成大家容易回应的方式，逐步形成一种规范。如，早上开班前会，班组长出来讲话(刚毅、有中气):“各位！早上好。”全员(整齐有力,朝气蓬勃):“早～上～好～!”讲话结束时,一定要道一声“谢谢”。需要提醒的是,如果是班后会,班组长讲话应该先道一声“辛苦了!”一声问候一声回应,在积极友好的工作气氛里,大家的注意力瞬间被集中到会议中来。

2. 做好生产前准备

班组长作为班组生产的管理人,在生产活动开展之前,必须带领全员做好以下准备工作。

(1)技术准备

准备好图纸、工艺标准等有关技术文件和资料。如机械制造的产品结构设计和工艺设计、劳动定额与材料消耗定额资料等,要做到齐全、完整、配套。

组织员工结合自己的工作,研究图纸、熟悉工艺,掌握各项技术要领。

落实安全技术操作规程,明确检验方法,准备好检验工具,并做好预验。

(2)物资准备

把所需的各种工具、夹具、量具、模具、刀具、辅助工具等工装和工位器具准备齐全,送到相关工作现场,按规定摆放在指定位置。

检查调整好生产设备,使其保证达到满足工艺所要求的技术状态,活动设备还要提前摆放好。

按计划要求和使用的先后顺序,把所需物资和坯料、油料等如数送到工作现场,放在指定位置,进行抽检,看是否符合质量要求。

检查水、电、路、信,保证其使用正常。

(3)组织准备

按作业计划要求,事先做好人员配备,保证班组工种之间、工序之间人力匹配,并搞好人员培训、岗位练兵、人员分工、明确职责等工作。

确定生产班次,落实岗位责任制,明确班组长的任务,规定统计报表和原始记录的传递路线与时间等。

(4)生产秩序和环境准备

现场秩序包括劳动纪律、工作风气、人员面貌和素质等内容,管理的目的就是,一方面要确保作业人员能够按企业的规定从事工作,另一方面要促使员工积极、主动地维护这种秩序。

具体需要准备的内容包括以下几个方面:

①没有迟到、早退、旷工等现象,人人都能遵章守纪;

②没有萎靡不振的现象,人人都保持良好的精神状态;

③所有员工都能自觉地参与各种准备活动;

④员工确保自己的行为符合工作要求,不会妨碍他人;

⑤对于新产品、新技术,员工能学习和掌握工作要点,熟知关键技术。

现场管理包括现场的环境、安全、状态等内容。管理一方面要确保员工能愉快地工作,另一方面要使产品设备符合具体要求。现场环境管理需要准备以下方面:第一,检验检测器具的有效性,并记录显示的数据;第二,当发现不符合要求的情况时,要及时采取措施进行处理,并确认处理结果。

四、做好班组计划,安排岗位和人员

生产计划是一切工作的开始,好的计划是成功的一半。生产计划的内容包括人员的安排、设备的配置、物料的配合、生产周期的确定、工艺与工序的编排及品质的控制等。

五、如何进行交接班管理

交接班管理的任务是搞好岗位工作衔接,确保安全、文明、持续的生产。班组长应在每次的交接班时做好自己的工作。

1. 交班

(1)交班人:交班组长。

(2)交班前工艺要求:1 小时内不得任意改变负荷和工艺条件,生产要稳定,工艺指标要控制在规定范围内,生产中的异常情况得到消除。

(3)设备要求:运行正常、无损坏。无反常状况,液(油)位正常、清洁无尘。

(4)原始记录要求:认真清洁、无扯皮、无涂改、项目齐全、指标准确;巡回检查有记录;生产概况、设备仪表使用情况、事故和异常状况都记录在记事本(或记事栏)上。

(5)其他要求:为下一班储备消耗物品,工器具齐全,工作场地卫生清洁等。

(6)接班者到岗后,详细介绍本班生产情况;解释记事栏中写到的主要事情;回答提出的一切问题。

(7)坚持“三不交班”:接班者未到不交班,接班者没有签字不交班,事故没有处理完不交班。

(8)坚持“二不离开”:班后会不开不离开车间,事故分析会未开完不离开生产车间。

2. 接班

(1)接班人:接班组长。

(2)到岗时间:提前 30 分钟。

(3)到岗检查项目:生产、工艺指标、设备记录、消耗物品、工具、器具和卫生等情况。

(4)接班要求:经进一步检查,如没有发现问题,则及时接班,并在操作记录上签字。

(5)接班责任:岗位一切情况均由接班者负责,将当班最后 1 小时的数据填入操作记录中,将工艺条件保持在最佳状态。

(6)坚持“三不接班”:岗位检查不合格不接班,事故没有处理完不接班,交班者不在不接班。

3. 班后会程序

(1)参会人员:交班者全体,白班交班时要有一名车间领导参加。

(2)班后会时间:岗位交班后召开。

(3)各岗位人员介绍本班情况。

(4)值班组长综合发言。

(5)车间领导指示。

示例 1

海油发展深圳配餐公司东营终端班组现有员工 68 人,组建初期,由于地理位置偏僻,招工困难,导致招收的员工素质参差不齐。从全面开展班组建设工作以来,在公司的大力支持与指导下,该班组现场管理、安全生产、团队建设、服务创新、成本控制等工作走在公司前列。多年来,该班组共获得了 10 多项荣誉。主要包括:2014—2016 年连续三年获得山东省东营市餐饮企业 A 级单位、免检单位,2015 年、2016 年"食安山东"餐饮服务品牌示范店,2017 年"食安山东"餐饮服务示范单位,2016 年、2017 年连续两年海油发展"红旗班组"(图 3-1)。

图 3-1　配餐公司东营终端班组

班组每日组织班前会,对当天作业风险及控制措施进行提示,每会一提,每会一问。终端班组长组织各业务小组长召开,各业务小组长组织各小组组员单独召开。有效杜绝参会人员过多不专心参会的现象,突出各业务内容的针对性,有的放矢,真正达到提升班组组织力、员工凝聚力、队伍战斗力的目的。

示例 2

海油发展下属公司起重三班(图 3-2)是一支 15 人、平均年龄 30 岁的朝气团队,其中取得高级技师资格 1 人、工程师 1 人、高级工 6 人、中级工 5 人。"做精运维产业,做强起重行业"是他们的共同目标。2016 年全年"零事故",按质按量完成公司下达的生产任务。全年收到表扬信、感谢信共计 9 封;顾客满意度全年平均分保持在 99 分以上。

规范的制度保障,确保团队稳步前行。

图 3-2　海油发展下属公司起重三班

1. 有效的班会制度，使工作得到统筹安排，轮流分享事故案例和工作经验，使班组人员安全意识和工作技能得到提高。

2. 陆地安全、质量、技术人员交底。

3. 现场与甲方进行作业风险分析(JSA)。

4. 施工中的安全防护措施。

5. 规范的班前分析会和班后总结会(图 3-3)。

图 3-3　起重三班班前会

讲题 2　班组现场环境 6S 活动

工作现场是人和环境的综合体，现场管理是对工作行为和作业环境的管理，是班组长运用科学的管理思想、管理方法和管理手段，对现场的各种要素，如人(操作者、管理者)、机(设备)、料(原材料)、法(工艺、检测方法)、环(环境)、资(资金)、能(能源)、信(信息)等资源进行合理配置和优化组合，以保证一项工作任务的顺利完成。井然有序的作业现场表明了人与环境的和谐统一，是安全生产的基础，也是班组现场管理期望达到的目标。

现场管理具有如下特点。

第一，现场环境是一面镜子，直接反映班组经营管理水平的高低。

第二，现场管理水平的高低，直接影响产品的安全、质量、成本、交期等。

第三，现场信息直接反映了班组工作状态，是班组管理改善的源头。

一、6S的产生背景

说起6S，就得从5S谈起。5S管理方法起源于日本，它在日本民间流传了200多年，江户时代的日本商人已开始习惯丢弃不想要的东西，以空为静、以变为新、以新求存，养成良好的经商理念，因此，整理、整顿是5S启蒙的理念。

战后，日本曾经历过产品粗制滥造、质量低劣的时期。在20世纪50年代，他们以传统的管理方法推行“整理”“整顿”的2S管理理念，目的是控制产品质量。

经过艰苦探索，日本企业界在2S的基础上摸索出发展“清扫”“清洁”“素养”的3S管理理念来维持精良品质和环境。从改善现场管理、加强产品质量控制开始，进而提升人的品质，实现产品品质的精益求精。

日本丰田汽车公司在其长期生产经营管理实践中，在传统5S管理基础上不断完善。他们认为，生产安全始于整理、整顿，如果没有一个良好的、安全的工作空间，就无法维持正常生产秩序，故加上了“安全”这个S，成为“6S”。它使丰田汽车在20世纪70年代一举打破了美国垄断世界轿车市场的霸主地位。丰田不断努力给员工灌输责任感和纪律性，创造出良好的现场管理水平，在1986年就有了《现场6S管理方法》这一著作的问世，号称拥有“世界第一现场管理模式”，在日本众多的企业里掀起学习现场6S管理方法的热潮。

6S管理是现代工厂行之有效的现场管理理念和方法，其作用是：提高效率，保证质量，使工作环境整洁有序，预防为主，保证安全。6S的本质是一种强调执行力和纪律性的文化，不怕困难，想到做到，做到做好，落实好6S工作，为其他管理活动打下良好基础。

整理(SEIRI)：将工作场所的任何物品区分为有必要和没有必要的，有必要的留下来，其他的都清除掉。目的：腾出空间，空间活用，防止误用，营造清爽的工作场所。

整顿(SEITON)：把留下来的必要用的物品依规定位置摆放，并放置整齐加以标识。目的：工作场所一目了然，消除寻找物品的时间；整整齐齐的工作环境，消除过多的积压物品。

清扫(SEISO)：将工作场所内看得见与看不见的地方清扫干净，保持工作场所干净、亮丽。目的：稳定品质，减少工业伤害。

清洁(SEIKETSU)：将整理、整顿、清扫进行到底，并且制度化，经常保持环境处在美观的状态。目的：创造明朗现场，维持上面3S成果。

素养(SHITSUKE)：每位员工养成良好的习惯，按章办事，培养积极主动的精神(也称习惯性)。目的：培养有好习惯、遵守规则的员工，塑造团队精神。

安全(SECURITY):重视员工安全教育,每时每刻都有安全第一观念,防患于未然。目的:建立起安全生产的环境,所有的工作应建立在安全的前提下。

用以下的简短语句来描述6S,便于记忆:

整理:要与不要,一留一弃;

整顿:科学布局,取用快捷;

清扫:清除垃圾,美化环境;

清洁:清洁环境,贯彻到底;

素养:形成制度,养成习惯;

安全:安全操作,以人为本。

二、6S的实施

(一)整理——把不必要的清除

这里的整理就是将工作现场要与不要的东西区别出来,保留有用的,清除不需要的物品。这样,可防止材料的误用、误送,创造一个清洁的工作场所。所以,班组长在作业现场整理时,一定要将不必要的物品果断地处理。

班组长在作业现场整理工作时,可从以下几个方面着手进行:

1. 深刻领会开展6S的目的,形成共识

(1)确认不需要的东西,多余的库存会造成浪费;

(2)向全体员工宣讲,以取得共识;

(3)下发整改的具体措施;

(4)定出整改的要求。

2. 对工作现场进行全面检查

检查出哪些东西是多余的,具体见表3-1。

表3-1 现场检查规范

序号	检查内容	检查标准	检查方法	检查结果	纠正跟踪
1	物品分类及存弃规则	1. 未建立物品分类及存弃规则(1分) 2. 物品分类及存弃规则不太完善(2分) 3. 物品分类及存弃规则基本完善(3分) 4. 物品分类及存弃规则较完善(4分) 5. 物品分类及存弃规则完善(5分)	1. 审阅文件 2. 核对现场		

续表

序号	检查内容	检查标准	检查方法	检查结果	纠正跟踪
2	整理	1. 尚未对身边物品进行清理(1分) 2. 已清理但不太彻底(2分) 3. 清理基本彻底(3分) 4. 清理较彻底(4分) 5. 清理彻底(5分)	1. 查看现场 2. 询问		
3	整顿	1. 物品尚未分类放置和标识(1分) 2. 部分物品尚未分类放置和标识(2分) 3. 物品已基本分类放置并标识,但取用不便(3分) 4. 物品已分类放置并标识,但取用较方便(4分) 5. 物品已分类放置并标识,取用方便(5分)	1. 查看现场 2. 观察取用方法和时间		

3. 制定"需要"与"不需要"的标准

对工作现场进行全面盘点。就现场盘点的物品逐一确认,明确哪些是"需要"的,哪些是"不需要"的。

根据上面的确认,制定"需要"与"不需要"标准表,员工根据标准表实施"大扫除",对于现场不需要的物品,诸如用剩的材料、多余的半成品、切下的料头、切屑、垃圾、废品、多余的工具、报废的设备、员工的个人生活用品等,要坚决清理出生产现场,这项工作的重点在于坚决把现场不需要的东西清理掉。整理的实施要点就是对生产现场摆放的物品进行分类,从而区分出物品的使用等级,一般可以将物品划分为"不用""很少用""较少用""经常用"这四个等级。

对于"不用"的物品,应该及时清理出工作现场,进行废弃并处理;对于"很少用""较少用"的物品,也应该及时进行清理,改放在储存室中,当需要使用时再取出来;对于"经常用"的物品,就应该保留在工作现场的附近。

4. 制定废弃物处理方法

实施分类:依据分类,该报废的一定要报废,该集中保存的由专人保管。

(1)设定不要物品的回收制度;

(2)设定循环、转让、烧毁、掩埋等处理方法;

(3)设定废弃小组；

(4)尽量不要制造不要物品；

(5)按不同种类对垃圾进行分类处置。

(二)整顿——让物品一目了然

所谓整顿，就是把要的东西按规定位置摆放整齐，并做好标识。目的是使工作现场整整齐齐，需用之物随手可取，方便寻找，营造一个整齐的工作环境。

1. 现场整顿

(1)用5W1H方法发现存在的问题

首先，用5W1H法对现场进行分析，尤其是对平面布置、搬运路线和物品摆放要进行分析，从中发现问题。其次，对问题追根溯源，一直分析到能采取措施为止。

(2)合理放置，方便取放

对物件的整顿并不在于单纯的码放整齐，而是要使物件拿出容易、放回方便，有明确的秩序让人一目了然，容易查找和归位。

(3)整顿结果的标识

整顿完成后，为了能立即拿到使用的物品，可利用标牌、指示牌等予以标识，指示牌内容应清清楚楚指明物品名称、分类、数量、存放位置或由谁使用等。总而言之，标识的目的是明确"是什么"和"在哪里"，让人一目了然。

2. 现场整顿原则

(1)决定放置场所

①经整理所留下的需要的东西、物品，要定位存放；

②依使用频率来决定放置场所和位置；

③用标志漆颜色(建议黄色)划分通道与作业区域；

④不许堵塞通道；

⑤限定堆放高度；

⑥不合格品隔离工作现场；

⑦不明物撤离工作现场；

⑧看板要置于显眼的地方，且不妨碍现场的视线；

⑨危险物、有机物、溶剂应放在特定的地方；

⑩无法避免将物品放于定置区域时，可悬挂"暂放"牌，并注明理由和时间。

(2)决定放置方法

①放置的方法有H架、箱柜、塑料篮、袋子等方式；

②在放置时，尽可能安排物品的先进先出；

③尽量利用框架，立体存放，提高收容率；

④同类物品集中放置；

⑤框架、箱柜内部要明显易见；

⑥必要时设定标识，注明物品"管理者"及"每日检验负责人"；

⑦清扫器具以标准方式放置。

（三）清扫——时刻保持车间干净

清扫就是将现场不需要的物品清除掉，保持工作环境无垃圾、无污秽，以保证生产安全，减少工业灾害。

1. 清扫准备

(1)安全教育

对员工做好清扫的安全教育，对可能发生的事故(触电、挤压碰伤、涤剂腐蚀、坠落砸伤、灼伤烫伤等不安全因素)进行预防和警示。

(2)设备常识教育

对员工就设备的老化、出现的故障、可以减少人为劣化因素的方法、减少损失的方法等进行教育。使他们通过学习设备基本构造，了解其工作原理，能够对出现尘垢、漏油、漏气、振动、异常等状况的原因进行分析。

(3)技术准备

制定相关作业指导书，明确清扫工具、清扫位置、加油润滑等基本要求，螺丝钉卸除和紧固的方法及具体顺序步骤。

2. 清扫实施步骤

(1)决定清扫的对象

清扫对象有物品放置场所、设备、空间三类。

①物品放置场所。物品有各式各样的东西，其放置的场所也有很多，所以在清扫之前必须了解要清扫什么。物品放置场所的清扫对象为：制品仓库、零件仓库、材料仓库、工厂内半成品放置处、零件放置处、生产线内放置处、机械工程内放置处、工具棚架等。

②设备。与设备有关的清扫对象为机器、设备、焊具、工具、刀具、量具、模具、车辆、搬运工具、作业台、橱柜、桌子、椅子、备品。

③空间。空间的清扫对象为地面、作业区、通道、墙壁、梁柱、天花板、窗户、房间、电灯。

(2)决定清扫责任人

安排清扫责任人及清扫周期(每天清扫或是隔日清扫)。具体要做到：

①编制清扫责任位置图。以平面图的形式，把现场的清扫范围分到各小组，再由各小组划分至个人。公共区域可利用轮值和门前承包的方式进行。

②制定清扫日程表。使清扫作业日程化，公共区域可采用轮流值日制，制定日程表的步骤。首先确定公共区域，包括会议室、休息室、厕所、图书室等；然后进行任务分配，责任到人，规定清扫的内容及验收标准，最后编制日程表，并公布轮值表，责任人间相互传阅。

（四）清洁——将日常清扫程序化

清洁就是对清扫后状态的保持。将前 3S(整理、整顿、清扫)工作内容制度化、规范化，贯彻执行并保持清洁的状态。

清洁的标准包含三个要素：干净、高效、安全。

在开始时，要对“清洁度”进行检查，制定出详细的检查表。

检查的要点为：范围内是否有不必要的东西？工具可以立即使用吗？每天早上都有扫除工作吗？工作结束时收拾整理了吗？

1. 检查有哪些不要的东西（整理）

(1)不要物品的检查点。在3S之后，应在工作现场检查是否有不要的东西。

(2)将废弃物品编制一览表并处理，要点为：

①库存与设备是企业的资产；

②个人不能任意处分；

③编制废弃库存品、废弃设备一览表；

④一定要如实上报；

⑤与相关责任人协商后处理。

2. 检查物品的放置方法（整顿）

(1)列出物品放置的时间、方式、地点及其他要求。

(2)明确物品分类、整理频率及相关责任人。

3. 消除灰尘、垃圾的检查点（清扫）

(1)清扫的检查点及方法，如在窗框用手指抹抹看，即大致可以知道工作现场的清扫程度，也可运用白手套检查法。

(2)填写清扫检查表。清扫检查表的用途是明确工作环境的清洁状态及相关责任人，使清扫工作程序化、制度化。

(五)素养——养成良好的习惯

素养是指员工时刻牢记6S规范，自觉地进行整理、整顿、清扫，从而达到清洁、节约、安全，使6S活动更注重实际效果，而不是流于形式。素养是使员工在言行举止上都养成良好的习惯。

1. 明确素养的目的

企业通过提高素养活动，营造一个积极向上、富有合作精神的团队，其目的是：全体员工高标准地维护现场环境整洁和美观，自愿实施整理、整顿、清扫、清洁、安全、素养的6S活动，成为遵守规章制度并具有良好习惯的人才。

2. 制定相关的规章制度

规章制度是员工的行为准则，是达成共识、形成企业文化的基础。制定相应的“语言礼仪”“行为礼仪”及“员工守则”等，努力促成员工提高素养。

3. 实施员工培训

企业应要求每一位员工遵守规章制度和工作纪律。此外，还要创造一个良好的工作氛围。多数员工遵规守纪，少数人就会抛弃坏习惯，转而向好的方面发展。提高员工素养，培养员工的工作热情，提高工作效率。

（六）安全——营造零事故环境

安全就是通过制度和具体措施来提升企业现场安全的管理水平，以防止事故的发生。安全是现场管理的前提和决定性因素。没有安全，一切都失去了意义。

1. 班组现场安全管理目的

（1）保证人员的生命安全。

（2）保证生产环境、生产设备的安全。

（3）建立切实可靠的安全体系。

（4）减少因安全事故造成的经济损失。

2. 现场安全管理内容

（1）推行 6S 管理，安全管理的重要方面是整理、整顿、清扫的质量。如果工作现场油污遍地、混乱不堪，就会造成安全隐患。

（2）要在安全隐患的识别和分析上下功夫。例如在分析高空作业是用安全绳还是用吊篮时，要分别列出各种安全隐患和预防措施。为了不漏项，要正确开展安全风险分析会，利用群体的智慧来发现和解决问题。

（3）要设立安全标识（警告、禁止、指示、提示）。

（4）要定期完善隐患识别和预防措施的内容。

（5）建立安全巡视制度。

示例 1

海油发展起重三班的 6S 管理经验如下（图 3-4、图 3-5、图 3-6）。

1. 整理、整顿、清扫、清洁，我们的企业形象不断提高。

图 3-4　海油发展起重三班 6S 管理（1）

2. 齿轮箱维修按照可视化、行迹化管理，按照工艺流程施工，维修完成后分作业区存放，有助于提高工作效率，为海上维修保养提供有力保障。

3. 现场施工管理：从环境到空间位置，从设备到机具，从使用到存放，我们都有着相应的管理规定。

图 3-5　海油发展起重三班 6S 管理(2)

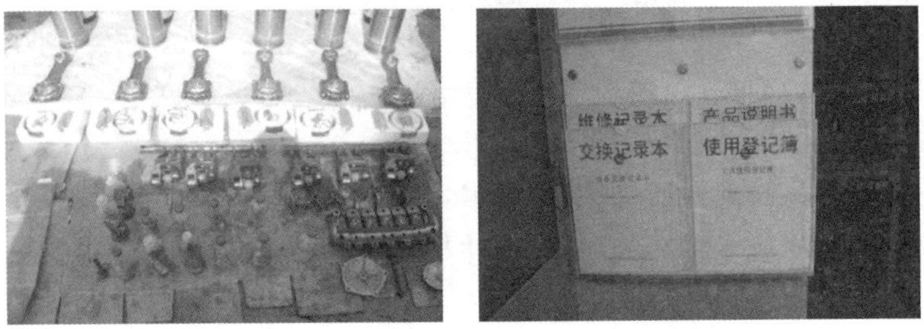

图 3-6　海油发展起重三班 6S 管理(3)

示例 2

海油发展公司的油田化学渤海生产中心生产班组，每天工作结束后，实施班后 6S 活动，改善作业环境(图 3-7)。

1. 花 5 分钟对自己的工作范围进行整理、整顿、清扫。
2. 将材料、工具放回规定位置。
3. 清洁次日要用的工具、包装物、抹布。
4. 清倒工作垃圾，并分类。

图 3-7　海油发展公司的油田化学渤海生产中心生产班组

5. 关闭电源、气源、水源。

6. 整理中控室、休息室、更衣室。

示例3

海油发展深圳配餐公司东营终端班组从全面开展班组建设工作以来，在公司领导的大力支持与指导下，现场管理、安全生产、团队建设、服务创新、成本控制等基础工作取得了良好成效。多年来，该班组共获得了10多项荣誉。2014—2016年连续三年获得山东省东营市餐饮企业A级单位、免检单位，2015年、2016年被评为“食安山东”餐饮服务品牌示范店，2017年被评为“食安山东”餐饮服务示范单位，2016年、2017年连续两年被评为海油发展“红旗班组”。

该班组高度重视现场6S标准的管理和执行。大到整体布局、小到工器具摆放，均通过看板、定位、画线、挂标识牌等方法实现对设备、工具、物品、流程、操作等生产要素的可视化，达到“有图必有物、有物必有位、有位必分类、分类必标识”的最佳效果（图3-8、图3-9）。

图3-8 配餐公司东营终端班组菜板、抹布分区分色管理

图3-9 配餐公司东营终端班组半成品分类管理

讲题 3 现场目视管理

一、什么是目视管理

企业的统一性和纪律性是工业生产所要求的连续性、均衡性和节奏性的必要保障,也是提高劳动生产率、实现安全文明生产的基础。因此,凡是与现场作业密切相关的规章制度、标准、定额等,都应公之于众,并设立展板,如岗位责任制、操作程序图、工艺卡片等,要始终保持完整、正确和洁净,这就是各种管理状态、管理方法一目了然的目视管理。它使员工对各种管理的内容容易明白、易于遵守。

在市场飞速变化的今天,企业需要迅速响应市场,这使得企业不得不进行多品种、少批量、短交期的生产,现场管理的难度增大,而目视管理作为一种手段,能使员工提高工作效率,减少工作差错。

目视管理也被称为"看得见的管理"。目视管理用图例、表单、绩效记录、显示器、信号灯、报警器等形式把信息清楚地展示出来,作业人员可以便捷地按要求操作。

目视管理的运用举例如下:

为了有效地进行生产作业控制,使每个环节、每道工序都能严格按照标准进行生产,防止过量生产和过量储备,可以采用与现场工作状况相适应的信息信号,方便员工在生产中进行直观的联络。例如,在机器设备上安装红灯,在流水线上配置工位故障显示屏,一旦发生问题或停机,可即时发出信号,巡回检修工就能及时发现并修理。

二、目视管理的策划

1. 信息收集

将所有涉及目视管理的工器具、设备以及工艺流程、规章制度(包括操作规程)等信息收集起来,便于分类设计、统筹规划。

2. 分类设计

按不同的种类,如设备类、工艺流程类、操作规程类、安全警示类等进行图示和色彩设计。

3. 策划的基本规则

统一,即目视管理要实行标准化,消除杂乱现象。

简约,即各种视觉显示信号简单、易懂,一目了然。

鲜明,即各种视觉显示信号要突出、清晰,位置适宜,现场人员都能看得见、看得清。

实用,即注重实际使用效果。

严格,即细致制定相关规定(操作性强),并严格执行。

4. 确定目视管理的对象

构成生产现场的全部要素都可能是管理对象,如服务、产品、半成品、原材料、零配件、设备、工夹具、模具、计量器具、搬运工具、货架、通道、场所、方法、票据、标准、公告物、人等。

5. 目视管理法的常用工具

在目视管理中，常用工具一般有警示灯、显示灯、图表、管理看板样本、热压标贴、标示牌、各种颜色纸/带/油漆等。

6. 策划中的色彩因素

色彩是现场管理中常用的一种视觉信号，目视管理要求科学、合理、巧妙地运用色彩，并实现统一的标准化管理，不可随意涂抹。

这是因为色彩的运用受多种因素制约：

(1)技术因素。不同色彩有不同的物理指标，如波长、反射系数等。强光照射的设备，多涂成蓝灰色，是因为其反射系数适度，不会过分刺激眼睛；危险信号多用红色，这既是传统习惯，也是因其穿透力强、信号鲜明的缘故。

(2)生理和心理因素。不同色彩会给人以不同的重量感、空间感、冷暖感、软硬感、清洁感等情感效应。例如，高温车间的涂色应以浅蓝、蓝绿、白色等冷色为基调，给人以清爽舒心之感；低温车间则适宜用红、橙、黄等暖色，使人感觉温暖；热处理设备多用属冷色的铅灰色，能起到降低“心理温度”的作用。

三、目视管理的实施

推行目视管理法，要防止搞形式主义，一定要从企业实际出发，有重点、有计划地逐步展开。

在下面的内容里，我们选取了现场管理中五个方面的内容，并针对这些普遍性的内容，提出了实施建议和具体提示。这里的五项内容和提示是试图给出一些思考的方向和方法，现场管理人员可根据实际工作将五个方面的内容进行增减，并按照目视管理法的原理进行设计。

1. 物品管理的目视管理(表 3-2)

表 3-2 物品管理的目视管理

物品管理内容	目视管理提示
明确物品的名称及用途	分类标识及用颜色区分
决定物品的放置场所	采用颜色的区域线及标识加以区分
物品的放置方法	将摆放位置、日期等方式给予标识

2．作业管理的目视管理（表 3-3）

表 3-3　作业管理的目视管理

作业管理内容	目视管理提示
明确作业计划及操作内容，以便较顺利地核查实际进度与计划是否一致	设置保养日历、生产管理显示板、各类看板
作业及操作按照要求实施，能够清楚地判定是否正确的实施	操作说明、图示，欠缺品和误用品警报装置
异常情况的早期发现	安装异常警报灯

3．设备管理的目视管理

设备管理的目视管理应能够正确、高效率地实施清扫、检验、加油、紧固等日常保养工作，以期达到设备零故障目标（表 3-4）。

表 3-4　设备管理的目视管理

设备管理内容	目视管理提示
标示应该进行维持保养的机械、设备部位	利用颜色标识，管道、阀门的颜色差别管理
能迅速发现发热异常	在马达、泵上使用温度感应标贴或温度感应油漆
是否供给、运转正常	设备观察窗、小飘带
标示出监视测量装置的正常值范围、异常范围、管理限界	用颜色或醒目标记标示出正常范围（如绿色表示正常范围，红色表示异常）
设备是否按要求的性能、速度在运转	设置可显示的周期、速度装置

4．质量管理的目视管理（表 3-5）

表 3-5　质量管理的目视管理

质量管理内容	目视管理提示
防止人为失误导致质量问题	合格品与不合格品分别放置，用颜色加以区分，类似品采用颜色或不同盛器区分
设备异常的“显露化”	重要部位贴“品质要点”标签，明确检验线路，防止漏检
定期实施检修	监视测量设备按检验表和操作指示逐项实施定期检验

5. 安全管理的目视管理(表 3-6)

表 3-6 安全管理的目视管理

安全管理内容	目视管理提示
注意有高低、突起之处	使用油漆或荧光色,刺激视觉
设备的紧急停止按钮设置	设置在容易触及的地方,且有醒目标识
注意车间、仓库内的交叉之处	设置凸面镜或“临时停止脚印”图案
危险物的保管	按法律相关规定进行标识
高压、移动物体、可能碰头及有坠落物	用高压图标、黄黑相间油漆或危险标识

讲题 4 安全检查

班组安全检查,在于了解、发现生产现场的不安全因素(指设备、工具、附件等)、不安全的工作环境、不安全的操作行为和潜在的职业危害,以便采取措施,及时纠正,改善劳动条件,防止班组伤亡事故和职业病的发生。

一、班组安全生产检查的目的

班组安全生产检查是一项技术性较强又非常细致的工作,决不能走马观花,而是要周密地做好准备,按计划、按要求,切切实实地进行检查、记录和总结。要宣传贯彻党和国家的安全生产方针、政策、法令,提高群众的安全生产意识。因此在安全生产检查中,把查思想作为一项重要的检查内容。要发动企业各职能部门,在业务范围内切实做好安全工作。

班组安全生产检查不是目的,针对发现的隐患,及时采取有效措施,防患于未然,这才是班组安全生产检查的目的。

二、班组日常安全检查“一班三检”制

“一班三检”是按安全检查制度的有关规定,每天都进行的、贯穿于生产过程中的检查。主要是通过班组长、工会小组劳动保护检查员、班组安全员及操作者的现场检查,以发现生产过程中一切事物的不安全状态和人的不安全行为。目前,很多行业实行“一班三检”制,即班前、班中、班后进行安全检查,“班前查安全,思想添根弦;班中查安全,操作保平安;班后查安全,警钟鸣不断”,这句话充分说明了“一班三检”制的意义和重要性。因此,班组即使面临的生产任务再重、时间再紧,也必须坚持“一班三检”制。

1. 注重实效,防止走过场。“一班三检”的侧重点各不相同,“班前检查”的内容一般包括以下三项:

(1)检查防护用品和用具,看班组成员是否按要求穿戴了防护用品,是否按规定携带了防护用具。如果不符合规定，应督促他们及时改正。

(2)检查作业现场，看是否存在不安全因素，如果存在，应及时排除。

(3)检查机械设备，看是否处于良好状态，如有故障则应及时检修。“班中检查”的重点是对设备运行状况、作业环境危险因素进行检查，并制止和纠正违章行为，消灭事故苗头，确保班组成员按章操作和设备正常运行。

“班后检查”的内容是：检查工作现场和机械设备，做到工完场清，防护用品用具摆放有序，机械设备处于完好状态，不给下一班留下隐患。对“一班三检”规定的检查项目，班组长及每个班组成员必须逐项进行认真检查，不放过任何一个可疑点。任何疏忽，都有可能成为事故的隐患。

2. 班中检查作为重点。上班至下班这段时间较长，班组成员实际的作业行为频繁，机械设备也都处于运行状态，难免会遇到许多新情况、新问题，因此班中的安全检查是一个重点。班组长要做有心人，经常地督促检查。班组成员要随时注意自己作业岗位的安全状况，遇有重大事故隐患，应停止作业，并及时上报。在隐患消除，确保安全的情况下，才能重新作业。

3. 把检查督促与安全教育结合起来。一些班组成员对规章制度抱着消极应付的态度。如班组长在班前督促他戴上安全帽，他却认为“戴了没啥用”，嫌麻烦，作业中又把安全帽扔到一边。因此，班组长必须把抓制度与抓教育有机地结合起来，把“一班三检”中遇到的问题放到班组安全教育中去解决，只有班组成员的防护意识提高了，才能主动地进行检查，自觉地遵守规章。

4. 持之以恒，常抓不懈。坚持“一班三检”制，必须使实劲、有韧劲、有恒心。部分班组成员认为“天天检查，也没查出什么漏洞和隐患，隔三岔五检查一下就行了”，而使“一班三检”时紧时松，在上级强调或出了事故时，便抓得紧一些；时间一久又松懈下来，使制度形同虚设。这种认识和做法是十分危险的，应当认识到，以前没有检查出漏洞和隐患，不等于以后不出漏洞和隐患。在班组生产中必须天天讲安全，时时讲安全，而“一班三检”制是预防事故发生的有效措施。

三、“一班三检”有何方法和手段

安全检查是运用安全系统工程的原理对系统中影响安全的有关要素逐项进行检查的一种方法。

1. 安全检查表

安全检查表是安全检查的一种有效工具。安全检查表是一个较为系统的安全问题清单，它事先把检查对象系统地加以剖析，查出不安全因素，然后确定检查项目，并按系统顺序编制成表。同时，安全检查表简明易懂，容易掌握。因此，班组应针对不同的检查对象，事先准备好相应的安全检查表，通过安全检查充分发现问题，不留任何隐患。

2. 安全检查表的填写

安全检查表的填写一般采用提问方式，即以“是”或“否”来回答，“是”表示符合要求,“否”表示存在问题,有待进一步改进。检查表内容要具体、细致,条理清楚,重点突出。表中应列举需要查明的所有不安全状态和行为,将其列为问题,并在每个提问后面设置改进措施栏。

3. 安全检查表的编制

安全检查表可以按生产系统、班组编写,也可以按专题编写。

在编制安全检查表时,要做到准确有效,即让检查表在实际中得到科学、合理的应用,检查表内容必须符合检查对象的实际情况,切忌生搬硬套,流于形式。

检查表还要突出重点,即要把经常出现事故隐患、最容易发生事故的项目作为重点;主次分明,即对检查项目按可能存在的危险程度,分为必检项目、评价项目、一般检查项目、经常检查项目。做到先主后次,重点突出,要求具体。

4. 安全检查

检查是手段,目的在于及时发现问题、解决问题。班组长应该在检查过程中或检查以后,发动群众及时整改。对于一些长期危害职工安全健康的重大隐患,整改措施应件件有交代、条条有着落。为了督促各单位事故隐患整改工作的落实,可采用向存在事故隐患的单位下发“事故隐患整改通知书”的方式,指定其限期整改。

四、怎样进行班组日常安全管理

1. 关注现场作业环境

环境是引起意外事故非常重要的因素,通常,工作环境脏乱差、工厂布置不合理、搬运工具不合理、采光与照明差、工作场所危险都易发生事故。所以,班组长在安全防范中应关注作业环境,整理整顿生产现场,应时时关心以下事项:

(1)作业现场的采光与照明情况是否符合标准;

(2)通风通气状况如何;

(3)作业现场是否有杂物,会不会影响作业;

(4)作业现场的通道情况是不是足够宽敞畅通;

(5)作业现场是否有残油污水,会不会影响员工的作业;

(6)作业现场的窗户是否擦拭干净;

(7)防火设备的功能是否可以正常发挥,有没有进行定期的检查;

(8)载货的手动操作工具在不使用的情况时是不是放在指定点;

(9)作业安全宣传与指导的标语是否贴在最引人注目的地方;

(10)经常使用的楼梯、货品放置台是否有摆放不良品;

(11)设备装置与机械是否符合安全手册要求置于最正确的地点;

(12)机械的运转状况是否正常?润滑油注油口有没有油漏到作业现场的地板上;

(13)下雨天,雨伞与雨具是否放置在规定的地方;

(14)作业现场是否置有危险化学品,其管理是否妥善,是否做了定期检查;

(15)作业现场入口的门是否处于最容易开启的状态;

(16)放置废物与垃圾的地方通风系统是否良好；

(17)日光灯的台座是否牢固，是否清理得很干净；

(18)电气装置的开关或插座是否有脱落的地方；

(19)机械设备的附属工具是否零乱地放置在各处；

(20)班组长的指示与注意点，员工是否都能深入地了解，并依序执行；

(21)共同作业的同事是否能完全与自己配合；

(22)其他问题。

2. 关注员工工作状态

关注员工的工作状态，是指在工作过程中，班组长需要关注员工是否存在身心疲劳现象。因为员工身体状况不好或因超时作业而引起身心疲劳，会导致员工在工作上无法集中注意力。

员工在追求高效率作业时，也要适时地根据自己的身体状况做出相应调整，不能在企业安排休养时间内做过于令人刺激兴奋的娱乐活动，这样不但浪费了休息时间，还会降低工作效率。通常，班组长要留意员工以下事项：

(1)员工对作业是否持有轻视的态度；

(2)员工对作业是否持有开玩笑的态度；

(3)员工对班组长的命令与指导是否持有反抗的态度；

(4)员工是否有与同事发生不和的现象；

(5)员工是否在作业时有睡眠不足的情形；

(6)员工身心是否有疲劳的现象；

(7)员工手、足的动作是否经常维持正常状况；

(8)员工是否经常有轻微感冒或身体不适的情形；

(9)员工对作业的联系与作业报告是否有怠慢的情形发生；

(10)员工是否有心理不平衡或担心的地方；

(11)员工是否有穿着不整洁的工作制服与违反公司规定的事项；

(12)其他问题。

3. 督导员工严格执行安全操作规程

安全操作规程是前人在生产实践中，摸索甚至是用鲜血换来的经验教训，集中反映了生产的客观规律。

(1)精力高度集中。人的操作动作不仅要通过大脑的思考，还要受心理状态的支配。如果心理状态不正常，注意力就无法高度集中，在操作过程中极易发生因操作方法不当而引发事故的情况。

(2)文明操作。要确保安全操作，就必须做到文明操作，做到清楚任务要求，对所需原料性质十分熟悉，及时检查设备及其防护装置是否存在异常，排除设备周围的障碍物，力求做到准备充分，以防注意力分散。

操作中出现异常情况也属正常现象，切记不可过分紧张和急躁，一定要保持冷静并善于及时处理，以免酿成操作差错而产生事故；杜绝麻痹、侥幸、对不安全因素视若无物的现象，从小事做起，从自身做起，把安全放在首位。

4. 监督员工严格遵守作业标准

经验证明，违章操作是绝大多数事故发生的主要原因。因此，为了避免发生事故，就要求员工必须严格认真遵守标准。在操作标准的制定过程中充分考虑影响安全方面的因素，违章操作很可能导致事故的发生。

对于班组长而言，要现场指导、跟踪确认。该做什么，怎样做，重点在哪，班组长应该对员工传授到位。不仅要教会，还要跟进确认一段时间，检查员工是否已经真正掌握操作标准，成绩稳定与否，绝不能只是口头交代。

5. 监督员工穿戴劳保用品

作为班组长，一定要熟悉本公司、本车间在何种条件下使用何种劳保用品，同时也要了解掌握各种劳保用品的用途。如果员工不按规定穿戴劳保用品，可以向其讲解公司的章程，向他们解释穿戴劳保用品的好处和不穿戴劳保用品的危害。在佩戴和使用劳保用品时，谨防发生以下情况：

(1)从事高空作业的人员，因没系好安全带发生坠落情况。

(2)从事电工作业(或手持电动工具)的人员因不穿绝缘鞋而发生触电。

(3)在车间或工地，不按要求着装工作服，或虽然穿了工作服，但穿着邋遢、敞开前襟、不系袖口等，造成机械缠绕。

(4)长发不盘入工作帽中，容易发生长发被卷入机器里的事故。

(5)不正确戴手套。有的该戴手套的不戴，造成手的烫伤、刺破等伤害；有的不该戴手套的却戴了，造成机器卷住手套，连同手也一齐带进去，甚至连胳膊也带进去的伤害事故。

(6)护目镜和面罩佩戴不适当、不及时，面部和眼睛遭受飞溅物伤害或灼伤，或受强光刺激，导致视力受伤。

(7)安全帽佩戴不正确，当发生物体坠落或头部受撞击时，造成伤害事故。

(8)在工作场所不按规定穿用劳保皮鞋，致使脚部受伤。

(9)各类口罩、面具选择使用不正确，因防毒护品使用不熟练，造成中毒伤害。

6. 检查生产现场是否存在不安全状态

在现场巡查时，班组长要检查生产现场是否存在不安全状态，主要包括以下几个方面。

(1)检查设备的安全防护装置是否良好。防护罩、防护栏(网)、保险装置、连锁装置、指示报警装置等是否齐全、灵敏有效，接地(接零)是否完好。

(2)检查设备、设施、工具、附件是否有缺陷。制动装置是否有效，安全间距是否符合要求，机械强度、电气线路是否老化、破损，起重吊具与绳索是否符合安全规范要求，设备是否带“病”运转和超负荷运转。

(3)检查易燃、易爆物品和剧毒物品的储存、运输、发放和使用情况，是否严格执行了操作规章制度，通风、照明、防火等是否符合安全要求。

(4)检查生产作业场所和施工现场有哪些不安全因素。有无安全出口、登高扶梯，平台是否符合安全标准，产品的堆放、工具的摆放、设备的安全距离、操作者的安全活动范围、电气线路的走向和距离是否符合安全要求，危险区域是否有护栏和明显标志等。

7. 检查员工是否存在不安全操作

在现场巡查时，班组长要检查在生产过程中员工是否存在不安全行为和不安全的操作，主要包括以下几个方面。

(1)检查有无忽视安全技术操作规程的现象。比如，操作无依据，没有安全指令，人为地损坏安全装置或弃之不用，冒险进入危险场所，对运转中的机械装置进行注油、检查、修理、焊接和清扫等。

(2)检查有无违反劳动纪律的现象。比如，在工作时间开玩笑、打闹、精神不集中、脱岗、睡岗、串岗、滥用机械设备或车辆等。

(3)检查日常生产中有无误操作、误处理的现象。比如，在运输、起重、修理等作业时信号不清、警报不鸣，对重物、高温、高压、易燃、易爆物品等处理错误，使用了有缺陷的工具、器具、起重设备、车辆等。

示例1

海油发展起重三班的安全隐患排查(陆地+海上现场)：在蓬勃号单点上的吊机维修时，发现通往单点的栈桥存在质量隐患，他们将隐患报告甲方，而甲方决定委托他们对质量隐患进行整改，避免了事故的发生(图 3-10)。

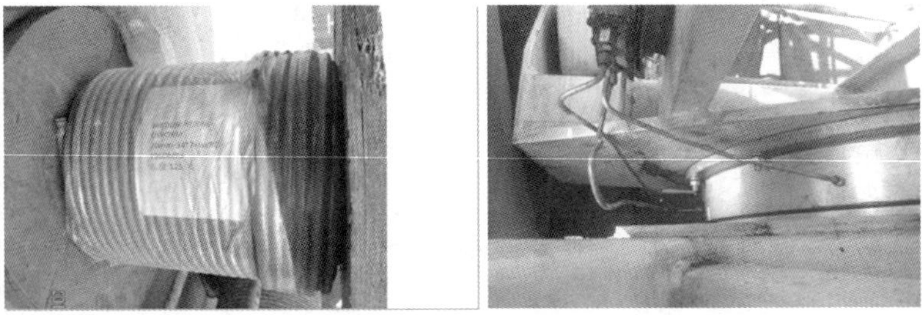

图 3-10 海油发展起重三班的安全隐患排查

示例2

6500 队是自海洋石油测井公司成立以来成立的一支裸眼测井队伍，经过 20 多年的发展，6500 队成为中海油服油技事业部陆地作业公司的一支综合测井队伍。目前 6500 队有员工 19 人，其中工程师 5 人(3 名带队工程师，2 名实习工程师)，带班操作手 2 人，准带班 3 人具备常规作业带班能力，普通操作手 6 人，操作手兼司机 3 人。

6500 队严格日常管理，为每一次测井保驾护航。通过早会，根据人员安排一天的工作内容，然后针对安排的工作存在的风险具体分析，每个人清楚自己今天的工作内容；通过日常安全检查，每周不定期进行安全检查活动，活动内容结合班组实际情况，有针对性地对小队设备、办公场所、车辆进行检查(图 3-11)。

图 3-11　海洋石油测井公司 6500 队安全检查

示例 3

垦利 3-2 油田电气班组，紧紧围绕安全生产这一中心，深入挖潜降本增效这一主题，紧跟油田大事记的重要时间节点，全面开展自检自修工作，依靠科学管理，将点滴效益收入“囊中”。一直以来，电气班组致力于全面收齐设备各类基础资料、完工文件等，实现文件档案的全面化、精细化和制度化管理，为日后设备检修提供帮助。

该班组完成了首次渤海自营油田群防爆电气初始检查工作，为后续的油田安全建设提供了可靠的参考和依据，为平台的防爆电气安全运行奠定了基础，为后期的运行和维护提供了有力支持。

第二节 班组生产管理

讲题 1 班组物料管理

一、班组成本管理

班组是企业最基本的生产单元，企业所有的生产成本都是通过基层各班组和员工消耗产生，因此班组作为生产成本控制的重要环节，其成本管理水平与员工的个人素质将决定生产成本的高低。做好班组的成本管理，可以从根本上节约开支，取得企业经济效益的最大化，而班组长则是企业成本管理的关键性岗位。

（一）班组成本管理的主要内容

班组成本管理的内容一般包括物料成本、人工成本、废品成本、停工损失成本、制造成本等。

1. 物料成本管理

物料是班组生产所消耗的生产材料，如原材料、燃料、动力、油料等，物料成本是生产成本中最重要的组成部分。班组应根据生产情况和物料种类设置相应的物料管理台账，并制定专职人员负责日常管理，做到账实相符。班组要严格按照物料消耗定额进行领料、用料，并做好各项记录与统计工作。每月要对照消耗定额，核算各项物料消耗情况。

2. 人工成本管理

人工成本主要指班组成员的工资薪酬，如工资、奖金、加班费、各类补贴等费用。班组根据考勤制度在班组内设置兼职考勤员，每日核实出勤情况，每月将出勤情况报上级相关部门。

3. 废品成本管理

废品成本主要是指由于产品本身缺陷造成的费用损失和处理废品所发生的费用。班组要根据情况建立相应的台账，对每次废品的损失数量和金额进行登记和核算，并分析废品产生的原因：是机器设备故障所致、操作规程不合理所致、作业违反规程所致，还是原材料质量不达标所致等，找出相应的解决办法。

4. 停工损失成本管理

班组要对每次停工产生的费用损失进行登记核算。建立停工、停机分析台账，对非计划停工要分析其原因；如果是班组内部原因造成的停工、停机，一定要进行彻底分析，找出源头加以解决，并把每次的原因分析、解决办法和效果记入台账。

5. 制造成本管理

制造成本是指对设备运行状态的管理及修复成本。为保持设备的正常运行状态，需要建立相关的设备检验、维护保养以及设备修复方面的台账，定期或不定期地对台账进行分析，以便找出成本与质量之间的综合成本临界点。

（二）消除班组现场浪费

企业生产中常见的浪费形式一般有以下几种：等待浪费、搬运浪费、动作浪费、库存浪费、过度加工浪费、不良品浪费、过多（早）制造浪费等。一种浪费可以导致另一种浪费的产生，所以发现浪费、消除浪费的能力非常重要。

1. 消除等待浪费

等待浪费，是指因断料、机器故障、作业不均衡、计划不当等造成的机器和人力空闲。不必要的等待会造成企业人力、设备白白浪费，增加企业生产成本。

(1)等待浪费的常见表现形式

①因前一工序的零件尚未运达或欠缺等因素，导致无法进行当前作业，这种浪费在工序切换时尤其严重；

②机械设备自动加工运行，加工者只站在机械旁边等待，极大地降低了生产效率；

③管理者在生产过程中做决策时等待信息所浪费的时间；

④因生产计划安排不当而造成的浪费。

(2)造成等待浪费的原因

①机器设备发生故障，导致长时间机器停工；

②上下工序不统一；

③生产计划不当，作业不均衡，工作量不足时便无事可做；

④物资、设备供应不及时，造成生产缺料等。

(3)等待浪费的消除

①立即通知维修人员并做好协助工作，组织等待的员工对其他设备进行检查和保养；

②实现作业自动化，协调好上下工序，尽量提高协调衔接能力；

③做好相关生产计划与排程，实现均衡化生产；

④协调相应物料；利用缺料时间组织班组人员开展其他工作。

2. 消除搬运浪费

搬运是指生产现场运用设备、人工将物料、零件、在制品、成品等进行移动的过程。搬运是生产过程中必要的环节，搬运作业本身并不能增加产品的任何价值。因此，严格来说，搬运作业都是浪费，搬运过程中产生的油费、维修费、运输人员的成本等费用必须降到最低。

(1)造成搬运浪费的原因

①工序间距离不合理，距离越长，浪费越大；

②存在大批量的储备加工；

③工作场地缺乏组织；

④生产作业缺乏合理计划。

(2)搬运浪费的消除

①改善工作布局,减少工序间的不合理距离;

②改善工作场地环境,使环境利于搬运;

③运用输送带等自动化工具进行搬运;

④告知作业人员将必要的工具、物料放置于合理位置。

3. 消除动作浪费

动作浪费,是指多余的、不必要、不合理的操作动作所产生的浪费,包括作业过程中过多地寻找、伸手、弯腰等动作、单手空闲、多次往返设备与材料之间等。

(1)造成动作浪费的原因

①设备、作业场所布局不合理;

②作业工为配置不科学;

③工作方法不一致,生产动作不规范统一。

(2)动作浪费的消除

①将作业现场布置得易于操作,工器具易于拿取;

②预留足够多空间,使班组成员能够两手同时操作;

③将设备操作位置放在离身体最安全便捷的地方;

④建立标准操作规程,使班组作业人员动作尽量轻松。

4. 消除库存浪费

库存浪费,是指因库存过大、库存时间过长而带来的不必要的空间、资金占用。主要表现形式为物料、零件、产品等长期滞留仓库,致使"先进先出"难以达成、占用大量存储空间、部分物料存放过久会变质失效等,这些都会造成损失和管理难度增加。

(1)造成库存浪费的原因

①未结合生产计划与需求而进行一次性大批量下单生产;

②供应商供货能力差;

③不准确的库存预警与预测系统;

④换装、换线、换模时间过长。

(2)库存浪费的消除

①实现快速换模、小批量生产;

②减少物料、零部件、在制品、成品堆积,遵守"先进先用、先进先出"的原则;

③建立库存管理信息台账,做好库存管理。

5. 消除过度加工浪费

过度加工浪费,一般是指多余的、过分精确加工而造成的浪费,消耗企业大量的资源和人力物力,造成不必要的浪费。

(1)造成过度加工浪费的原因

①新技术利用不当；

②未理解客户的质量标准；

③没有控制的过程变更。

(2)过度加工浪费的消除

①提高各作业工序的作业技能与设备利用率，减少不必要的作业工序；

②与客户保持良好沟通，密切关注其需要的质量水平与标准；

③简化并严格审批手续，落实标准化作业。

6. 消除不良品浪费

不良品浪费，是指班组生产过程中出现次品、废品等，处置时在时间、人力、物力上的浪费，以及由此造成的相关损失。不良品的出现不仅白白消耗了原材料、动力能源、人力和工时，而且还会扰乱正常生产，造成更大的浪费。

(1)造成不良品浪费的原因

①供应商质量保障能力不足；

②生产制造质量保障能力不足；

③作业人员技能差，误操作多。

(2)不良品浪费的消除

①建立供应商档案，建立供应商管理机制；

②改善生产线的生产流程，严格按照操作规程生产；

③加强培训，提高班组作业人员的技术水平。

7. 消除过多(早)制造浪费

按照适时生产的要求，上道工序应当适量、准确、准时向下道工序提供中间产品，凡是下道工序不能立即领用的中间产品都是制造过多(早)的浪费。主要表现为上道工序生产的在制品下道工序并不急用，造成大量堆积，不仅使“先进先出”的物流变得困难，还会增加额外的库存成本，引发一系列问题及其他形式浪费。

(1)造成过多(早)制造浪费的原因

①生产计划不准或计划未被严格执行；

②生产人员过剩或工种结构配备不合理；

③设备生产能力过剩；

④信息反馈有误等。

(2)过多(早)制造浪费的消除

①严格执行生产计划；

②调整工种结构，配备适量的生产人员；

③确保信息反馈准确无误。

(三)如何做好班组成本管理

1. 建立健全班组成本管理的制度及规范程序

建立健全班组成本管理的各项制度及报表、看板等管理工具，并指定专人严格执行。这些制度有物料领用、登记制度。领用时实行料单签字制度，每次用料都要做到手续齐全、数量准确。做到谁领用谁负责，一包到底。物料的成本分解到岗位和个人，实行超罚节奖，提高员工控制成本的意识。

2. 严格执行操作规程及现场精细化管理

(1)严格执行操作规程。操作规程是企业生产的技术规章。班组长可以通过抓生产技术规程的学习、执行，使员工的行为标准化、规范化，从而减少人为失误的发生，减少废品的发生，减少设备的故障，延长设备寿命。这是节约成本的重要方面。

(2)实行现场精细化管理。细节决定成败，班组在做好6S的过程中，要从细节做起，做到：各类台账齐全有效，执行制度严格认真，现场操作准确无误，检验工作一丝不苟。

3. 提高员工节约意识，营造节约成本的良好氛围

班组长要在班组内部加强教育引导，增强员工的节约意识，形成良好的节约工作习惯。在日常工作中，要充分利用看板、标语、宣传栏、班前会等形式，对班组成员进行成本意识的引导培养，让“降本增效”的观念深入人心。

对班组员工进行教育培训，明确本班组的成本构成、各岗位的成本控制指标，掌握日常工作中节约成本的操作方法。

实行全员参与，建立有效的激励机制。班组成本管理必须有班组全体员工的参与，做到目标一致、标准合理、激励有效，才能长期有效地坚持下去。

示 例

中海油服油田化学事业部钻完井液化验室，紧紧围绕油田勘探开发生产需要，以实验分析为基础，主要从事钻完井液材料检验、现场技术支持、科研攻关等核心业务，承担着渤海油田钻完井液添加剂质量把关、现场作业技术支持的千斤重担，是渤海现场作业重要的技术支持部门。其物料管理流程如图3-12所示。

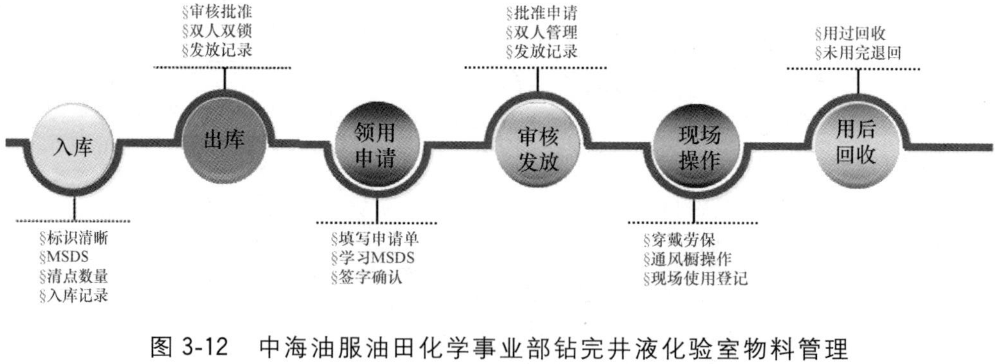

图3-12 中海油服油田化学事业部钻完井液化验室物料管理

目前，化验室32人，其中主任化验师1人，化验师8人，化验员23人。2016年，“材料管理”作为“三经七纬度”中的三经之一，荣获行业质量标杆奖。

班组加强危险化学品管理，提升危化品使用工作标准，危化品管理再上新台阶。

危化品管理，始终是实验室管理的一个重头戏。该班组固化危化品管理工作流程，从入库、出库、回收、处理四个环节进行细化和完善。固化危化品使用工作流程，从领用申请、审核发放、现场操作和用后回收四个环节进行细化和完善。

讲题 2　班组设备管理

设备是生产力的重要组成部分和基本要素，也是企业赖以生存的物质条件之一，设备管理是提高经济效益的基础，是企业产量、质量、效率的保证。因此，企业必须保证设备始终处在无故障的状态下运行，而接触和使用设备最多的是企业一线班组人员。班组长作为现场管理人员，要了解设备管理的各个环节，并且保证生产的顺利进行和设备的安全运行。

一、班组长及组员设备管理职责

1. 班组长的具体职责

班组长在设备管理工作中的主要职责是组织员工合理使用设备，精心保养设备，及时维修设备，做好日常巡检、记录，使设备经常处于良好的状态。

(1)制定班组设备管理工作目标。

(2)建立完善的班组设备管理内容(包括班组台账、信息传递、原始凭证等)。

(3)组织并指导员工做好设备的维护保养、日常检验、清扫、加油和紧固等工作。

(4)做好检查工作，认真填写班组设备巡检记录。

(5)参与设备运行中的故障处理。

(6)建立岗位设备管理责任制，实行考核与评比制度，并严格组织实施，逐步提高班组设备管理水平。

(7)根据设备能力和状态安排生产，调整任务和负荷。

(8)配备合格的操作人员，并根据操作规程对员工的操作行为进行检查和监督。

(9)为设备创造良好的工作环境，对设备的隐患及时整改，确保不让设备带病运行。

(10)经常进行爱护机器设备的宣传和教育，使员工能自觉地爱护和正确使用设备，严格执行有关制度，养成良好的习惯，使合理使用设备的观念落实在行动中。

2. 设备操作人员的职责

设备操作员上岗前须通过应知应会的考试，并根据要求取得相应的职业资格证书，证明其确实具有对设备的操作能力，熟悉并掌握设备的性能、结构、工艺加工范围和维护保养技术。对于大型、精密、贵重的设备和关键设备，应指定具有专门技能的员工操作，实行定人定机、持证操作。

(1)不准他人随意动用设备，不准擅离岗位，离岗必须停机、停车、停电；按规程操作设备，禁止超负荷或变更其使用性能。定期做好设备保养、维修。

(2)必须了解设备的构造,熟知设备的使用条件,并严格遵守。操作人员通过学习润滑、空压、油压、电气、传动、螺栓等基础事项后,经过实际的设备检验,明确设备的关键部位,掌握设备维护与管理的技能。

(3)操作人员凭证上岗,遵守交接班制度,保持设备清洁、完好,做好日常保养,管好工具、附件,不准遗失或非正常损失,发现异常应立即停机,切断电源后检查,对自己不能处理的问题应立即通知有关人员。

操作人员每天使用设备,设备的许多异常(异音、异常颤抖、异味、异常温度等)都是使用者最先知道,也应该是最清楚的。操作人员通过日常检验,尽早发现设备异常,对于故障预防意义重大。例如,进行简单的零件更换、将松动紧固;发现设备的不良状况,使不良复原;逐步掌握设备的性能,保证设备安全稳定地运行。

二、班组设备保养与维护

1. 设备保养

设备保养分为日常保养和定期保养。

日常保养是指设备操作人员对设备在班前、班中和班后做的例行保养。每日每班靠听、看、触、闻和简单测试仪器对设备规定部位在运行前、运行中、运行后进行的状态检查,及时发现故障征兆和事故隐患。班组长应该经常性地督促、检查操作人员的日常保养工作。操作人员的日常保养工作主要包括以下内容:

每日班前检查设备所有操作结构、紧固件,确保安全保险装置灵敏可靠。保持设备润滑良好,设备清洁,无腐蚀,无碰伤、砸伤、拉伤。

工作时间严格按操作规程精心操作,时刻注意设备的声响、温升、压力、指令信号、油位等是否正常,班中设备发生故障及时给予排除。

班后将设备擦拭干净,各种手柄、开关放在断开位置,做到设备表面清洁,产品、工具、工装等放置整齐,同时两班制要做好交接班记录。

日常保养配合日常检验进行,是一种不单独占据工时的保养方式。设备日常保养后,需填写设备检验表。检验表是对设备进行检验作业的原始记录,通常包括检验项目、检验方法、判定基准、检验周期、检验实施记录和异常情况记录。检验应注意的事项:

(1)检验内容要有针对性,避免使用一张通用的表格来代替所有的设备检验表。

(2)检验标准清晰、合理且具有可操作性。防止检验表中出现一些判断不明确或有歧义的检验项目。

(3)防止检验事项过繁和不易记录。

(4)操作人员须严格按照检验基准进行检验,做到不漏项。

(5)操作人员检验时发现异常要及时汇报。

班组长要每日检查设备检验记录,设备维护人员应定期检查该记录。检验不但保证了设备的正常运行,又为计划检修提供了正确的信息依据。

日常保养结合日常检验同时进行,定期保养结合定期检验同时进行。

定期保养一般以专业维修人员为主，操作人员协助进行，定期保养应该使用先进的仪器设备和手段，以得到可靠的检查结果。定期保养侧重于检测设备或零部件的磨损程度，通过填写设备保养清单，建立机器设备"健康"档案信息，据此信息确定设备该如何检修或更换，保障安全生产。

设备定期保养后，要填写"设备保养清单"，内容包括设备基本信息、保养内容、故障记录等。

设备基本信息：一般包括设备编码、名称、塑号、制造厂家、出厂日期、使用部门、操作者、保养日期等。

保养内容：一般包括设备内部的清洗，检查运动部件是否运转灵活，调整配合间隙，检查安全装置，检查润滑系统油路和过滤器，检查油箱、油位指示器并换油，检查电器线路和自动控制的元器件的动作是否正常。

故障记录：如发现设备故障，要在"设备保养清单"中详细记录故障的现象、具体排除的方法等。

2. 日常维护

班组设备日常维护，应贯彻预防为主的原则，做到整齐、清洁、润滑、安全。

(1)整齐：工具、工件、附件放置整齐。

(2)清洁：设备内外清洁，无油污、不漏油、不漏电。切屑和垃圾及时清扫干净。

(3)润滑：按时加油、换油。油质符合要求，油壶、油盖、油杯齐全，油毯、油线清洁，油标、油窗明亮醒目，油路畅通。

(4)安全：防护装置齐全，保险装置可靠，电器元件、导线绝缘，保护接地良好，线路管道完整不乱，冷却装置运行正常。

三、设备故障的班组应急处置

设备故障是指因人员、环境、设备自身原因使机械设备丧失部分功能，造成生产损耗加大、加工精度变小、生产流程不畅或停滞，甚至设备毁损的状况。设备自开始运行到最后退役，只要采取"预防为主"的管理措施，设备的故障率就会大大降低。设备都是人造的，也是由人来操纵的，所以，所有的设备故障背后也都有人的因素存在。只要方法、措施得当，设备故障的发生是可以预防的，甚至是可以消除的。然而，在向设备零故障挑战的过程中，故障仍不可避免，发生故障后的应急措施如下：

(1)切断电源，保护现场。设备发生故障后，操作者应立即切断电源，保护好现场，采取必要的应急措施，防止损失扩大，自己处理不了的问题应及时通知维修人员检查并排除故障。如设备严重损坏或属特大故障，应同时上报设备主管部门和其他有关部门，负责现场处理的主管人员应认真查看，详细记录，必要时拍照录像保存。

(2)召开故障现场分析会。一般故障现场分析会由使用单位主管领导负责组织进行，设备部门派人参加；重大及特大事故现场分析会应由单位主管领导或设备部门负责组织进行。

(3)故障处理必须坚持原因分析不清不放过、责任者未经过处理不放过、职工未受到教育不放过、没有防范措施不放过四大原则。

(4)抢修设备。设备故障原因分析清楚后,设备部门会同使用单位应积极做好设备抢修工作,减小损失。

(5)及时填写"设备故障报告单"。

对于一般的设备故障,如果班组长可以较为顺利地进行处理,那么可以参照以下基本步骤:

(1)整理故障记录;

(2)找出事故原因;

(3)追究原因及列出检查项目;

(4)基于检查项目的实态试验或调查做出准确判断,并报告设备维护专员;

(5)不正常部位的复原;

(6)制定防止下次同类事故出现的对策措施;

(7)整理故障解析表并制作检验基准书。

示例 1

中海油服公司海洋石油 936 平台检修班组,是一支享誉墨西哥片区的优秀青年先锋队,多次获评设备管理先进集体。目前共有班组成员 11 人,其中党员 3 人,班组长 2 人,包括电气、机械、轮机 3 个部门。检修班组坚持"思患预防、精益求精"的理念传承,坚持做好设备巡检和预防性维护,确保各台套设备完好有效,为保障平台安全、高效运转做出了积极贡献。

班组注重自修能力的提升,班组长带头跨部门技能交叉培训,设备资料研读,截至 2020 年 11 月完成自修项目 546 个,节省 231 万元,其中包括天车滑轮调换、钻井绞车更换链条、VFD 逆变拆检、空压机大修、顶驱游动电缆修复等大型自修项目(图 3-13),同时主动帮助片区兄弟平台组装吊车拔杆、主机大修、下驳接船等项目,做到自身平台和其他平台兼顾。

图 3-13　中海油服海洋石油 936 平台检修班组吊车检查

示例2

海油工程LNG分公司施工运维班组（图3-14），自2019年4月19日入场至2020年5月30日，在浙江LNG接收站二期工程项目F罐的安装工程中，实现连续安全施工407天，在内罐9%Ni钢TT焊应用中，焊接RT一次合格率达到99.67%，创历史最好成绩，实现了卓越的质量安全绩效。班组改变了LNG行业储罐内罐纵缝传统手工焊接方式，为LNG内罐焊接全面迈向自动化打下了坚实基础。

图3-14　海油工程LNG分公司施工运维班组

第三节　现场安全管理

讲题1　危害辨识

目前，我国海洋石油作业面临着开发风险逐年增加，生产设施老化严重，应急救援能力薄弱，恶劣气候强度、频度加大等各种不利因素，安全生产形势十分严峻。为切实把安全生产各项措施落到实处，各级安全生产管理人员必须掌握风险识别方法，了解海洋石油各个生产作业环节中可能存在的危险有害因素，以便起到预防、控制或降低风险发生的概率，加强现场安全管理效果的作用。

一、危险有害因素概述

1. 危险有害因素及相关概念的定义

(1)危险因素

危险因素是指能对人造成伤亡或对物造成突发性损害的因素。危险因素是构成事故的物质基础，它表示劳动生产过程中的物质条件（如工具、设备、机械、产品、劳动场所、环境等)的固有危险性质和它本身潜在的破坏能量。

(2)有害因素

有害因素是指能影响人的身体健康,导致疾病或对物造成慢性损害的因素。

通常情况下,二者并不严格加以区分,而统称为危险、有害因素,主要指客观存在的危险、有害物质或能量超过临界值的设备、设施和场所等。

(3)危险源

危险源是指可能造成人员伤害或疾病、财产损失、环境破坏或这些情况组合的根源或状态(摘自 OHSAS 18001)。不同的危险源在导致事故发生、造成事故伤亡后果时表现各异,所以对其识别、控制方式也不尽相同。根据危险在事故发生、发展过程中的作用,把危险源分为两大类,即第一类危险源和第二类危险源。

第一类危险源是生产过程中存在的,可能发生意外释放的能量(能源或能源载体)或危险物质。第一类危险源的危险性与有害物质数量的多少、能量强度的大小有直接关系,常见的第一类危险源有:

①产生、供给能量的装置、设备,如发电机、蒸汽机、核反应堆等;

②有害物质和能量载体,如粉尘、高处放置的物品、旋转的飞轮等;

③危险物质,如危险化学品、核废料等;

④生产加工储存危险物质的装置、设备或场所,如原油储罐、生产危险化学品的车间等;

⑤使人体或物体具有较高势能的装置、设备或场所,如电梯、吊篮、高层建筑临边等;

⑥一旦与之接触,将导致能量向人体意外释放的载体,如高温金属、带电物体等;

⑦一旦失控可能发生能量蓄积或突然释放的装置、设备或场所,如化学反应釜、压力容器等;

⑧一旦失控会产生巨大能量的装置、设备或场所,如蒸汽锅炉、油气处理厂等。

第二类危险源是导致能量或危险物质约束或限制措施破坏或失效的各种因素,主要包括人的失误、物的故障、环境因素和管理缺陷四个方面。

人的失误可能直接造成第一类危险源的失控,也可能造成物的故障,进而导致事故发生。

物的故障是指由于某种原因导致的性能低下而不能实现预定功能的现象。物的故障可能直接造成有害物质和能量的约束破坏而发生事故。

环境因素主要指系统运行的环境因素,如温(湿)度、照明、振动、噪声、粉尘、通风等物理环境和企业、社会等软环境。

管理缺陷实际是指人—机(物)—环境的安排上出现失误。在硬件上没有使机(物)和环境保障人的安全,在软件上没有制定人—机(物)的交互规则或制定的规则被违反而不能生效,无法消除机对人的伤害。管理缺陷属于导致事故发生的间接原因,但同时又是促使人失误、机(物)故障、环境不良等情况出现的直接原因。

(4)危险化学品重大危险源

危险化学品重大危险源是指长期地或者临时地生产、搬运、使用或者储存危险物质,且危险物质的数量等于或超过临界量的单元,单元是指一个(套)生产装置、设施或场所,或同属一个工厂的且边缘距离小于 500 m 的几个(套)生产装置、设施或场所。

(5)临界量

临界量是指对于某种或某类危险物质规定的数量,若单元中的物质数量等于或超过该数量,则该单元定为重大危险源。

储存量超过其临界量包括以下两种情况:

①单元内有一种危险物品的储存量达到或超过其对应的临界量;

②单元内储存多种危险物品且每一种物品的储存量均未达到或超过其对应临界量,但满足下面的公式:

$$\frac{q_1}{Q_1}+\frac{q_2}{Q_2}+\cdots+\frac{q_n}{Q_n}\geqslant 1$$

式中,$q_1,q_2,\cdots,q_n$——每一种危险物品的实际储存量,t;

$Q_1,Q_2,\cdots,Q_n$——对应危险物品的临界量,t。

(6)危险源辨识

危险源辨识是指识别危险源的存在并确定其特性的过程(摘自 OHSAS 18001)。

(7)工作场所(劳动场所)

工作场所(劳动场所)是指职工从事职业活动的地点和空间。

(8)工作条件(劳动条件)

工作条件(劳动条件)是指职工在工作中的设施条件、工作环境、劳动强度和工作时间的总和。

(9)工作环境(劳动环境)

工作环境(劳动环境)是指工作场所及周围空间的安全卫生状态和条件。

(10)事故

事故是指发生在人们的生产、生活活动中的,造成死亡、疾病、伤害、损坏或者其他损失的意外事件。

(11)未遂事件

未遂事件是指存在潜在可能导致人员伤害、死亡或财产损失的系列事件,但损失并未在此次事故中发生,但下次同样的情形下却有可能产生严重后果的事件。

(12)隐患

隐患是指可导致事故发生的物的不安全状态、人的不安全行为及管理上的缺陷。隐患具有隐蔽性、潜伏性和不稳定性,在某种特定条件下就会转化为事故。隐患的管理级别取决于其可能导致事故发生的风险程度(发生概率和严重程度)和整改难度两个因素。

(13)风险

通常情况下,人们认为风险等同于危险,但严格地讲,风险与危险是两个不同的概念。危险是事物的固有属性,是可能造成潜在损失的征兆,而风险(R)是描述危险程度的客观量,又称为风险度或危险性,它由两部分组成:一是危险事件出现的概率;二是后果的严重程度和损失的大小。可用发生概率 P 和损失程度 C 的函数来表示:

$$R = f(P, C)$$

发生概率(P):是指导致事故发生的可能性;

损失程度(C):是指事故发生后能够带来多大的人员伤亡或财产损失。

2. 危险有害因素与事故的关系

过量的能量和危险物质存在的装置、设备、设施和场所,就是“危险源”。对于危险源,我们尽可能降低其存在的能量和危险物质的数量,以便减轻事故的灾害。

我们见到的危险源一般都稳定在某种状态,使危险源暂时稳定的手段,我们称之为“屏蔽措施”或“安全防护措施”。但是“屏蔽措施”或“安全防护措施”有四个天敌:人的不安全行为、物的不安全状态、生产环境不良、安全管理失效。这些天敌是造成隐患的直接原因,也是造成事故的直接原因,它们是使危险源屏蔽措施失效的触发条件。隐患排查就是要找出破坏“屏蔽措施”或“安全防护措施”的各种天敌;隐患治理就是针对发现的危险源,加强其“屏蔽措施”或“安全防护措施”,降低隐患出现的概率,降低事故出现的可能性。

事故的出现是隐患造成的。对隐患未采取有效的控制措施或控制措施失效,隐患就会爆发,使能量和危险物质释放;若与人、设备或财产接触就可能导致“事件”,造成损失的事件就转变成事故。

3. 危险有害因素产生的原因

所有危险有害因素尽管表现形式不同,但从本质上讲,之所以能造成危险或有害后果(伤亡事故、损害人身健康、环境影响和物的损坏等),均可归结为存在能量、有害物质或能量、有害物质失去控制两方面的因素,并导致能量的意外释放或有害物质泄漏、散发。故存在能量、有害物质和失控是危险有害因素产生的根本原因,都是危险有害因素。危险有害因素与事故关系见图 3-15。

(1)有害物质和能量的存在

能量、有害物质是危险有害因素产生的根源,也是最根本的危险有害因素。一方面,系统具有的能量越大、存在的有害物质的数量越多,系统的潜在危险性也就越大;另一方面,只要进行生产活动,就需要相应的能量和物质(包括有害物质),因此危险有害因素是客观存在的,是不能完全消除的。

例如:蒸汽锅炉内部高温、高压气体的压力能,高处作业(或起吊的重物等)的势能,带电导体上的电能,行使车辆(或各类机械运动部件、工件等)的动能,噪声的声能,激光的光能,高温作业及剧烈放热反应工艺装置的热能和各类辐射能等都是能量,在一定条件下都能造成各类事故和危害。

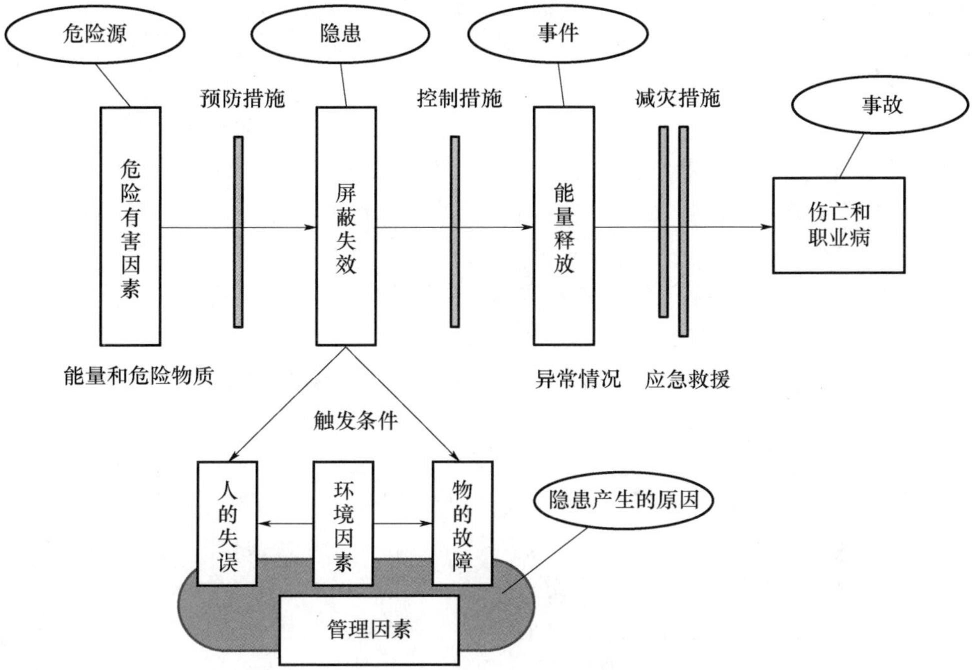

图 3-15 危险有害因素与事故关系图

有害物质在一定条件下能损伤人体的生理机能和正常代谢功能，破坏设备和物品的效能，也是最根本的有害因素。

例如：生产过程中由于有毒物质、腐蚀性物质、有害粉尘、窒息性气体等有害物质的存在，当它们直接、间接与人体或物体发生接触时，能导致人员的损伤、死亡和物体的损坏、破坏，都是有害因素。

(2)有害物质和能量的失控

在生产中，人们通过工艺和工艺装备使能量、物质(包括有害物质)按人们的意图在系统中流动、转换，进行生产的同时又必须约束、控制这些能量、有害物质，消除、减弱产生不良后果的因素，使之不能发生危险、危害后果。如果出现失控(没有控制、屏蔽措施或控制、屏蔽措施失效)，就可能会发生能量、有害物质的意外释放和泄漏，从而造成人员伤亡和财产损失，所以失控也是一类危险有害因素。它主要体现在设备故障(含缺陷)、人员失误、外界环境和管理缺陷四个方面，并且四者之间是相互影响的；它们大部分是一些随机出现的现象或状态，很难预测它们在何时、何地、以何种方式出现，是导致危险、危害发生的主要因素。失控的原因有以下几种情况：

①设备故障(包括生产、控制、安全装置和设施完整性等)

在生产过程中，故障的发生是不可避免的，故障的发生具有随机性、渐近性或突发性。造成故障发生的原因很复杂(认识程度、设计、制造、磨损、疲劳、老化、检查和维修保养、人员失误、环境、其他系统的影响等),但故障发生的规律是可知的,通过定期检查、维修保养和分析总结,可使多数故障提前得到控制(避免或减少)。

例如:电气设备绝缘损坏、保护装置失效造成漏电伤人,短路保护装置失效又造成变配电系统的破坏;超载限制或起升安全装置失效使钢丝绳断裂、重物坠落;围栏缺损、安全带及安全网质量低劣造成高处坠落事故,都是故障引起的危险、有害因素。

②人员失误

人员失误泛指不安全行为中产生不良后果的行为(即人员在作业过程中,违反劳动纪律、操作程序和方法等具有危险性的做法)。人员失误是导致事故发生的重要因素之一,影响人员失误的因素很多,但发生人员失误的规律和失误率通过大量的观测、统计和分析,也是可以预测的。

人员失误是指由于不正确态度、技能或知识不足、健康或生理状态不佳和劳动条件(设施条件、工作环境、劳动强度和工作时间)影响造成的不安全行为。我国《企业职工伤亡事故分类》(GB 6441—86)将不安全行为归纳为操作失误(忽视安全、忽视警告)造成安全装置失效、使用不安全设备、手代替工具操作、物体存放不当、冒险进入危险场所、攀坐不安全位置、在起吊物下作业(停留)、机器运转时加油(修理、检查、调整、清扫等)、有分散注意力行为、忽视使用必须使用的个人防护用品或用具、不安全装束、对易燃易爆等危险品处理错误等 14 类。

例如:误合开关使检修中的线路或电气设备带电、使检修中的设备意外启动;未经检测、忽视警告标志或不佩戴呼吸器等护具,进入缺氧、有毒作业场所;吊索具选用不当、吊重绑挂方式不当,使钢丝绳断裂、吊重失稳坠落;不按规定穿戴工作服(帽),使头发或衣袖卷入运动工件等,都是人员失误形成的危险有害因素。

③外界环境

温度、湿度、风雨雪、照明、视野、噪声、振动、通风换气、色彩等外界环境条件都会引起设备故障或人员失误,是发生失控的间接因素。

④管理缺陷

系统安全管理是为保证及时、有效地实现系统安全目标,在预测、分析的基础上进行的计划、组织、协调、检查等工作,是预防管理缺陷、减少人员失误的有效手段。

二、危险、有害因素的分类

(一)按导致事故的直接原因分类

根据《生产过程危险和有害因素分类与代码》(GB/T 13861—2009)以导致事故的直接原因,将生产过程中的危险、有害因素分为人的因素、物的因素、环境因素和管理因素四大类,分别用代码表示,共分四层,第一、二层分别用一位数字表示大类、中类;第三、四层分别用二位数字表示小类、细类。

1. 人的因素(第一类)

(1)心理、生理性危险和有害因素(11)

①负荷超限(1101)。体力负荷超限(110101)、听力负荷超限(110102)、视力负荷超限(110103)、其他负荷超限(110199)。

②健康状况异常(1102)。

③从事禁忌作业(1103)。

④心理异常(1104)。情绪异常(110401)、冒险心理(110402)、过度紧张(110403)、其他心理异常(110499)。

⑤辨识功能缺陷(1105)。感知延迟(110501)、辨识错误(110502)、其他辨识功能缺陷(110599)。

⑥其他心理、生理性危险和有害因素(1199)。

(2)行为性危险和有害因素(12)

①指挥错误(1201)。指挥失误(120101)、违章指挥(120102)、其他指挥错误(120199)。

②操作错误(1202)。误操作(120201)、违章作业(120202)、其他操作错误(120299)。

③监护失误(1203)。

④其他行为性危险和有害因素(1299)。

2. 物的因素(第二类)

(1)物理性危险和有害因素(21)

①设备、设施、工具、附件缺陷(2101)。强度不够(210101)、刚度不够(210102)、稳定性差(210103)、密封不良(210104)、耐腐蚀性差(210105)、应力集中(210106)、外形缺陷(210107)、外露运动件(210108)、操纵器缺陷(210109)、制动器缺陷(210110)、控制器缺陷(210111)、设备、设施、工具、附件其他缺陷(210199)。

②防护缺陷(2102)。无防护(210201)、防护装置、设施缺陷(210202)、防护不当(210203)、支撑不当(210204)、防护距离不够(210205)、其他防护缺陷(210299)。

③电伤害(2103)。带电部位裸露(210301)、漏电(210302)、静电和杂散电流(210303)、电火花(210304)、其他电伤害(210399)。

④噪声(2104)。机械性噪声(210401)、电磁性噪声(210402)、流体动力性噪声(210403)、其他噪声(210499)。

⑤振动(2105)。机械性振动(210501)、电磁性振动(210502)、流体动力性振动(210503)、其他振动危害(210599)。

⑥电离辐射(2106)。

⑦非电离辐射(2107)。紫外辐射(210701)、激光辐射(210702)、微波辐射(210703)、超高频辐射(210704)、高频电磁场(210705)、工频电场(210706)。

⑧运动物伤害(2108)。抛射物(210801)、飞溅物(210802)、坠落物(210803)、反弹物(210804)。

⑨明火(2109)。

⑩高温物质(2110)。高温气体(211001)、高温液体(211002)、高温固体(211003)、其他高温物质(211099)。

⑪低温物质(2111)。低温气体(211101)、低温液体(211102)、低温固体(211103)、其他低温物质(211199)。

⑫信号缺陷(2112)。无信号设施(211201)、信号选用不当(211202)、信号位置不当(211203)、信号不清(211204)、信号显示不准(211205)、其他信号缺陷(211299)。

⑬标志缺陷(2113)。无标识(211301)、标志不清晰(211302)、标志不规范(211303)、标志选用不当(211304)、标志位置缺陷(211305)、其他标志缺陷(211399)。

⑭有害光照(2114)。

⑮其他物理性危险和有害因素(2199)。

(2)化学性危险和有害因素(22)

①爆炸品(2201)。

②压缩气体和液化气体(2202)。

③易燃液体(2203)。

④易燃固体、自燃物品和遇湿易燃物品(2204)。

⑤氧化剂和有机过氧化物(2205)。

⑥有毒品(2206)。

⑦放射性物品(2207)。

⑧腐蚀品(2208)。

⑨粉尘与气溶胶(2209)。

⑩其他化学性危险和有害因素(2299)。

(3)生物性危险有害因素(23)

①致病微生物(2301)。细菌(230101)、病毒(230102)、真菌(230103)、其他致病微生物(230199)。

②传染病媒介物(2302)。

③致害动物(2303)。

④致害植物(2304)。

⑤其他生物性危险和有害因素(2399)。

3. 环境因素(第三类)

(1)室内作业场所环境不良(31)

①室内地面滑(3101)。

②室内作业场所狭窄(3102)。

③室内作业场所杂乱(3103)。

④室内地面不平(3104)。

⑤室内梯架缺陷(3105)。

⑥地面、墙和天花板上的开口缺陷(3106)。

⑦房屋基础下沉(3107)。
⑧室内安全通道缺陷(3108)。
⑨房屋安全出口缺陷(3109)。
⑩采光照明不良(3110)。
⑪作业场所空气不足(3111)。
⑫室内温度、湿度、气压不适(3112)。
⑬室内给排水不良(3113)。
⑭室内涌水(3114)。
⑮其他室内作业场所环境不良(3115)。
(2)室外作业场地环境不良(32)
①恶劣气候与环境(3201)。
②作业场所和交通设施湿滑(3202)。
③作业场所狭窄(3203)。
④作业场所杂乱(3204)。
⑤作业场所不平(3205)。
⑥航道狭窄、有暗礁或险滩(3206)。
⑦脚手架、阶梯和活动梯架缺陷(3207)。
⑧地面开口缺陷(3208)。
⑨建筑物和其他结构缺陷(3209)。
⑩门和围栏缺陷(3210)。
⑪作业场所基础下沉(3211)。
⑫作业场所安全通道缺陷(3212)。
⑬作业场所安全出口缺陷(3213)。
⑭作业场地光照不良(3214)。
⑮作业场地空气不良(3215)。
⑯作业场地温度、湿度、气压不适(3216)。
⑰作业场地涌水(3217)。
⑱其他室外作业场所不良(3299)。
(3)地下(含水下)作业环境不良(33)
①隧道/矿井顶面缺陷(3301)。
②隧道/矿井正面或侧壁缺陷(3302)。
③隧道/矿井地面缺陷(3303)。
④地下作业面空气不良(3304)。
⑤地下火(3305)。
⑥冲击地压(3306)。
⑦地下水(3307)。

⑧水下作业供气不当(3308)。

⑨其他地下作业环境不良(3399)。

(4)其他作业环境不良(39)

①强迫体位(3901)。

②综合性作业环境不良(3902)。

③以上未包括的其他作业环境不良(3999)。

4. 管理因素(第四类)

(1)职业安全健康组织机构不健全(41)

(2)职业安全健康责任制为落实(42)

(3)职业安全健康管理规章制度不完善(43)

①建设项目"三同时"制度未落实(4301)。

②操作规程不规范(4302)。

③事故应急预案及响应缺陷(4303)。

④培训制度不完善(4304)。

⑤其他职业安全健康管理规章制度不健全(4399)。

(4)职业安全健康投入不足(44)

(5)职业健康管理不完善(45)

(6)其他管理因素缺陷(49)

(二)海洋石油危险有害因素分类

1. 主要物料危险有害因素

主要物料包括原油、天然气、钻井液、各类化学剂等。

它们的危险因素有天然气的易扩散性、易燃易爆性;原油的易流动、易挥发、易燃、受热后可沸溢、易带静电等性质;所用化学剂的危险性等。有害因素有油气组分的毒性、钻井液的毒性、所用化学剂的毒性、辐射危害等。

(1)石油对环境的影响

①石油污染对水环境的危害

a. 大片油膜覆盖在海水表面,严重妨碍了海水的复氧功能,减弱自净,导致生物窒息;

b. 油膜影响具有光合作用的浮游生物;

c. 油膜和油珠具有很强的黏稠性,造成生物的物理性损伤;

d. 造成鱼类等畸形产生;

e. 使水产生物带有臭味。

②石油污染对土壤环境的危害

a. 堵塞土壤空隙、降低土壤渗透性和破坏土质;

b. 阻碍根部的呼吸和对水分、养分的吸收。

③石油污染对大气环境的危害

a. 油膜挥发污染；

b. 燃烧产物导致温室效应；

c. 燃烧和炼制产生的废气污染：含有大量有毒的物质——硫氧化物(SO_x)、硫化氢、硫醇、硫醚、氮氧化物(NO_x)、氨、CO、CO_2、酚类化合物、甲醛及其他醛类化合物、多种结构类型的多环芳烃类化合物[如苯并(a)芘]、大量的碳粒(颗粒物)，它们中绝大多数是大气中的主要污染物。

(2)石油、石油产品及其毒性

①石油及含硫化合物的毒性

含烷烃高的原油，其蒸气具有麻醉和痉挛作用；芳香烃含量高的原油，易出现慢性中毒，有的还具有致癌作用。含硫化合物的毒性如下：

a. 石油中含硫化合物主要包括硫化氢、元素硫、硫醇、硫醚、二硫化物等，石油在炼制过程中，在高温作用下，二硫化物可热解成硫醇、硫醚，继而还可进一步析出硫化氢。

b. 硫醇类：有机硫化物，硫醇类遇高温能分解成硫化氢，遇到氧化剂或在空气中能逐渐氧化为二硫化物，继而转成硫化氢。硫醇类具有特殊恶臭，具有麻醉作用。分子量高的硫醇易通过皮肤引起中毒，甚至死亡。

c. 硫醚类：硫醚类具有轻微的醚味。带有不饱和基的硫醚毒作用较大。

d. 硫杂环化合物类：很容易在生物体内蓄积，能在水生食物链中逐级放大。毒性主要表现为致突变性和致癌性。

②石油馏分及其毒性

沥青是石油分馏后剩下的残渣，沥青成分很复杂，以芳烃、环烷烃为主，含少量的链烷烃，还有硫、氧、氮的衍生物。很多沥青中含有苯并(a)芘。

沥青对机体有直接的刺激作用，无论是沥青粉尘还是挥发出来的气体，对皮肤和黏膜都有刺激作用；长期接触沥青的工人，皮肤会有扁平疣状赘生物，并可癌变。

③石油及其燃料馏分的燃烧产物毒性

石油燃烧产物主要有 NO_x、CO、SO_2、致癌多环芳烃(苯并(a)芘)、硝基多环芳烃(NO_2-PAHs)、醛类、氰化氢、氨、硫酸盐、碳粒、颗粒物等。这些燃烧产物的毒性及其对环境造成的污染程度，都要比其燃烧前的原物质更为严重。燃烧颗粒物的毒性如下。

a. 燃烧产生的颗粒物绝大多数是含碳有机物的燃烧不完全产物，另有少量添加剂。这些颗粒物的产量比燃煤颗粒产量少得多，但其毒性很强。这些颗粒物的粒径都很小，容易沉积在呼吸道的深部，损伤细支气管和肺泡。

b. 液化石油气的燃烧颗粒的致突变性明显高于燃煤颗粒。

c. 汽油的燃烧颗粒物含有数十种有机成分，主要包括多环芳烃、苯类化合物、卤代烃、杂环化合物和环氧化物等，表现出明显的致突变效应。

d. 柴油燃烧的颗粒物成分更为复杂。已鉴定出 100 多种有机物。其中多环芳烃有 40 多种，硝基多环芳烃有 50 多种。IARC 和 USEPA 都将柴油尾气定为“人类可能致癌物”。

硝基多环芳烃(NO_2-PAHs)是由硝基与多环芳烃结合而成的一大类化合物。其种类很多，有近百种。常见的有 1-硝基芘、二硝基芘、硝基苯并芘、二硝基荧蒽、四硝基芘等。硝基多环芳烃主要存在于柴油、汽油、原油等燃烧的颗粒中，硝基多环芳烃具有多种遗传毒性，并能与 DNA 结合，形成 DNA 加合物。

④溶剂的一般毒性

大多数溶剂都会对中枢神经系统产生抑制作用，所以被称为中枢神经毒物，溶剂的神经毒性所引起的症状类似于普通麻醉剂的作用。作用的机理可能是溶剂和某些细胞的细胞膜间物理作用，致使细胞膜对离子的通透性发生改变。

低浓度中毒症状：恶心、眩晕、意识模糊、共济失调。

高浓度中毒症状：抽搐、昏迷和死亡。

a. 链烷是含有碳氢化合物的有机溶剂，常被称为链烷，通式为 C_4H_{10} 以上的 C_nH_{2n+2}，包括戊烷到十九烷。大多数是高亲脂性的，它们易通过皮肤和肺吸收，能快速输送到全身，不易直接排泄掉。烷是中枢神经系统的抑制剂，由烷引起的毒性症状包括麻醉、昏迷、头痛、恶心、意识模糊，严重情况下会失去知觉。碳数从 1～8 的烷碳氢化合物溶剂对中枢神经系统的毒性会逐渐增强。

b. 正己烷(n-Hexane)$CH_3CH_2CH_2CH_2CH_2CH_3$ 主要作为溶剂，尤其是作为植物油的提取溶剂，以及合成橡胶、塑料、涂料、漆的溶剂，实验用试剂以及低温温度计的溶液等。

吸收：通过摄入残留正己烷溶剂的食物、蒸气吸入、皮肤吸附。

分布：正己烷是一种高亲脂质性物质，主要分布于脂质含量高的组织中，在脑、肝、肾中的含量最高。

排泄：人体脂肪组织中正己烷的半衰期为 64 小时，如从脂肪组织中完全排出正己烷需 10 天之久。

毒性作用：是一种神经抑制剂，慢性暴露能引起多种神经病症：疲劳、肌肉无力，上下肢末梢出现感觉异常，有刺痛感。正己烷的代谢物 2,5-己二醇的神经毒性很大。

c. 苯常用作涂料、塑料及橡胶的溶剂。

吸收与分布：苯暴露的主要途径是吸入，吸入的苯 30%～80%进入到血液循环中，苯在脂肪组织的含量最大。

代谢：吸收的苯有 50%以原形态经肺部呼出，约有 10%的苯以原形态在体内蓄积，其余的苯在体内肝脏中通过 P450 混合功能氧化酶系统进行代谢，苯的氧化物(如苯酚)是毒性最强的代谢物。

毒性作用：急性暴露于苯会导致中枢神经系统的抑制和血液毒性(如再障和白

血病),有致癌作用。急性成骨细胞白血病是与苯暴露有关的最常见的恶性肿瘤。

d. 烷基苯的常见种类有甲苯、二甲苯和乙苯。

甲苯可经呼吸道、皮肤和消化道吸收,经消化道可完全吸收,与苯相似。

甲苯的脂溶性更强,主要分布于富含脂肪的组织,肾上腺、脑、骨髓和肝脏最多。进入体内的甲苯约80%被氧化为苯甲醇,进而代谢成为苯甲酸,并与甘氨酸结合形成马尿酸从尿中排出。甲苯的半衰期为15~20小时,人体对甲苯的解毒能力很强。急性暴露于甲苯主要影响中枢神经系统,症状包括头痛、昏迷、疲劳、肌肉无力、眩晕、麻木;长期慢性暴露于甲苯中可造成神经衰弱症候群,但不会诱发癌症及引起造血系统和骨髓的损害。

二甲苯通过吸入能快速吸收60%~65%。吸入的二甲苯约90%被氧化为甲基苯甲酸,以甲基马尿酸的形式被排泄。二甲苯的半衰期为20~30小时,与蛋白质紧密结合。它是主要的皮肤刺激物,长期暴露,它会引发脱脂性皮炎。

二甲苯也能抑制中枢神经系统,其症状是疲劳、恶心、头痛和共济失调。

动物暴露于纯二甲苯中不会引起苯所特有的对造血系统的损害;不表现出致癌、致突和致畸作用。

乙苯为低毒类溶剂。

e. 醇类在工业上和实验室常用作溶剂,主要作用于神经系统,对视神经有特殊的选择作用,主要具有麻醉作用,其作用随碳原子数目的增加而增强。顺序为:叔丁醇>正丁醇>丙醇>乙醇>甲醇。

甲醇中毒主要表现为急性中毒:一般误食甲醇或饮用含甲醇浓度较高的酒精时所致。如误服5~10 mL,可导致严重中毒,15 mL可致失明,30 mL左右可致死,潜伏期常为8~36小时,有饮酒史,则潜伏期可延长。甲醇抑制中枢神经系统,症状包括:头痛、眩晕、恶心、呕吐、严重的上腹痛、视觉模糊、心动过缓、浅慢呼吸、昏迷和死亡。

作用机理:甲醇在肝中被醇脱氢酶代谢为甲醛,然后生成甲酸。大量摄入甲醇后,生成的甲醛或甲酸损害视神经,由此导致失明,甲醛的作用可能更强。

乙醇 C_2H_5OH 的毒性通过肺、胃肠道和皮肤,乙醇可被迅速吸收,可按照身体水分含量被分布到全身,容易通过血脑屏障被运输。吸收的乙醇90%被代谢为乙醛,然后生成乙酸,并通过糖酵解途径生成 CO_2 和 H_2O。残余乙醇通过呼出或由尿、汗、唾液排出。高剂量的醇被认为是中枢神经系统的抑制剂,乙醇的主要毒理学影响是对发育胎儿的影响,乙醇易通过胎盘进入胎儿循环中,造成胎儿乙醇综合征。

1,1,1-三氯乙烷(甲基氯仿)CH_3CCl_3 主要用于氯化聚高分子材料生产中的溶剂。通过肺和胃肠道,1,1,1-三氯乙烷被快速吸收。作用的器官主要是中枢神经系统,症状包括:头痛、定向力障碍、嗜睡、抽搐、麻木、昏迷、死亡。

1,1,2,2-四氯乙烷 $CHCl_2CHCl_2$ 抑制中枢神经,是工业使用的氯化碳氢化合物中毒性最强的一种。具有潜在肝脏毒性,对肝脏的损伤主要表现为急性或亚急性的坏死或脂肪变性。对肾脏的损害能引起肾炎，如在尿中可出现白蛋白、管状物等。

三氯乙烯 C_2HCl_3 广泛用作干洗剂、脱脂剂和溶剂，还可作为溶剂从咖啡中提取咖啡因。曾在医学上用作麻醉剂。暴露于三氯乙烯蒸气能引起眼睛、鼻和喉的刺激。严重的会出现中枢神经系统抑制症状。三氯乙烯也能对肾和肝造成损害。有研究认为三氯乙烯是一种致癌物。

四氯乙烯（全氯乙烯）C_2Cl_4，暴露于四氯乙烯中会引起中枢神经系统症状，主要表现为头痛、混乱、定向障碍、昏迷、死亡。有研究认为它是一种致癌物。

2. 建造阶段危险有害因素（表 3-7）

表 3-7　建造阶段危险有害因素

序号	潜在危险作业/因素	危害后果
1	喷砂除锈作业	作业人员产生呼吸道疾病； 环境污染； 对其他工种造成影响
2	在密闭与半密闭场所中进行油漆作业	人员中毒
3	焊接作业	作业人员视力受到影响； 矽肺病
4	气割作业	人员伤亡
5	脚手架的安装	人员坠落及伤亡
6	高空作业	人员伤亡
7	无损探伤作业	长期的健康危害
8	起重作业	人员伤亡； 设备损坏
9	组装作业	人员伤亡
10	触电	人员伤亡
11	噪音（打砂轮、发电空压机）	损伤听力

3. 拖航吊装阶段危险有害因素（表 3-8）

表 3-8　拖航吊装阶段危险有害因素

序号	潜在危险作业/因素	危害后果
1	主结构设计不合理； 吊点设计不合理	主结构失稳； 被吊物坠落

续表

序号	潜在危险作业/因素	危害后果
2	船舶碰撞	船舶进水； 船舶沉没； 进度推迟； 设备丢失
3	恶劣天气	组块移动； 缆绳断裂
4	吊机的能力不满足要求； 指挥系统失灵； 索具不满足要求	吊物坠落； 井口区破坏； 导管架破坏； 吊机损坏； 人员伤亡
5	驳船就位不满足要求	无法完成吊装作业
6	起吊物碰撞设备或人员	设备损坏； 人员伤亡
7	施工现场指挥混乱	人员伤亡； 碰撞损坏设备； 破坏船只
8	员工的安全意识淡薄	人员伤亡； 项目进度延迟； 额外费用
9	没有完善的劳动保护制度	工伤残疾； 人员伤亡
10	员工有心脏病、精神病等严重疾病	人员伤亡

4. 海上安装阶段危险有害因素(表3-9)

表3-9　海上安装阶段危险有害因素

序号	潜在危险作业/因素	潜在危害
1	单点的改造过程	工作船与FPSO的碰撞
2	船舶抛锚； 安装过程中的落物	对已铺设的海管和海缆造成破坏

续表

序号	潜在危险作业/因素	潜在危害
3	安装过程中海底管道或电缆损坏	潜在的损坏泄漏点； 海缆不能正常工作
4	打桩作业	平台的稳定性差
5	支持船的不稳定	支持船与导管架碰撞
6	在调试过程中，导致一些管线或主要的设备失效	进度推迟； 增加费用
7	当多个承包商同时在平台上作业时协调工作混乱	进度推迟； 设备的损坏； 人员伤亡
8	高压测试作业中产生的危害	人员伤亡； 设备损坏
9	主要结构安装尺寸不匹配	额外费用； 较大的海上返工
10	热工作业带来的危害	火灾； 人员伤害
11	不适当的处理造成气瓶的损坏	影响工作进度； 对人员造成一定的危害
12	恶劣天气	设备损坏； 人员伤亡

5. 钻完井阶段危险有害因素（表 3-10）

表 3-10 钻完井阶段危险有害因素

序号	潜在危险作业/因素	潜在危害
1	钻具疲劳损坏或质量不合格	影响进度； 增加成本； 井下事故
2	作业程序有误或不按程序作业导致井下落物	损坏工具； 影响进度； 增加成本
3	海底地基松软	钻井船就位滑移

续表

序号	潜在危险作业/因素	潜在危害
4	泥浆性能差、循环速度和时间不够	钻具被埋、被卡； 井壁坍塌； 影响进度
5	地层压力预测不准	井喷、井漏、碳氢化合物泄漏； 设备损坏； 钻具被埋； 毁井
6	井况复杂，泥浆性能不稳定	井喷、井漏、碳氢化合物泄漏； 设备损坏； 钻具被埋； 毁井
7	防喷器部件老化，损坏	井喷
8	射孔后未及时下入生产管柱	井喷、碳氢化合物泄漏
9	井筒内未灌满压井液	井口油气泄漏； 井喷
10	防喷装置装好后不进行试压	井喷
11	射孔弹质量不合格和射孔方式不当	射孔效果不理想； 产能受影响
12	射孔弹保管不当	射孔弹在地面爆炸； 人员伤亡
13	相关设备的静电引爆射孔弹	射孔弹在地面爆炸； 人员伤亡
14	无线电引爆射孔弹	射孔弹在地面爆炸； 人员伤亡
15	没有完善的劳动保护制度	人员伤亡
16	钻井水系统不能满足钻井要求	用船送水所造成的额外费用； 推迟钻井

6. 交互式作业危险有害因素(表 3-11)

表 3-11　交互式作业危险有害因素

序号	潜在危险因素	潜在危害
1	钻井船再就位不准确	钻井船滑移； 不能满足钻井的要求
2	钻井船的排烟道产生的火花同时在钻井平台或采油平台上有碳氢化合物泄露	火灾； 人员伤亡； 设备损坏
3	B平台冷放空与钻井过程中的切割作业	火灾
4	交互式作业中事故升级	人员伤亡； 设备损坏

7. 生产阶段危险有害因素(表 3-12)

表 3-12　生产阶段危险有害因素

序号	潜在危险因素	潜在危害
1	灭火剂危害	人员健康的影响
2	碳氢化合物、原油等泄露	火灾； 人员伤亡
3	甲板和结构上结冰	人员意外事故； 对直升机作业、人员撤离、人员调动、海上作业产生一定的影响
4	极端低温，尤其当伴随大风的恶劣天气	系统冻结； 海管和设施间的管线被冰冻住
5	在危险区中电气设备等级配备不正确	可燃性气团的爆炸
6	生产设施中高压电的影响	爆炸，火灾； 人员的伤亡
7	高压电缆的损坏	失去动力； 严重的漏电； 人员、结构的损坏
8	阀门失效、密封效果差	无法有效和安全的操作
9	各种环境因子对立管的损坏	原油泄露

续表

序号	潜在危险因素	潜在危害
10	沙子对工艺设备的侵蚀	阀门冲蚀； 设备壁厚减薄； 碳氢化合物的泄漏
11	内腐蚀	碳氢化合物的泄漏； 消防水系统堵塞
12	外腐蚀	碳氢化合物的泄漏； 设备更换； 失去结构的完整性
13	公用系统失效	消防水系统损失或其他安全保护系统损失； 生活区丧失居住功能
14	润滑剂和油漆存储不当	易燃/可燃物质的聚集
15	在生活区可燃物质的危害	火灾
16	柴油存储的泄漏	泄漏造成火灾和烟雾； 环境污染
17	高压	压力容器爆炸
18	设备维修	火灾； 高处坠落； 人员伤亡
19	润滑剂和带压流体带来的不利影响	泄漏造成火灾和烟雾
20	机械表面的危害	人员伤害(灼伤)
21	焊接和热工作业带来的影响	火灾
22	致癌物质等引起的人员长期健康问题	人员伤害，长期健康的影响
23	逃生、救生设施失效	在事故状态下，人员无法逃生，造成人员伤亡
24	机械的噪音和振动引起的危害	潜在的人员听力的损失和降低了对命令的反应性； 由于震动导致设备和管线的损坏
25	食物/水的质量不符合卫生要求	引起人员生病

续表

序号	潜在危险因素	潜在危害
26	材料问题：不相容性、不同性质材料、磁化、污染、不同材料	接触腐蚀、泄露
27	生产物流被海水污染	生产流程的堵塞、结垢，对油藏的影响
28	火灾导致结构强度丧失	结构和工艺系统的损坏
29	地震	严重的结构损坏
30	流冰	对结构和立管产生的磨蚀
31	高水位	对结构产生危害
32	雾	碰撞； 无法指挥空中和海上运输
33	闪电	点燃放空管或其他可燃物质； 损坏电气设备和系统
34	生产平台没有有效的安全保障	设备丢失和对设施恶意性破坏； 无法控制的作业状态
35	直升机在起降过程中其他高设备和吊机作业	直升机与其他高设备进行碰撞
36	直升机误操作撞在甲板或设施上	直升机对平台生产设施的碰撞； 人员伤亡； 直升机毁坏
37	供应船对设施的碰撞	结构的损坏，对船和平台上人员的影响
38	渔船在油田附近排烟、排火	火灾
39	非油田大型船舶对平台的碰撞	严重的结构损坏； 潜在的人员伤亡和设备损坏
40	员工有心脏病、精神病等严重疾病	人员伤亡

讲题 2 危害辨识与风险控制

防止事故发生、将危害及影响降到可接受的最低程度是 HSE 管理体系运行的目标，对风险的正确而科学地识别、评价和有效管理是达到此目的的关键所在。

HSE管理体系是建立在“绝大多数事故都是可以避免的”管理理念上，也就是说，如果我们能够预先知道会发生特定的一种危害，就能够通过管理和技能来避免事故发生或者设法使人、环境和财产免受损害，即能够对风险进行控制。

一、各类危害辨识

（一）危害辨识的原则

各部门、各单位进行风险辨识时应考虑以下几种情况。

1. 三种时态

（1）过去，指以往产生并遗留下来的，对目前的活动和过程仍存在影响的风险；

（2）现在，指目前正发生或存在并对活动和过程持续产生影响的风险；

（3）将来，指计划中的活动在将来可能产生影响的风险。

案 例

PX项目

厦门市海沧PX项目，是2006年厦门市引进的一项总投资额108亿元人民币的对二甲苯化工项目，该项目号称厦门“有史以来最大工业项目”，选址于厦门市海沧台商投资区，投产后每年的工业产值可达800亿元人民币。该项目于2006年11月开工，原计划2008年投产。2007年5月末，对海沧PX化工项目一无所知的厦门市民从各种传媒渠道获得了PX的相关信息，担心化工厂建成后危及身体健康，集体抵制。

2007年5月30日上午，厦门市人民政府召开会议，研究PX项目建设，经慎重研究，决定暂缓建设海沧PX项目。

2. 三种状态

（1）正常，指连续、稳定、例行和已做出计划安排的活动状态；

（2）异常，指非例行的、不经常发生的活动状态；

（3）紧急，指可能突发的导致发生安全事故或职业病的危险源。

3. 有关安全健康法律、法规及其他要求

4. 过去出现过的险情、紧急或灾难事件

5. 相关方的意见和建议

（二）确定为危险源的原则

（1）违反安全健康法律、法规及其他要求的；

（2）潜在尚未发生但后果极为严重，影响安全生产的；

（3）过去因类似原因发生过异常情况的；

（4）相关方产生抱怨的。

（三）危险化学品重大危险源的辨识

1. 单元内危险物质的辨识

需要考虑以下三个方面：

(1)单元内从每次存放某种危险物质的时间计时起 2 日内；

(2)单元内每年存放某种危险物质的次数超过 10 次；

(3)单元内的危险物质是否在非正常作业条件下产生。

如果单元内储存着多种的危险物质，那么在辨识过程中生产经营单位应当首先考虑危险性最大的那种物质是否超出上述的定义范围，这样生产经营单位就可以基本辨识出单元内的危险物质。

2. 危险物质最大量的确定

当生产经营单位对单元内的危险物质辨识清楚后，该危险物质的量也应该被确定下来。

(1)对于存放危险物质储罐和其他容器的储存区重大危险源来说，危险物质的量应当是储罐或者其他容器的最大容积量。注意这个最大容积量不同于最大实际使用量，这一点生产经营单位必须在申报表格中进行详细说明。

(2)对于存放危险物质储罐和其他容器的生产场所重大危险源来说，危险物质的量应当是目前储罐或者其他容器的实际存在最大量。

(3)对于危险物质的包装存储区来说，危险物质的量应当是目前实际存在的物质最大量。这些数据应当从每天、每季度或者自身规定的时间段内的登记情况来获取。注意这个量不同于储存区的最大容积量，这一点生产经营单位必须在申报表格中进行详细说明。

(4)对于管道来说，危险物质的量应当是发生重大事故后，生产区域外管道所能泄露出的物质最大量。

(5)如果单元内存在危险物质的数量低于相对应物质临界量的 2%，并且该物质放到单元内任何位置都不可能成为重大事故发生的诱导因素，那么就其本身而言，单元内应该不会发生重大事故，这时该危险物质的数量不计入辨识指标的计算中。但生产经营单位应当提供相应的文件说明，指出该物质的具体位置，证明其不会引发重大事故。

(四)设备或装置的危害辨识

1. 工艺设备、装置的危险、有害因素识别

工艺设备、装置的危险、有害因素一般从以下几个方面识别：

(1)设备本身是否能满足工艺设计的要求，包括设备是否由具有资质的制造厂生产，特种设备的设计、生产、安装和使用是否具有相应的资质或许可证；

(2)是否具备相应的安全附件或安全防护装置，如安全阀、压力表、温度计、液压计、阻火器、防爆阀等；

(3)是否具备指示性安全技术措施，如超限报警、故障报警、状态异常报警等；

(4)是否具备紧急停车装置；

(5)是否具备检修时不能自动投入、不能自动反向运转的安全装置。

2. 专业设备的危险、有害因素识别

(1)化工设备的危险、有害因素识别

此类识别,一般需分析以下四点:

①是否有足够的强度;

②是否密封安全可靠;

③安全保护装置是否配套;

④适用性强否。

(2)机械加工设备的危险、有害因素识别

机械加工设备的危险、有害因素识别可以根据以下标准、规程进行查对:《机械加工设备一般安全要求》《磨削机械安全规程》《剪切机械安全规程》《起重机械安全规程》《电机外壳防护等级》《蒸汽锅炉安全技术监察规程》《热水锅炉安全技术监察规定》《特种设备质量监督与安全监察规定》。

3. 电气设备的危险、有害因素识别

电气设备的危险、有害因素识别应紧密结合工艺的要求和生产环境的状况来进行,一般可从以下几方面进行识别:

(1)电气设备的工作环境是否属于爆炸和火灾危险环境,是否属于粉尘、潮湿或腐蚀环境,在这些环境中工作时对电气设备的相应要求是否满足;

(2)电气设备是否具有国家指定机构的安全认证标志,特别是防爆电器的防爆等级;

(3)电气设备是否为国家公布的淘汰产品;

(4)用电负荷等级对电力装置的要求;

(5)电气火花引燃源;

(6)触电保护、漏电保护、短路保护、过载保护、绝缘、电气隔离、屏护、电气安全距离等是否可靠;

(7)是否根据作业环境和条件选择安全电压,安全电压值和设施是否符合规定;

(8)防静电、防雷击等电气联结措施是否可靠;

(9)管理制度方面的完善程度;

(10)事故状态下的照明、消防、疏散用电及应急措施用电的可靠性;

(11)自动控制系统的可靠性,如不间断电源、冗余装置等。

4. 特种机械的危险、有害因素识别

(1)起重机械

有关机械设备的基本安全原理对于起重机械都适用。这些基本原理有:设备本身的制造质量应该良好,材料坚固,具有足够的强度而且没有明显的缺陷。所有的设备都必须经过测试,而且进行例行检查,以保证其完整性,应正确使用设备。

对于起重机械,主要识别以下危险、有害因素:

①翻倒:由于基础不牢、超机械工作能力范围运行和运行时碰到障碍物等原因

造成；

②超载：超过工作载荷、超过运行半径等；

③碰撞：与建筑物、电缆线或其他起重机相撞；

④基础损坏：设备置放在坑或下水道的上方，支撑架未能伸展，未能支撑于牢固的地面；

⑤操作失误：由于视界限制、技能培训不足等造成；

⑥负载失落：负载从吊轨或吊索上脱落。

(2)厂内机动车辆

厂内机动车辆应该制造良好、没有缺陷，载重量、容量及类型应与用途相适应。车辆所使用的动力类型应当是经过检查的，因为作业区域的性质可能决定了应当使用某一特定类型的车辆。在不通风的封闭空间内不宜使用内燃发动机的动力车辆，因为会排出有害气体。车辆应加强维护，以免重要部件(如刹车、方向盘及提升部件)发生故障，任何损坏均需报告并及时修复。操作员的头顶上方应有安全防护措施。应按使用说明操作厂内机动车辆及其附属设备。

对于厂内机动车辆，主要识别以下危险、有害因素：

①翻倒：提升重物动作太快，超速驾驶，突然刹车，碰撞障碍物，在已有重物时使用前铲，在车辆前部有重载时下斜坡，横穿斜坡或在斜坡上转弯、卸载，在不适的路面或支撑条件下运行等，都有可能发生翻车；

②超载：超过车辆的最大载荷；

③碰撞：与建筑物、管道、堆积物及其他车辆之间的碰撞；

④楼板缺陷：楼板不牢固或承载能力不够。在使用车辆时，应查明楼板的承重能力(地面层除外)；

⑤载物失落：如果设备不合适，会造成载荷从叉车上滑落的现象；

⑥爆炸及燃烧：在电缆线短路、油管破裂、粉尘堆积或电池充电时产生氢气等情况下，都有可能导致燃烧及爆炸。运载车辆在运送可燃气体时，本身也有可能成为火源；

⑦乘员：在没有乘椅及相应安全设施时，不应载有乘员；

⑧只能因紧急情况而不是工作目的来使用应急系统；

⑨使用地面围栏，禁止未经批准人员进入作业区；

⑩要防止接触过顶动力线，为此要事先检查，并与其保持规定的距离。

(3)传送设备

最常用的传送设备有胶带输送机、滚轴和齿轮传送装置，对于传送设备，主要识别以下危险、有害因素：

①夹钳：肢体被夹入运动的装置中；

②擦伤：肢体与运动部件接触而被擦伤；

③卷入伤害：肢体绊卷到机器轮子、带子之中；

④撞击伤害:不正确的操作或者物料高空坠落造成的伤害。

5. 锅炉及压力容器的危险、有害因素识别

(1)锅炉及压力容器的分类

锅炉及压力容器是广泛用于工业生产、公用事业和人民生活的承压设备,包括锅炉、压力容器、有机载热体炉和压力管道。我国政府将锅炉、压力容器、有机载热体炉和压力管道等定为特种设备,即在安全上有特殊要求的设备。为了确保特种设备的使用安全,国家对其设计、制造、安装和使用等各环节,实行国家劳动安全监察。

①锅炉及有机载热体炉:两者都是一种能量转换设备。其功能是用燃料燃烧(或其他方式)释放的热能加热给水或有机载热体,以获得规定参数和品质的蒸汽、热水或热油等。锅炉的分类方法较多,按用途可分为工业锅炉、电站锅炉、船舶锅炉、机车锅炉等;按出口工作压力的大小可分为低压锅炉、中压锅炉、高压锅炉、超高压锅炉、亚临界压力锅炉和超临界压力锅炉。

②压力容器:广义上的压力容器就是承受压力的密闭容器,因此广义上的压力容器包括压力锅、各类储罐、压缩机、航天器、核反应罐、锅炉和有机载热体炉等。但为了安全管理上的便利,往往对压力容器的范围加以界定。在《特种设备安全监察条例》(国务院令 549 号)中规定,最高工作压力大于或等于 0.1 MPa,容积大于或等于 25 L,且最高工作压力与容积的乘积不小于 20 MPa · L 的容器为压力容器。因此,狭义的压力容器不仅不包括压力很小、容积很小的容器,也不包括锅炉、有机载热体炉、核工业的一些特殊容器和军事上的一些特殊容器。压力容器的分类方法也很多,按设计压力的大小分为常压容器、低压容器、中压容器、高压容器和超高压容器;根据安全监察的需要分为第一类压力容器、第二类压力容器和第三类压力容器。

③压力管道:是指在生产、生活中使用,用于输送介质,可能引起燃烧、爆炸或中毒等危险性较大的管道。压力管道的分类方法也较多,按设计压力的大小分为真空管道、低压管道、中压管道和高压管道;从安全监察的需要分为工业管道、公用管道和长输管道。

(2)锅炉与压力容器危险、有害因素及其识别

对于锅炉与压力容器,主要从以下几方面对危险、有害因素进行识别:

①锅炉压力容器内具有一定温度的带压工作介质是否失效;

②承压元件是否失效;

③安全保护装置是否失效。

由于安全防护装置失效或(和)承压元件的失效,使锅炉压力容器内的工作介质失控,从而导致事故的发生。

常见的锅炉压力容器失效有泄漏和破裂爆炸。所谓泄漏是指工作介质从承压元件内向外漏出或其他物质由外部进入承压元件内部的现象。如果漏出的物质是易燃、易爆、有毒物质,不仅可以造成热(冷)伤害,还可能引发火灾、爆炸、中毒、腐蚀或环境污染。所谓破裂爆炸是承压元件出现裂缝、开裂或破碎现象。承压元件最常

见的破裂形式有韧性破裂、脆性破裂、疲劳破裂、腐蚀破裂和蠕变破裂等。

6. 登高设备的危险、有害因素识别

此类设备主要有梯子、脚手架、吊笼、升降工作平台、动力工作平台等，其主要的危险、有害因素有：

(1)不安全的作业方法；

(2)支撑地基下沉或支撑物毁坏；

(3)自身材质、结构等方面存在设计缺陷；

(4)承载物体超重；

(5)安装不正确、检查不到位、维护不全面；

(6)使用方法错误而造成设备不稳定；

(7)没有配套的安全保护设施，如周围的防护网；

(8)没有配备安全帽、安全带或安全鞋；

(9)未经批准使用或更改作业设备；

(10)设备故障：运动部件卡住、电动或液压系统失效；

(11)安放方法不正确，使装置不牢固；

(12)设备周围没有设置警示标志，容易发生外来撞击等；

(13)忽视环境影响，强行作业，如在强风情况下操作吊笼。

7. 危险品外包装的危险、有害因素识别

危险品，特别是石油化工行业经常接触的化学危险品的外包装同样存在着许多危险、有害因素：

(1)包装的材质、型式、规格及包装方法是否与所包装的危险品特性相适应；

(2)包装的强度是否合适，防压、防震、防爆性能是否良好；

(3)包装的密封是否良好，是否能有效防止液体危险品泄漏；

(4)包装的材质是否符合储存地点温度、湿度等环境条件的要求；

(5)包装内层是否有内涂层或进行防护处理，能够防止内装物品的腐蚀；

(6)包装是否能承受来自内部挥发性液体产生的内部压力，内部是否留有足够的膨胀空间(预留容积)；

(7)有降压装置的包装，排气孔的设计和包装结构是否能防止内装液体物品泄漏和外界杂质进入，排出的气体是否有毒，是否对人造成危险、对环境造成污染；

(8)内装液体爆炸物品时，包装的封闭是否能有效地防止渗漏；

(9)内装液体爆炸物品时，以钢桶、铝桶、金属桶或以金属做衬里的包装箱的密封是否良好，钢桶或铝桶的封闭装置是否有合适的垫圈；

(10)内装爆炸物品时，包装内部必须衬垫受实，防止在运输过程中发生移动；

(11)内装对外部电磁辐射敏感的爆炸物品时，包装是否具备防止外部电磁辐射的功能。

（五）作业环境的危害辨识

作业环境中的危险、有害因素主要有危险物品、工业噪声与振动、温度与湿度和辐射等。

1. 危险物品的危险、有害因素识别

危险物品的识别应从其理化性质、稳定性、化学反应活性、燃烧及爆炸特性、毒性及健康危害等方面进行分析与识别。

危险物品的物质特性可从危险化学品安全技术说明书中获取。危险化学品安全技术说明书主要由“成分/组成信息、危险性概述、理化特性、毒理学资料、稳定性和反应活性”等16项内容构成。

GB 13690—2009《化学品分类和危险性公示　通则》将危险化学品分为理化危险、健康危险和环境危险三大类。

（1）理化危险：爆炸物、易燃气体、易燃气溶胶、氧化性气体、压力下气体、易燃液体、易燃固体、自反应物质或混合物、自燃液体、自燃固体、自热物质和混合物、遇水放出易燃气体的物质或混合物、氧化性液体、氧化性固体、有机过氧化物、金属腐蚀剂。

（2）健康危险：急性毒性、皮肤腐蚀/刺激、严重眼损伤/眼刺激、呼吸或皮肤过敏、生殖细胞致突变性、致癌性、生殖毒性、特异性靶器官系统毒性——一次接触、特异性靶器官系统毒性——反复接触、吸入危险。

（3）环境危险：主要为危害水生环境。

2. 工业噪声与振动的危险、有害因素识别

噪声能引起职业性噪声聋或引起神经衰弱、心血管疾病及消化系统等疾病的高发，会使操作人员的失误率上升，严重的会导致事故发生。

工业噪声可以分为机械噪声、空气动力性噪声和电磁噪声三类。

噪声危害的识别主要根据已掌握的机械设备或作业场所的噪声确定噪声源、声级和频率。

振动危害有全身振动和局部振动，可导致中枢神经、自主神经功能紊乱、血压升高，也会导致设备、部件的损坏。

振动危害的识别则应先找出产生振动的设备，然后根据国家标准，参照类比资料确定振动的危害程度。

（六）与手工操作有关的危害辨识

在从事手工操作，搬、举、推、拉及运送重物时，有可能导致的伤害有：椎间盘损伤、韧带或筋损伤、肌肉损伤、神经损伤、挫伤、擦伤、割伤等。其危险、有害因素识别如下：

（1）远离身体躯干拿取或操纵重物；

（2）超负荷的推、拉重物；

（3）不良的身体运动或工作姿势，尤其是躯干扭转、弯曲、伸展取东西；

(4)超负荷的负重运动，尤其是举起或搬下重物的距离过长，搬运重物的距离过长；

(5)负荷有突然运动的风险；

(6)手工操作的时间及频率不合理；

(7)没有足够的休息及恢复体力的时间；

(8)工作的节奏及速度安排不合理。

二、危害辨识与风险控制程序

(一)风险管理基本过程(图 3-16)

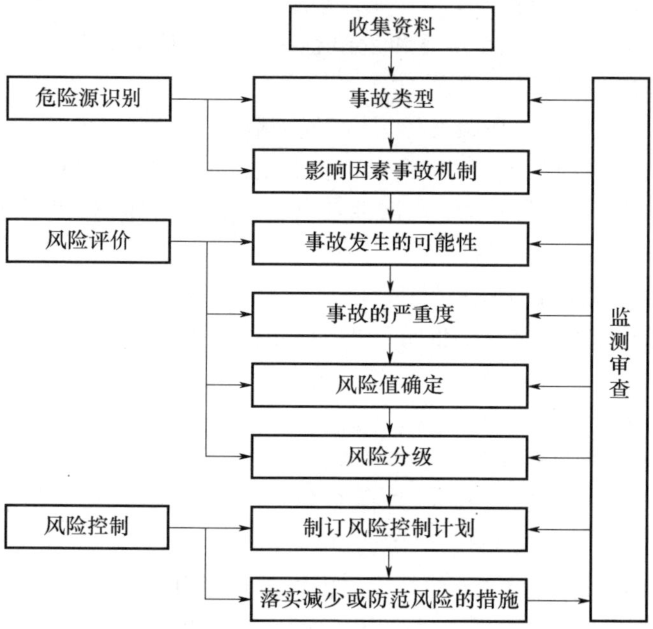

图 3-16 风险管理流程图

(二)开展危险源辨识准备工作

(1)设计危险源辨识、风险评价和风险控制使用的表格；

(2)资料收集(生产涉及的环境、各类人员、设备、物资材料等)；

(3)编制危险源提示表(或危险源调查表)；

(4)确定危险源辨识的范围；

(5)对作业活动进行分类。

(三)危险源辨识

1. 危险源辨识必须做到的“三个覆盖”

(1)常规和非常规的活动(例如临时性的检修、维护等)；

(2)所有进入作业场所人员的活动(例如参观、访问、实习等)；

(3)所有作业场所内的设施(例如临时租赁、临时安装的设备等)。

2. 常用的危险源辨识方法

(1)经验分析法

①对照分析法。对照分析法是指对照有关标准、法规、检查表或依靠分析人员的观察能力,借助于经验和判断能力,直观地对评价对象的危险因素进行分析的方法。其优点是简便、易行,缺点是容易受到分析人员的经验、知识和占有资料局限等方面的限制。安全检查表是在大量实践经验基础上编制的,具有应用范围广、操作性强、形式简单等特点,安全检查表对危险有害因素的辨识具有极为重要的作用。

安全检查表用于辨识危险有害因素,需预先确定各个方面的安全检查内容,依据安全相关法规和标准,参考相应专业知识和经验,检查内容针对工程项目实际,逐项予以回答"是""否"或"有""无",凡不具备的条款均为问题所在。对照 GB/T 13861—2009《生产过程危险和有害因素分类与代码》得出危险有害因素的名称、分类和代码;对照 GB 6441—1986《企业职工伤亡事故分类》和《职业病目录》得出可能发生的事故和职业病。

②类比推断法。类比方法是利用相同或类似工程作业条件的经验以及安全的统计来类比推断评价对象的危险有害因素。它也是实践经验的累积和总结。对那些相同的企业,他们在事故类别、伤害方式、伤害部位、事故概率等方面极其相似,作业环境的监测数据、尘毒浓度等方面也具有相似性,他们遵守相同的规律,这就说明其危险有害因素和导致的后果是完全可以类推的。因此,新建的工程项目可以考虑借鉴现有同类规模和装备水平的同类企业,以此辨识危险和有害因素具有较高的置信度。

③专家评议法。专家评议法实质上集合了专家的经验、知识和分析、推断能力,特别是对同类装置进行类比分析,辨识危险有害因素不失为一种好办法。

(2)系统安全分析法

系统安全分析法常用于复杂系统或没有事故经验的新开发系统,常用的系统安全分析方法有预先危险性分析(PHA)、失效模式和后果分析(FMEA)、材料性质和生产条件分析法。

①预先危险性分析(PHA)

PHA 是在进行某项工程活动(包括设计、施工、生产、维修等)之前,对系统存在的各种危险因素(类别、分布)、出现条件和事故可能造成的后果进行宏观、概略分析的系统安全分析方法。其目的是早期发现系统的潜在危险因素,确定系统的危险性等级,提出相应的防范措施,防止这些危险因素发展成为事故,避免考虑不周所造成的损失。

预先危险性分析是一种应用范围较广(人、机、物、环境等方面的危险因素对系统的影响)的定性分析方法。它是由具有丰富知识和实践经验的工程技术人员、操作人员和安全管理人员经过分析、讨论实施的。

分析步骤：

a. 熟悉对象系统

尽可能确切了解对象系统的生产目的、工艺流程、生产设备、物料、操作条件、辅助设施、环境状况等资料；搜集类似系统、设备和事故统计、分析资料，以弥补早期分析时对象系统资料有限的不足。

b. 分析危险、有害因素和触发事件

从能量转化、有害物质、设备故障、人员失误及外界影响等方面分析系统存在的危险、有害因素。为防止遗漏，可将系统分为若干子系统，逐系统查找、记录。

分析触发事件。触发事件是系统危险、有害因素导致事故、危害发生的条件（实质上也是一种危险、有害因素），是事故、危害发生的直接原因。

c. 推测可能导致的事故类型和危险或危害程度

d. 确定危险、有害因素后果的危险等级

按危险、有害因素导致的事故、危害的危险（危害）程度，将危险、有害因素划分为四个危险等级：

1 级，安全的，可以忽略；

2 级，临界的，处于事故边缘状态，暂时尚小能造成人员伤亡和财产损失，应予排除或采取控制措施；

3 级，危险的，会造成人员伤亡和系统损坏，要立即采取措施；

4 级，破坏性的，会造成灾难性事故，必须立即排除。

e. 制定相应安全措施

按危险、有害因素后果危险等级的轻重缓急，采取相应的对策措施。

②失效模式和后果分析（FMEA）

失效模式和后果分析在风险评价中占重要地位，是一种非常有用的方法，主要用于预防失效。但在试验、测试和使用中又是一种有效的诊断工具。它如果与失效后果严重程度分析（FMECA）联合起来，应用范围更加广泛。

失效模式和后果分析是一种归纳法。对于一个系统内部每个部件的每一种可能的失效模式或不正常运行模式都要进行详细分析，并推断它对整个系统的影响、可能产生的后果以及如何才能避免或减少损失。其分析步骤大致如下：

a. 确定分析对象系统；

b. 分析元素失效类型和产生原因；

c. 研究失效类型的后果；

d. 填写失效模式和后果分析表格；

e. 风险定量评价。

这种分析方法的特点是从元件的故障开始逐次分析其原因、影响及应采取的对策措施。FMEA 可用在整个系统的任何一级（从航天飞机到设备的零部件），常用于分析某些复杂的关键设备。

③材料性质和生产条件分析法

了解生产或使用的材料性质是危害辨识的基础。危害辨识中常用的材料性质有毒性、生物退化性、气味阈值、物理性质、化学性质、稳定性、燃烧及爆炸特性等。初始危害辨识可通过简单比较材料性质来进行，如对火灾，只要辨识出易燃和可燃材料，就可将它们划分为各类火灾危害进行评价。生产条件也会产生危险，或使生产过程中材料的危险性加剧，例如，水就其性质来说没有爆炸危险，然而，如果生产工艺的温度和压力超过了沸点，则存在蒸汽爆炸的危险。此外，分析生产条件也可使有些危险材料免于进一步分析和评价，例如，某材料的闪点高于 400 ℃，而生产在室温和常压下进行，这就可以排除材料引发重大火灾的可能性。在危险辨识时既要考虑正常生产过程，也要考虑生产不正常的情况，既要考虑现时的情况，还要考虑过去和将来出现或可能出现的情况。

（四）安全评价

安全评价是以实现安全为目的，应用安全系统工程原理和方法，辨识与分析工程、系统、生产经营活动中的危险、有害因素，预测发生事故造成职业危害的可能性及其严重程度，提出科学、合理、可行的安全对策措施建议，做出评价结论。

安全评价过程包括危险、有害因素辨识及危险和危害程度评价两部分。如图 3-17所示。

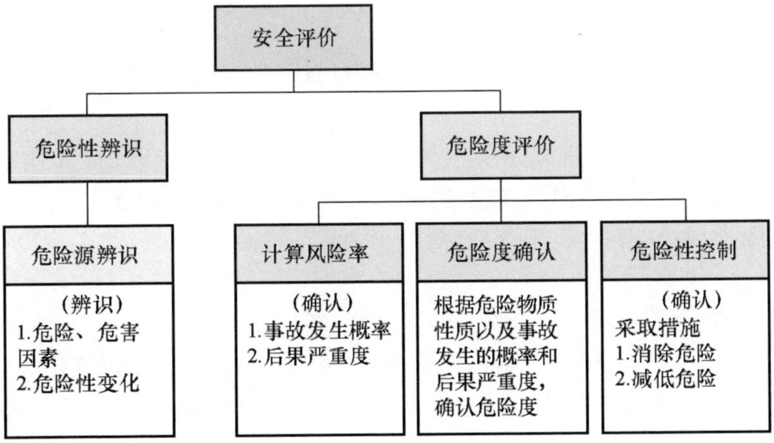

图 3-17 安全评价过程

风险评价是安全管理和决策科学化的基础，是依靠现代科学技术预防事故的具体体现，选择评价方法的要点如下：

（1）考虑方法的应用是否具有合理性；

（2）考虑行业的生产工艺特点；

（3）考虑本企业员工的综合素质状况；

(4)考虑本企业的资源状况;

(5)适合行业的特点,简单可行。

(五)安全对策措施的制定

安全对策措施是要求设计单位、生产单位、经营单位在建设项目设计、生产经营、管理中采取的消除或减弱危险、有害因素的技术措施和管理措施,是预防事故和保障整个生产、经营过程安全的对策措施。

1. 安全对策措施的基本要求

在考虑、提出安全对策措施时,有如下基本要求:

(1)能消除或减弱生产过程中产生的危险、危害;

(2)处置危险和有害物,并降低到国家规定的限值内;

(3)预防生产装置失灵和操作失误产生的危险、危害;

(4)能有效地预防重大事故和职业危害的发生;

(5)发生意外事故时,能为遇险人员提供自救和互救条件。

2. 制定安全对策措施应遵循的原则

在制定安全对策措施时,应遵守如下原则。

(1)安全技术措施等级顺序

当劳动安全技术措施(简称安全技术措施)与经济效益发生矛盾时,应优先考虑安全技术措施上的要求,并按下列等级顺序选择安全技术措施:

①直接安全技术措施

生产设备本身应具有本质安全性能,不出现任何事故和危害。

②间接安全技术措施

若不能或不完全能实现直接安全技术措施时,必须为生产设备设计出一种或多种安全防护装置(不得留给用户去承担),最大限度地预防、控制事故或危害的发生。

例如:施工现场“有洞必有盖,有台必有栏,有轮必有罩,有轴必有套,有轧点必有挡板”。

③指示性安全技术措施

当间接安全技术措施无法实现或实施时,须采用检测报警装置(图 3-18)、警示标志等措施(图 3-19),警告、提醒作业人员注意,以便采取相应的对策措施或紧急撤离危险场所。

若间接、指示性安全技术措施仍然不能避免事故、危害发生,则应采用安全操作规程、安全教育、培训和个体防护用品(图 3-20)等措施来预防、减弱系统的危险、危害程度。

(2)根据安全技术措施等级顺序的要求应遵循的具体原则

①消除。通过合理的设计和科学的管理,尽可能从根本上消除危险、有害因素,如采用无害化工艺技术,生产中以无害物质代替有害物质、实现自动化作业、遥控技术等。

②预防。当消除危险、有害因素有困难时，可采取预防性技术措施，预防危险、危害的发生，如使用安全阀、安全屏护、行程限位器（图 3-21）、漏电保护装置、安全电压、熔断器、防爆膜、事故排放装置等。

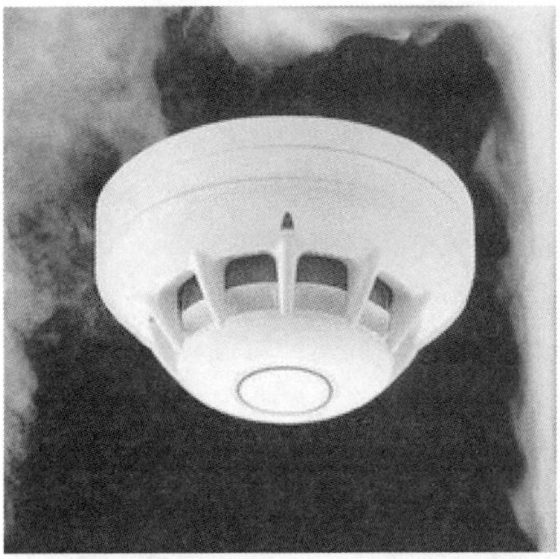

图 3-18　烟雾探测报警器

图 3-19　安全指示牌

图 3-20　个体安全防护

图 3-21　行程限位器

（防止起重机发生撞车或限制在一定范围内行驶的保险装置）

③减弱。在无法消除危险、有害因素和难以预防的情况下，可采取减少危险、危害的措施，如局部通风排毒装置、生产中以低毒性物质代替高毒性物质、降温措施、避雷装置、消除静电装置、减振装置、消声装置等。

④隔离。在无法消除、预防、减弱危险、有害因素的情况下，应将人员与危险有害因素隔开和将不能共存的物质分开，如遥控作业、安全罩、防护屏、防火门（图 3-22）、隔离操作室、安全距离、事故发生时的自救装置（如防护服、各类防毒面具）等。防火门可以确保在逃生时间内，保护逃生的人免受火灾的威胁，包括阻隔浓

烟及热力。

⑤连锁。当操作者失误或设备运行一旦达到危险状态时，应通过连锁装置终止危险、危害发生。如加油站的加油枪(图 3-23)，接触油面自动跳停。

图 3-22　防火门

图 3-23　加油站油枪

⑥警告。在易发生故障和危险性较大的地方，配置醒目的安全色、安全标志，必要时设置声、光或声光组合报警装置(图 3-24)。

图 3-24　防爆警报器(声光报警装置)

(3)安全对策措施应具有针对性、可操作性和经济合理性

针对性是指针对不同行业的特点和评价中提出的主要危险、有害因素及其后果，提出对策措施。

由于危险、有害因素及其后果具有隐蔽性、随机性、交叉影响性，对策措施不仅要针对某项危险、有害因素孤立地采取措施，而且应以系统全面地达到国家安全指标为目的，采取优化组合的综合措施。

提出的对策措施是设计单位、建设单位、生产经营单位进行安全设计、生产、管理的重要依据，因而对策措施应在经济、技术、时间上是可行的，能够落实和实施的。

此外，要尽可能指明对策措施所依据的法规、标准，明确具体的对策措施，以便于应用和操作，如不宜笼统地将“按某某标准有关规定执行”作为对策措施提出。

经济合理性是指不应超越国家及建设项目生产经营单位的经济、技术水平，按过高的安全指标提出安全对策措施。即在采用先进技术的基础上，考虑到进一步发展的需要，以安全法规、标准和指标为依据，结合评价对象的经济、技术状况，使安全技术装备水平与工艺装备水平相适应，求得经济、技术、安全的合理统一。

(4)对策措施应符合有关的国家标准和行业安全设计规定的要求

在评价中，应严格按有关设计规定的要求提出安全对策措施。

三、风险辨识与风险控制管理

1. 系统化 HSE 风险管理体系是风险管理的基础

HSE 管理体系的危害辨识、风险评价和风险控制来源于风险管理的思想。风险管理是研究风险发生规律和风险控制技术的一门新兴管理学科，通过危害辨识、风险评价，并在此基础上优化组合各种风险管理技术，对风险实施有效的控制和妥善处理风险所致损失的后果，期望达到以最少的成本获得最大安全保障的目标。

也就是说，风险管理的实质是以最经济合理的方式，消除风险导致的各种灾害后果，它包括危害辨识、风险评价、风险控制等一整套系统而科学的管理方法，即运用系统论的观点和方法研究风险与环境之间的关系，运用安全系统工程的理论和分析方法去辨识危害、评价风险，然后根据成本效益分析，针对用人单位所存在的风险做出客观而科学的决策，以确定处理风险的最佳方案。

HSE 管理体系运行的主线是风险控制，而基础是危害辨识和风险评价，如图 3-25所示。

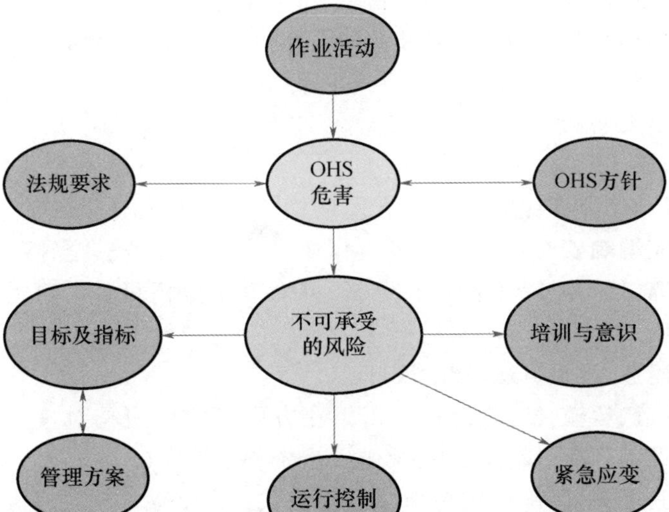

图 3-25　风险与 HSE 管理体系的要求

为了控制风险，首先要对组织所有作业活动中存在的危害加以识别，然后评价每种危害的危险程度，依据法规要求和组织OHS方针确定不可承受的风险，而后针对不可承受的风险予以控制：制定目标和管理方案；落实运行控制；准备紧急应变；加强培训，提高OHS意识；通过监控机制发现问题并予以纠正。

2. 前期预防是风险管理的关键

安全评价也称危险度评价或风险评价。安全评价以实现系统安全为目的，应用安全系统工程的原理和方法，对系统中存在的危险因素、有害因素进行辨识与分析，判断系统发生事故和职业危害的可能性及其严重程度，从而为制定防范措施和管理决策提供科学依据。进行安全评价是促进企业安全生产的必要条件之一。通过安全评价能够使企业有效地减少事故和职业危害，系统地进行安全管理，用最少投资达到最佳安全效果，迅速提高安全技术人员的业务水平，促进各项安全标准的制定和可靠数据的积累。海洋石油行业较早引入了该项技术，并在海洋石油勘探开发上得到了广泛的应用。

1988年7月6日，某国的海洋平台爆炸事故发生后，该国政府组成了事故调查组，在调查报告中提出了106条建议，这些建议大多被政府采纳。其中之一是：每座海上设施要向政府提交安全状况报告，报告中作业者必须证明其海上设施在"全部生产周期"内安全地从事各项活动。

我国海洋石油勘探开发作业借鉴了这一做法，按照海油安办要求，现已形成了以安全评价为基础的勘探开发HSE风险控制机制。这就是作业者负责、第三方把关、政府监管的风险管理模式。

(1)总体开发方案编制阶段

在海上油气田总体开发方案编制阶段，作业者应编写安全分析报告。安全分析报告的编写采用项目类比方法与初步风险分析方法(PHA)，对拟建项目进行安全条件论证和安全评价，报告中应列出重大危险源并对风险程度进行评价，评价报告必须报海油安办审查、备案。

(2)设计阶段

在设计阶段，作业者应委托第三方发证检验机构对安全设施的设计进行审查，同时作业者还应编制安全篇。安全篇由作业者或委托专业安全评价机构采用危险与可操作性研究(HAZOP)方法进行分析，并对安全分析报告中重大危险源及其控制措施列表说明。

(3)施工、建造、运输、试运转阶段

在施工、建造、运输、试运转阶段，由第三方发证检验机构对这一阶段中的每一环节，如材料、设备厂家、操作工序、操作人员资格(如焊工)、施工质量、建造质量等进行严格的检验把关，以确保建造质量和设备的质量；第三方发证检验机构还应对设计图纸进行审查，对施工建造的质量及安全设施控制效果进行把关，对检验合格的生产设施颁发"油气生产设施发证检验证书"。

(4)正式投产前

在正式投产前，作业者在取得发证检验机构颁发的“油气生产设施发证检验证书”基础上，安全办公室对作业者管理体系、应急方案进行综合审查，审查合格后颁发安全许可证书。

(5)生产阶段

在生产过程中，作业者应聘请第三方发证检验机构对设施进行作业过程检验并重新获得“油气生产设施发证检验证书”，接受安全办公室换发安全许可证审查。

3. 建立以安全评价为基础的作业审批制度

事故隐患是导致事故发生的物的不安全状态、人的不安全行为及工作环境或管理上的缺陷。“隐患”是潜藏或不易发现的危险，是事故的温床和潜在因素。但是，隐患不一定就会导致事故，根据海因里希理论，发生事故造成重伤、轻伤、无伤害的比例为 1 ∶ 29 ∶ 300，如图 3-26 所示。

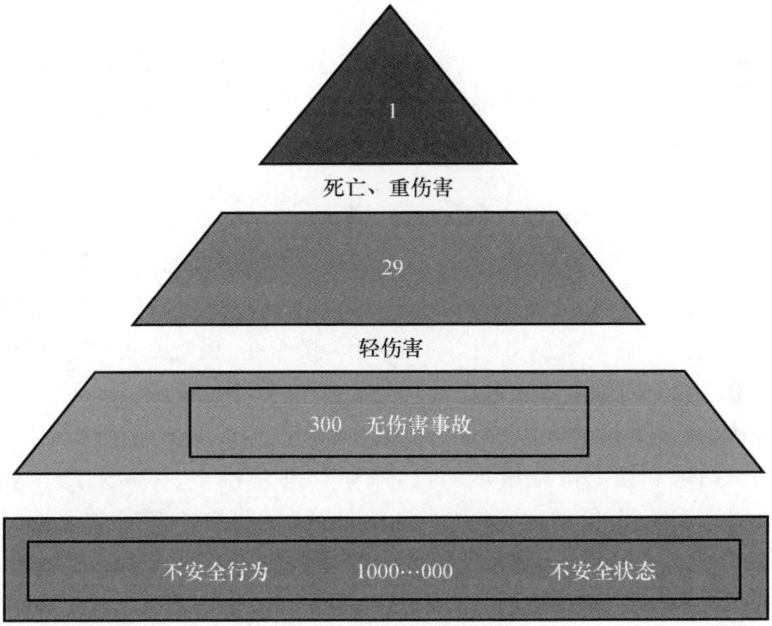

图 3-26　海因里希事故图

偶然事故不能作为判断系统是否危险的标准，降低风险应从控制隐患入手。没有被辨识的危险因素也是隐患。没有被辨识是因为知识或经验的局限，但是隐患并没有因为没有被辨识而不导致事故的发生。安全管理工作的重点就是控制隐患。简单地说就是，风险是不可避免的，事故是可以避免的。

海洋石油历史经验告诉我们，大多数事故是发生在海上作业过程中的，而发生事故的原因往往是某一环节疏漏。例如，发生在某国石油天然气平台的爆炸事故，原因非常简单，当晚两台凝析油注入泵中的一台发生故障，夜班人员试图启动另一台停用待修泵，但他们不知道那台泵的泄压安全阀已经拆掉，在该位置仅装了一个盲板法兰，且没有上紧。结果凝析油从此处泄漏，并造成天然气积聚遇明火爆炸。2010 年 3 月 15 日 00 时 22 分(当地时间)，某国石油公司海上半潜式采油平台发生爆炸，事故主要原因是：安装在右舷尾部立柱第 4 层甲板处的应急排放罐的排放泵被拆除维修，为安全起见，维修人员将该排放罐放空阀关闭，关闭由工艺流程进入该罐的阀门，就是因为这个阀门没有完全关死，油气进入应急罐，造成应急罐超压爆炸。爆炸破坏了邻近消防管线，大量海水进入柱内，最终导致平台翻沉。

如何控制维修作业风险？实践证明，海上维修作业前的安全评价制度是一种有效、可行的方法。作业前要充分识别与作业有关的所有隐患，制定控制措施，判断其是否处于可接受水平是作业过程中风险管理措施之一；更重要的是，作业者要根据作业风险大小建立作业审批制度。经不断探讨，海洋石油作业已经建立以安全评价为基础的作业风险控制制度，其做法如下。

(1)判定维修作业风险等级

在开始作业前根据维修作业复杂程度，初步判断其风险等级，为下一步确定安全评价组织方式及审批控制打下基础。

(2)组织实施评价

根据作业复杂程度和初步确定的风险程度确定评价小组。重大维修项目，如拖航、吊装等重大海上施工作业，高温高压井作业，边采边钻联合作业，危险性高的重大维修、改造项目，并购或租赁大型设施等，由公司级主管部门成立评价小组，组织实施评价；一级动火、进入限制空间等一般性维修作业，由现场平台经理或项目经理组织成立评价小组，并组织实施评价。

(3)严格审查

建立评价结果和控制措施审核制度，维修作业规模小、风险低的作业由平台经理或项目负责人审查批准；重大海上维修项目、钻完井作业等安全评价结果及控制措施应得到上级公司认可，审批等级随着风险等级的升高而升高。

危害识别与风险评估管理流程图如图 3-27 所示。

示 例

海油工程建造事业部天津建造公司结构作业部一队组装二班(图 3-28)，在 15000 多个安全工时里，实现了“质量安全零事故”的 QHSE 管理目标，这是全体班组成员本着“始于现场、终于现场”的理念，始终把 QHSE 工作放在首位，把功夫下在一线，不放过任何一个小隐患、小违章实现的。为持续提高班组成员 QHSE 管理理念，班组创新开展岗位 QHSE 达标大比拼，不仅提高了班组成员的质量安全素质，更出色地保障了在建项目的安全生产。

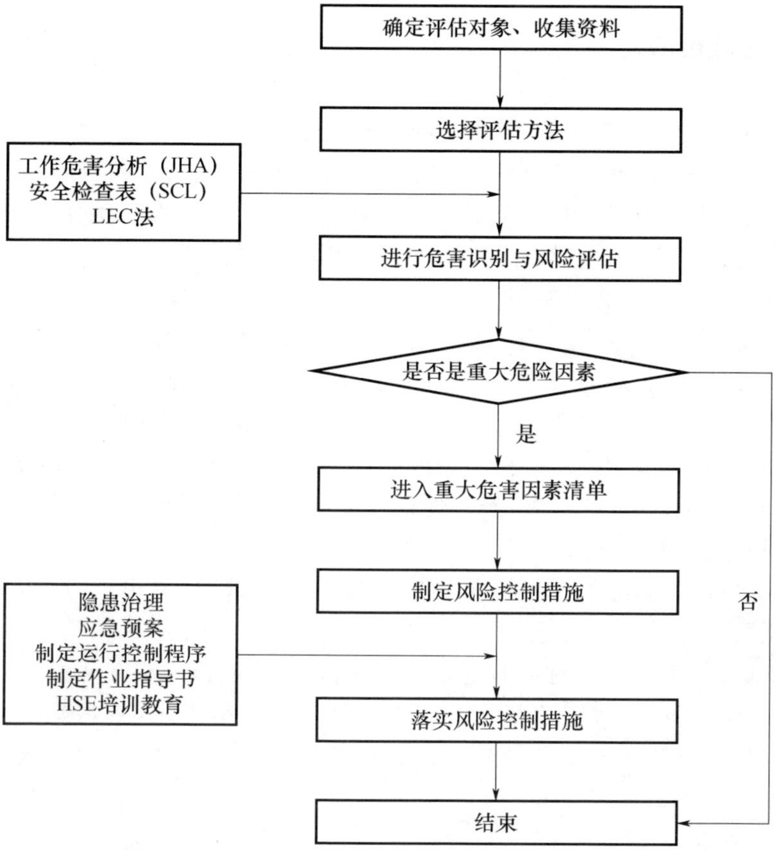

图 3-27　危害识别与风险评估管理流程图

图 3-28　天津建造公司结构作业部一队组装二班

讲题 3 培训和演习

有了应急预案并不能使个人、企业和政府主管部门有效地对实际发生的事故做出响应。经验表明,如果应急响应人员不能充分理解每项职责和步骤,在对事故进行应急救援时,就会出现严重的问题。为了执行应急行动预案,政府应急官员和相关支持单位还必须就预案的整个理念、他们在其中的职责以及执行程序进行培训,确保帮助事故应急救援的有关部门和应急人员充分理解预案。不进行培训与训练,就好似只发给执法人员枪支,而不教给他们如何装子弹、瞄准和击发一样。这件武器不仅没用,甚至可能发生危险。同样,一个具有事故应急预案,而不理解和不明白如何执行的个人、企业和政府,在事故应急救援中就不能达到预期目标。

为提高救援人员的技术水平与救援队伍的整体能力,以便在事故的救援行动中,达到快速、有序、有效的效果,经常性地开展应急救援培训、训练或演习应成为救援队伍一项重要的日常性工作。

应急救援培训、训练与演习的指导思想应以加强基础、突出重点、边练边战、逐步提高为原则。

应急培训、训练与演习的基本任务是,锻炼和提高队伍在突发事故情况下,快速抢险堵源,及时营救伤员,正确指导和帮助群众防护或撤离,有效消除危害后果,开展现场急救和伤员转送等应急救援技能和应急反应综合素质,有效降低事故危害,减少事故损失。

一、应急培训

(一)应急培训计划

应急预案是行动指南,应急培训是应急救援行动成功的前提和保证。通过培训,可以发现应急预案的不足和缺陷,并在实践中加以补充和改进;通过培训,可以使事故涉及的人员包括应急队员、事故当事人等都能了解一旦发生事故,他们应该做什么、能够做什么、如何去做以及如何协调各应急部门人员的工作等。应急培训计划的制订步骤如图 3-29 所示。

(二)应急培训的基本内容

基本应急培训是指对参与应急行动所有相关人员进行的最低程度的应急培训,要求应急人员了解和掌握如何识别危险、如何采取必要的应急措施、如何启动紧急警报系统、如何安全疏散人群等基本操作,尤其是火灾应急培训以及危险物质事故应急培训,因为火灾和危险品事故是常见的事故类型。因此,培训中要加强与灭火操作有关的训练,强调危险物质事故的不同应急水平和注意事项等内容。

1. 报警

(1)使应急人员了解并掌握如何利用身边的工具最快、最有效地报警,比如使用移动电话(手机)、固定电话、无线电、网络或其他方式报警。

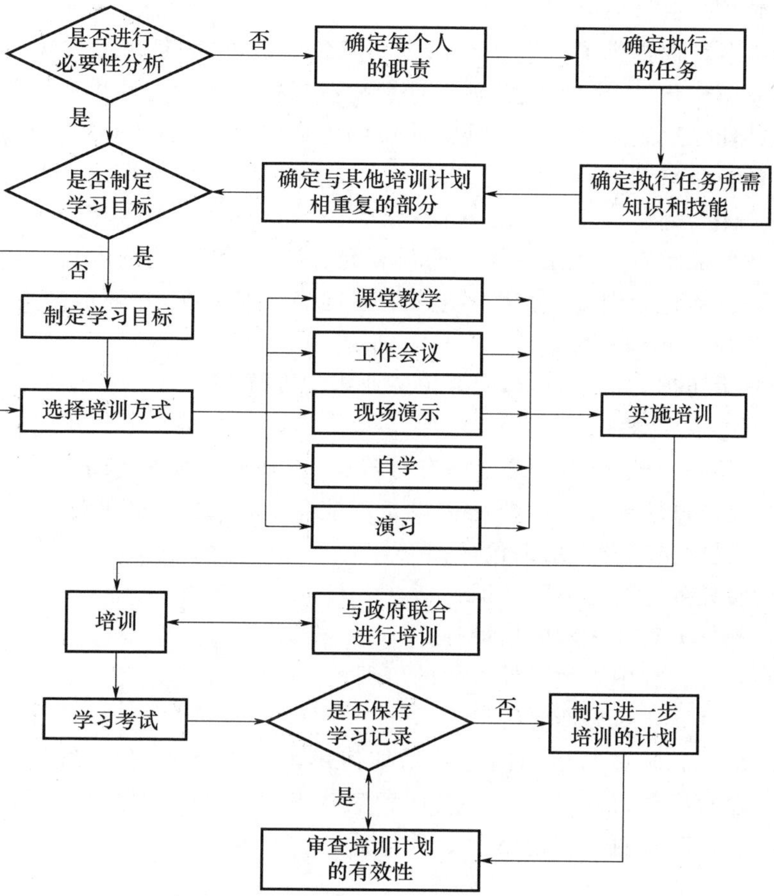

图 3-29 培训计划的制订

(2)使应急人员熟悉发布紧急情况通告的方法,如使用警笛、警钟、电话或广播等。

(3)当事故发生后,为及时疏散事故现场的所有人员,应急队员应掌握如何在现场贴发警示标志。

2. 疏散

为避免事故中不必要的人员伤亡,应培训足够的应急队员在事故现场安全、有序地疏散被困人员或周围人员。对人员疏散的培训主要在应急演习中进行,通过演习还可以测试应急人员的疏散能力。

3. 不同水平应急者培训

针对危险品事故应急,应明确不同层次应急队员的培训要求。通过培训,使应急者掌握必要的知识和技能,以识别危险、评价事故危险性、采取正确措施,以降低事故对人员、财产、环境的危害等。

（三）特殊应急培训

基本应急培训提供了一般事故伤害的应急培训，但一旦事故发生，应急队员就很有可能暴露于化学、物理伤害、放射性和病菌感染等各种特殊事故危险中，仅掌握一般应急技能是远远不足以保护应急队员的生命安全的，因此必须对他们进行特殊事故危害的应急培训。

1. 接触化学品

任何化学品都有一个在空气中的最高允许浓度，高于此浓度，接触者需使用呼吸防护设备。通过培训，应急队员应该了解这些浓度标准，并知道如何使用监测设备和呼吸防护设备。

对于呼吸防护的培训要求，应该由专业机构进行。

2. 受限空间营救

受限空间是指缺少氧气或充满有毒气体、有爆炸危险的浓缩气体等的狭小空间，通常只有经过培训并有必要防护设备的应急人员，才被允许进入受限空间进行营救工作。受限空间营救培训包括：

(1)营救任务分配之前的培训；

(2)营救任务改变之前的培训；

(3)在营救过程中发生意外事故的培训；

(4)营救程序发生偏离时的培训。

一般，对应急队员的培训内容包括如何辨识受限空间、有害气体、物理化学危险，熟悉应急程序和行动计划等。受训者应该先学习必要的营救技术，并每年进行一次模拟营救演习，对受训合格者应颁发证书。

3. 消防培训

为了保障生命和财产安全，加强各种设施人员应对火灾的能力，消防培训是十分重要的。消防培训内容包括：

(1)消防设备的使用和维护的培训；

(2)消防设施系统的培训。

参加消防培训人员应掌握消防设备设施的使用方法，加强紧急情况迅速反应的能力，并掌握相应的救援知识。

4. 硫化氢培训

硫化氢是剧毒并有致命危险的气体，特性与氰化物差不多。石油和天然气工业部门应该知道它的危害性和作业安全防护和措施。硫化氢培训包括：

(1)硫化氢的特性和人身防护的培训；

(2)含硫油气田钻采作业中的若干安全问题的培训；

(3)含硫油气设备的腐蚀与防腐的培训。

对于工作在可能暴露于硫化氢环境中的人员来说，安全培训是一个连续计划，使作业人员了解工作中潜在的危险、如何在密闭装置中工作、掌握相关的应急程序和救援方法。

5. 井控培训

井喷是危及海洋石油作业安全最严重、损失最大的事故，作业人员应该充分认识到作业过程中的风险和安全控制措施。井控培训包括：

(1)井喷的危害和预控措施；

(2)海洋石油作业井控装置和特性。

在钻井过程中，钻井监督、平台经理等高岗位人员是实施井控技术的关键，应该接受井控培训，以了解井控安全技术措施。

二、应急救援训练与演习

(一)应急救援训练与演习的目的

应急救援训练与演习是检测培训效果、测试设备和保证所制定的应急预案和程序有效性的最佳方法。它们的主要目的在于测试应急管理系统的充分性和保证所有反应要素都能全面应对任何应急情况。因此，应该以多种形式开展有规则的应急训练与演习，使应急队员能进入“实战”状态，熟悉各类应急操作和整个应急行动的程序，明确自身的职责等。

应急救援演习是为了提高救援队伍间的协同救援水平和实战能力，检验应急救援综合能力和运作情况，以便发现问题，及时改正，提高应急救援的实战水平。

事故是小概率事件，因此应急救援预案似乎从来没有实施过，于是演习便是应急管理人员检验和评估应急救援的主要方式，以便确定他们在实际紧急事件中是否可以运行。

训练和演习将尽可能地模拟实际紧急状况，因此它们是实现以下目标的最好方法：

(1)在事故发生前暴露预案和程序的缺点；

(2)辨识出缺乏的资源(包括人力和设备)；

(3)改善各种反应人员、部门和机构之间的协调水平；

(4)在企业应急管理的能力方面获得大众认可和信心；

(5)增强应急反应人员的熟练性和信心；

(6)明确每个人各自的岗位和职责；

(7)努力增加企业应急预案与政府、社区应急预案之间的合作与协调；

(8)提高整体应急反应能力。

(二)训练和演习类型

1. 训练

应急训练的基本内容主要包括基础训练、专业训练、战术训练和自选科目训练四类。

(1)基础训练。基础训练是应急队伍的基本训练内容之一，是确保完成各种应急救援任务的前提基础。基础训练主要是指队列训练、体能训练、防护装备和通信设备的使用训练等内容。训练的目的是应急人员具备良好的战斗意志和作风、熟练掌握个人防护装备的穿戴、通信设备的使用等。

(2)专业训练。专业技术关系到应急队伍的实战水平，是顺利执行应急救援任务的关键，也是训练的重要内容。主要包括专业常识、堵源技术、抢运和清消，以及现场急救等技术。通过训练，救援队伍应具备一定的救援专业技术，有效地发挥救援作用。

(3)战术训练。战术训练是救援队伍综合训练的重要内容和各项专业技术的综合运用、提高救援队伍实践能力的必要措施。通过训练，使各级指挥员和救援人员具备良好的组织指挥能力和实际应变能力。

(4)自选课目训练。自选课目训练可根据各自的实际情况，选择开展如防化、气象、侦检技术、综合演练等项目的训练，进一步提高救援队伍的救援水平。

在开展训练课目时，专职性救援队伍应以社会性救援需要为目标确定训练课目；而单位的兼职救援队应以本单位救援需要，兼顾社会救援的需要确定训练课目。

救援队伍的训练可采取自训与互训相结合、岗位训练与脱产训练相结合、分散训练与集中训练相结合的方法。在时间安排上应有明确的要求和规定。为保证训练效果，在训练前应制订训练计划，训练中应组织考核、验收和评比。

2. 演习

不论什么性质的演习，都可以分为全面演习、组合演习和单项演习。演习既可在室外也可在室内进行。演习既可由机关单独进行，以指挥、通信联络为主要内容，也可由机关带部分应急救援专业队伍进行演练。

(1)单项演习。这是为了熟练掌握应急操作或完成某种特定任务所需的技能而进行的演习。这种单项演习或演练是在完成对基本知识的学习以后才进行的，根据不同事故应急的特点，单项演习的大体内容有：

①通信联络、通知、报告程序演练；

②人员集中清点、装备及物资器材到位(装车)演练；

③化学监测动作演练：固定监测网络中各点之间的配合，快速出动实施机动监测，食物、饮用水的样品收集与分析，危害趋势分析等；

④化学侦察动作演练：对事故发生区边界确认行动，对危害区边界变化情况时判定行动，对滞留区地点及危害程度侦察等；

⑤防护行动演练：指导公众隐蔽与撤离，通道封锁与交通管制，发放药物与自救互救练习，食物与饮用水控制，疏散人员接待中心的建立，特殊人群的行动安排，保卫重要目标与街道巡逻的演练等；

⑥医疗救护行动演练；

⑦消毒去污行动演练；

⑧消防行动演练；

⑨公众信息传播演练；

⑩其他有关行动演练。

(2)组合演习。这是一种为了发展或检查应急组织之间及其与外部组织(如保障组织)之间的相互协调性而进行的演习。由于部分演习主要是为了协调应急行动中各有关组织之间的相互协调性,所以演习可涉及各种组织,如化学监测、侦察与消毒去污之间的衔接;发放药物与公众撤离的联系;各机动侦察组之间的任务分工及协同方法的实际检验;扑灭火灾、消除堵塞、堵漏、闭阀等动作的相互配合练习等。通过带有组合性的部分联系,可以达到交流信息,加强各应急救援组织之间的配合协调。

(3)全面演习或称综合演习。这是应急预案内规定的所有任务单位或其中绝大多数单位参加的为全面检查执行预案可能性而进行的演习。主要目的是验证各应急救援组织的执行任务能力,检查他们之间的相互协调能力,检验各类组织能否充分利用现有人力、物力来减小事故后果的严重度及确保公众的安全与健康。这种演习可展示应急准备及行动的各方面情况。因此,演习设计要求能全面检查各个组织及各个关键岗位上的个人表现。通过演习,应该能发现应急预案的可靠与可行度,能发现预案中存在的主要问题,能提供改善预案的决策性措施。全面演习要考虑公众的有关问题,尤其要顾及危险源区附近公众的情绪,使公众能够正确评价危害的性质,从而使推荐的防护措施能得到公众的确认。公众信息传播部门应借助全面演习的机会,向有关公众宣传演习的目的,以及当真实事故发生时,应该采取的措施。必要时可组织公众中骨干力量参观,甚至参加演习。当然全面演习应在单项和组合演习进行后实施,并应有周密的演习计划,严密的演习组织领导,充分的准备时间。

(三)训练准备与计划

良好的准备是成功的关键。如前所述,虽然各种类型训练的计划准备程度及训练时间变化很大,但是训练准备都包括以下基本内容。

1. 确定目的(即必要性分析)

2. 辨识现有资源以及进行训练的能力(即资源分析)

为方便必要性分析,可列出训练项目,确定是否需要进行这些项目的训练,可见以下参考因素。

(1)最新性:训练项目是否最近实施过;

(2)修订:项目内容是否变更;

(3)人员变动:负责实施项目的关键人员是否变化;

(4)企业或危险变更:企业、生产操作或危险是否发生变化,能否影响应急反应能力;

(5)最后实施或训练日期:在一项训练或实际应急中最近实施项目的日期。

(四)演习的组织与准备

应急演习是一种综合性的训练,演习应该在培训和训练后进行。演习是在模拟事故的条件下实施的,是更加逼近实际训练和检验训练效果的手段。事故应急演习也是检查应急准备周密程度的重要方法,是评价应急预案准确性的关键措施,演习的过程，也是参演和参观人员学习和提高的过程。

1. 阐明演习的文件

一个演习是否能成功，部分取决于参加者是否理解这个演习。应急管理人员通过向参加者提供一份阐明演习目的、内容和做法的文件，保证帮助参加者理解这次演习。下述提纲可以作为应急管理人员组织编写演习文件的范例，但不同情况应根据具体的要求和演习的种类及范围对这个提纲进行修订。

(1)序言

(2)演习目的

(3)演习科目

(4)演习日程表

(5)演习的组织：参加者名单、指挥者、组成、作用、职责、观察员

(6)演习内容

①预警和警报；

②决策；

③指挥和控制；

④疏散：启用避难所、交通管制、应急救援运输、医疗机构、特殊需求的居民。

(7)演习事项表

(8)准备演习通告

(9)培训

(10)特别指令

(11)述评

2. 对演习的述评

对演习的述评由指挥者准备，他们有责任确保演习达到预定计划并完成任务。指挥者们要密切观察演习，做出标记以便随后进行述评。在正常情况下，每位指挥者评估计划的某一部分(是他们特别了解的部分)。而在一些小的企业或社区，则可以由一位指挥者观察所有的演习。指挥者除了是应急管理人员外，一般来自参加演习单位以外的部门。

三、评估

评估的主要目的是：辨识应急预案和程序中的缺陷；辨识出培训和人员需要；确定设备和资源的充分性；确定培训、训练、演习是否达到预期目标。

确定评估什么的第一步是审查培训、训练演习的专项目标。评估每项目标的标准应该在培训、训练、演习计划制订过程中考虑。如果它不能测定或评估，就不应考虑作为目标。

1. 训练和演习的评估

训练和演习的评估可分为三个阶段：①评估人审查；②参加者汇报；③训练和演习的改正。

评估者和上级主管人员在一定位置观察和记录参加者的反应，通过观察参加者在训练和演习中的行动与预期行动进行比较。

训练和演习改正：这项评估的不同在于它的目的不是评估应急预案和应急行动，而是要评估训练或演习管理本身。训练或演习改正单应该在训练或演习完成之后立刻发给所有参加人员并配有说明。

2. 评估报告

评估报告是提出纠正措施和纠正行动的重要依据，应该由训练或演习的指挥者准备。

评估报告应经所有参加训练或演习的部门及人员充分讨论后形成，并交企业领导或上级主管机构。评估报告应包括：

(1)训练或演习总结，包括目的、目标和场景的评论；

(2)对重大偏差/缺陷的总结；

(3)建议和纠正措施；

(4)完成这些纠正措施的日程安排。

应急管理者负责检测纠正措施进展，完善应急预案和程序，改进未来的训练和演习。一旦完成所有纠正措施，应向上级应急组织负责人报告。

3. 应急演习应注意的事项

(1)可设立专门的小组来负责训练和演习的设计、监督和评价；

(2)负责人应拥有完整的训练和演习记录，作为评价和制订下一步计划的参考资料；

(3)可邀请非受训部门应急人员参加，为训练、演习过程和结果的评价提供参考意见；

(4)应尽量避免训练和演习给生产与社会生活造成干扰。

示　例

海油发展起重三班为了增强员工的忧患意识演练，进行模拟火灾事故，通过演练检验了各级应急预案的实用性和可操作性，并提高了人员处置事故能力(图 3-30)。

图 3-30　海油发展起重三班模拟演练

讲题 4 职业卫生健康

一、职业卫生历史及现状

职业卫生学科的形成与发展，是人类生存、社会发展和美好生活追求的需要和必然，其经过了很长的历史时期。随着工业化的发展，欧洲从 16 世纪开始，就有关于职业病的报道。而具有标志性意义的工作是 1700 年意大利的拉马兹尼(Ramazzini，1633—1714)出版的《论手工业者疾病》一书，该书回顾了中世纪多种行业中存在的职业危害问题，成为职业医学的经典著作，因此拉马兹尼被誉为职业医学之父。

18 世纪英国蒸汽机的应用引发的第一次工业革命和 19 世纪德国电力的广泛使用引发的第二次工业革命，加速了工业化的发展，如大规模的采矿和冶炼、机械制造、化工合成等。但当时因劳动条件简陋，导致职业病和传染病流行，严重制约了行业的发展。工业化国家于 19 世纪末开始重视职业性危害，主要依靠科学技术的进步，改善劳动条件，防治职业危害。

在 20 世纪，随着欧美国家工业的迅速发展，合成了许多化合物，出现了多种急、慢性化学中毒和职业肿瘤等问题。从事职业医学的美国医生汉密尔顿(Hamilton)于 1925 年出版了《美国的工业中毒》，主要描述了有关铅中毒、表盘上涂擂工患癌症等的研究。随着以原子能、高分子化合物和计算机为标志的第三次工业革命的到来，又出现了新的职业卫生问题。随着工业现代化的加速和自然科学的快速发展，一些发达国家的职业卫生水平在 20 世纪后期得到了显著提高，从立法角度严格限制有害物质和有害工艺，使严重的职业病得到有效控制，同时职业卫生与职业医学学科也得到迅速发展。但是，由于发展中国家相关立法滞后和经济落后，出现了许多职业危害从发达国家向发展中国家的转嫁。

其实，我国对职业有害因素与健康危害的认识要比欧美早得多，早在公元 10 世纪，孔平仲在所著的《谈苑》中写到“贾谷山采石人，石末伤肺，肺焦多死”，不仅指出采石职业，还指出石末为职业有害因素，损害肺脏，症状是“肺焦”直至死亡。他还写到“后苑银作锻金，为水银所熏，头手俱颤。卖饼家窥炉，目皆早昏”，把采石中毒的典型症状和红外辐射对眼睛的损害具体描述出来，这些是人类历史上最早的对职业病的描述。李时珍(1518—1593)在所著的《本草纲目》中，早已描述了职业性铅中毒的症状，而宋应星(1587—1637)在所著的《天工开物》中，系统总结了前人在生产劳动中保护工人免受职业有害因素损害的经验与方法，如采用粗大竹筒凿去中节排除煤矿毒气的通风办法等。

职业性有害因素的种类、接触强度或浓度和职业健康损害随着社会经济和科学技术的发展而发生改变。经过 30 多年的高速发展，我国的经济总量已达世界第二位，并且将以较高的速度持续发展，但是，我国经济发展水平不平衡，传统的职业危害与新出现的职业卫生问题并存。

二、职业卫生基本概念

职业卫生学(Occupational Health)以前称劳动卫生学，曾是一门独立的预防医学分支学科，是以职业人群为主要对象，主要研究劳动条件对职业人群健康的影响，主要任务是识别、评价、预测、控制和研究不良劳动条件，为保护职业从事者健康、提高作业能力、改善劳动条件所应采取的措施提供科学依据。职业卫生学的内容包括职业从事者在生产工艺过程、劳动过程、生产环境接触的各种物理、化学、生物因素、作业组织安排、管理等的识别、评价、预测、控制，其主要内容属于一级预防。

职业性有害因素(Occupational Hazards or Occupational Harmful Factors)是指在生产环境中存在的各种可能危害职业人群健康和影响劳动能力的不良因素的统称。

从广义上讲，职业病是指职业性有害因素作用于人体的强度与时间超过一定限度，人体不能代偿其所造成的功能性或器质性病理改变，从而出现相应的临床征象，影响劳动能力。2016 年 7 月 2 日修正的《中华人民共和国职业病防治法》对职业病的法定定义是，企业、事业单位和个体经济组织等用人单位的职业从事者在职业活动中，因接触粉尘、放射性物质和其他有毒、有害因素而引起的疾病。职业病的分类和目录由国务院卫生行政部门会同国务院安全生产监督管理部门、劳动保障行政部门制定、调整并公布。

广义地说，职业病也属于职业相关疾病，但一般所称职业相关疾病与法定的职业病有所区别。职业病是指因某一特定职业性有害因素所致的疾病，有立法意义。而职业相关疾病则指与多因素相关的疾病，与工作有联系，但也见于非职业人群中，因而不是每一病种和每一病例都必须具备该项职业史或接触史。当这一类疾病发生于职业从事者时，由于职业性有害因素的接触，会使原有的疾病加剧、加速或复发，或者劳动能力明显减退。职业相关疾病的范围比职业病更为广泛，其导致的疾病经济负担更大。各国经济水平不同，即便一个国家，在经济发展不同阶段，某些工作相关疾病也可定为职业病。世界劳工组织高度重视职业相关疾病，将该类疾病列为控制和防范的重要内容，以保护及促进工人健康，促进国民经济健康、可持续发展。

三、职业性有害因素

职业卫生学的主要任务是识别、评价、预测和控制不良劳动条件对职业从事者健康的影响。劳动条件包括：①生产工艺过程，指用特定的方法从各种原材料制成各种成品的全过程，包括原材料的生产、运输和保管、生产准备工作、毛坯制造、零件加工、产品装配、调试、检验和包装等。这一过程随生产技术、机器设备、使用材料和工艺流程变化而改变；②劳动过程，它涉及针对生产工艺流程的劳动组织、生产设备布局、作业者操作体位和劳动方式，以及智力劳动、体力劳动比例等；③生产环境，指生产作业的环境条件，包括室内作业环境和周围大气环境，以及户外作业的大自然环境。因此，在生产环境中存在的各种可能危害职业人群健康和影响劳动能力的不良因素统称为职业性有害因素，亦称职业病危害因素。职业性有害因素按其来源可分为三大类。

1. 生产工艺过程中产生的有害因素

(1)化学因素。在生产中接触到的原料、中间产品、成品和生产过程中的废气、废水、废渣中的化学毒物可对健康产生损害。化学性毒物以粉尘、烟尘、雾、蒸气或气体的形态散布于车间空气中，主要经呼吸道进入体内，还可以经皮肤、消化道进入体内。常见的化学性有害因素包括生产性毒物和生产性粉尘。主要包括：金属及类金属，如铅、汞、砷、锰等；有机溶剂，如苯及苯系物、二氯乙烷、正已烷、二硫化碳等；刺激性气体，如氯、氨、氮氧化物、光气、氟化氢、二氧化硫等；窒息性气体，如一氧化碳、硫化氢、氰化氢、甲烷等；苯的氨基和硝基化合物，如苯胺、硝基苯、三硝基甲苯、联苯胺等；高分子化合物，如氯乙烯、氯丁二烯、丙烯腈等；农药，如有机磷农药、有机氯农药、拟除虫菊酯类农药等；生产性粉尘，如砂尘、煤尘、石棉尘、水泥尘及各种有机粉尘等。

(2)物理因素。它是生产环境中的构成要素，不良的物理因素，如异常气象条件(如高温、高湿、低温、高气压、低气压)，噪声、振动、非电离辐射(如可见光、紫外线、红外线、射频辐射、激光等)，电离辐射(如 α 射线、γ 射线等)都可对人体产生危害。

(3)生物因素。生产原料和作业环境中存在的致病微生物或寄生虫，如炭疽杆菌、真菌孢子(吸入霉变草粉尘所致的外源性过敏性肺泡炎)、森林脑炎病毒，以及生物病原物对医务卫生人员的职业性传染等。

2. 劳动过程中的有害因素

劳动过程是指生产中为完成某项生产任务的各种操作的总和，主要涉及劳动强度、劳动组织及其方式等。这一过程产生影响健康的有害因素包括：

(1)劳动组织和制度不合理、劳动作息制度不合理等；

(2)精神(心理)性职业紧张，如机动车驾驶；

(3)劳动强度过大或生产定额不当，如安排的作业与生理状况不相适应等。

(4)个别器官或系统过度紧张，如视力紧张、发音器官过度紧张等；

(5)长时间处于不良体位、姿势或使用不合理的工具等；

(6)不良的生活方式，如吸烟或过度饮酒，缺乏体育锻炼，个人缺乏健康和预防的知识，违反安全操作规范和忽视自我保健。

3. 生产环境中的有害因素

生产环境是指职业从事者操作、观察、管理生产活动所处的外环境，涉及作业场所建筑布局、卫生防护、安全条件和设施有关的因素。常见的生产环境中的有害因素包括：

(1)自然环境中的因素，如炎热季节的太阳辐射、高原环境的低气压、深井的高温高湿等。

(2)厂房建筑或布局不合理、不符合职业卫生标准，如通风不良、采光照明不足、有群与无群工段安排在一个车间等。

(3)由不合理生产过程或不当管理所致的环境污染。在实际生产场所和过程中,往往同时存在多种有害因素,对职业人群的健康产生联合作用,加剧了对职业从事者的健康损害。

四、职业卫生法规与监督

目前,美国、澳大利亚、日本等发达国家将“职业安全”与“职业卫生”合二为一,形成“职业安全与卫生”的综合概念。如在美国,既有隶属于卫生部门的“国家职业安全与卫生研究所”,又有劳工部所属的“职业安全与卫生管理署”,其研究和管理内容均涵盖职业卫生和职业安全两部分工作。

我国的职业安全和职业卫生工作,自新中国成立以来一直分属国务院不同部门管辖。由国家安全生产监督管理部门(现应急管理部门)、卫生行政部门与职业病防治机构、医疗康复机构和工会等部门,彼此独立又相互沟通与合作,共同做好职业卫生与职业安全监督管理工作。

我国职业安全的指导原则是“生产必须安全,安全促进生产”,即用人单位法人在“管生产”的同时,必须“管安全”,生产和安全两者是统一的,不能有所偏废。新中国成立以来,我国陆续制定并颁布了一系列劳动保护和技术安全的法律、法规、规章和标准,特别是近年相继颁布的《中华人民共和国职业病防治法》《中华人民共和国安全生产法》《中华人民共和国劳动法》《工伤保险条例》,保障了职业安全与卫生任务的顺利执行。

1. 职业病防治法

2001 年 10 月 27 日公布的《职业病防治法》是 21 世纪我国颁布的第一部卫生单行法律,于 2011 年 12 月 31 日由全国人大常委会通过修订并公布,于 2016 年 7 月 2 日由全国人大常委会通过第 2 次修订并实施。它以保护广大劳动者健康权益为宗旨,规定了我国在预防、控制和消除职业病危害、防治职业病中的各种法律制度。

《职业病防治法》确立了我国职业病防治工作坚持预防为主、防治结合的原则,建立用人单位负责、行政机关监管、行业自律、职工参与和社会监督的机制,实行分类管理、综合治理,明确了用人单位在职业病防治中的职责和义务,突出了劳动者健康权益的法律保护,规定了政府行政部门在职业病防治监管中的职责,以及职业卫生技术服务机构的职能和各法律关系主体违反《职业病防治法》的法律责任,并规定:“工会组织依法对职业病防治工作进行监督,维护劳动者的合法权益。”

《职业病防治法》明确了我国职业病防治的六项基本法律制度,分别为:职业卫生监督制度;用人单位职业病防治责任制度;按职业病目录和职业卫生标准管理制度;劳动者职业卫生权利受到保护制度;职业病患者保障制度;职业卫生技术服务、职业病事故应急救援、职业病事故调查处理、职业病事故责任追究制度。

2. 安全生产法

《安全生产法》2002 年 6 月 29 日公布,并于同年 11 月 1 日实施。该法已于 2009 年 8 月 27 日由全国人大常委会通过修订并公布,又于 2014 年 8 月 31 日由全国人大常委会通过第 2 次修订，并于同年 12 月 1 日起施行。该法旨在加强安全生产工作，防止和减少生产安全事故，保障人民群众生命和财产安全，促进经济社会持续健康发展。《安全生产法》共七章九十七条，从立法的目的意义、生产经营单位的安全生产保障、从业人员的权利和义务到安全生产的监督管理、生产安全事故的应急救援与调查处理及法律责任都做出了明确的规定。

3. 劳动法

《劳动法》于 1994 年 7 月 5 日公布，1995 年 5 月 18 起施行。《劳动法》是调整劳动关系以及与劳动关系密切联系的其他关系的法律规范，内容主要包括：劳动者的主要权利和义务；劳动就业方针政策及录用职工的规定；劳动合同的订立、变更与解除程序的规定；集体合同的签订与执行办法；工作时间与休息时间制度；劳动报酬制度；劳动卫生和安全技术规程等。

《劳动法》共 107 条，分总则、促进就业、劳动合同和集体合同、工作时间、工资、劳动安全卫生、女职工和未成年工特殊保护、职业培训、社会保险和福利、劳动争议、监督检查、法律责任、附则。

4. 规章及标准

(1)工作场所职业卫生监督管理规定

2012 年 4 月 27 日国家安全生产监督管理总局根据《职业病防治法》等法律、行政法规，制定了《工作场所职业卫生监督管理规定》(以下简称《规定》)，旨在加强职业卫生监督管理工作，强化用人单位职业病防治的主体责任，预防、控制职业病危害，保障劳动者健康和相关权益。《规定》分总则、用人单位的职责、监督管理、法律责任、附则 5 章 61 条，自 2012 年 6 月 1 日起施行。

《规定》按照新修订的《职业病防治法》的内容，细化了用人单位的职业卫生管理责任，理清了安全监管部门的职业卫生监管法定职责、主要内容和相关措施。

(2)职业病危害项目申报办法

该办法对职业病危害项目申报的主要内容、用人单位在何种情况下应申报职业病危害项目、受理申报的安全生产监督管理部门如何对用人单位的申报回应和监督管理等做出了规定。该办法规定，存在或者产生职业病危害项目的用人单位，应当按照《职业病防治法》及本办法的规定申报职业病危害项目，项目按《职业病危害因素分类目录》确定。煤矿职业病危害项目申报办法另行规定。

(3)用人单位职业健康监护监督管理办法

该办法对用人单位所承担的劳动者健康监护和职业健康监护档案管理的法定义务和劳动者享有的健康监护权益做出了明确规定，并明确了用人单位、医疗卫生机构违反《职业病防治法》及本办法规定时应承担的法律责任。

该办法规定职业健康检查包括：上岗前、在岗期间、离岗时和应急健康检查；职业健康监护档案内容应包括：职业史、既往史、职业病危害接触史，相应作业场所职业病危害因素监测结果，职业健康检查结果及处理情况和职业病诊疗等劳动者健康资料。该办法规定劳动者有权查阅、复印其本人职业健康监护档案,在离开用人单位时,有权索取本人健康监护档案复印件,用人单位应当如实、无偿提供,并在所提供的复印件上签章。

(4)职业病诊断与鉴定管理办法

该办法明确规定了职业病诊断和鉴定应当遵循"科学、公正、公开、公平、及时和便民"的原则。依照《职业病防治法》,职业病的诊断应按该管理办法和国家职业病诊断标准进行,并符合法定程序方有法律效力。该办法对职业病诊断机构、职业病诊断医师的条件、职业病诊断基本原则及出具职业病诊断证明书以及职业病鉴定都有具体要求。该办法还对职业病诊断机构批准证书的复核、换发,职业病诊断机构的监督考核,用人单位和医疗卫生机构违反本办法的处罚做了详细规定。

五、职业性有害因素的预防

《职业病防治法》第一章总则第三条中指出,职业病防治工作坚持预防为主、防治结合的方针,建立用人单位负责、行政机关监管、行业自律、职工参与和社会监督的机制,实行分类管理、综合治理。其基本准则应按三级预防加以控制,以保护和促进职业人群的健康。

第一级预防(primary prevention)又称病因预防,是从根本上消除或控制职业性有害因素对人的作用和损害,即改进生产工艺和生产设备,合理利用防护设施及个人防护用品,以减少或消除工人接触的机会。主要有如下几个方面:第一,改进生产工艺和生产设备,使其符合我国工业企业设计卫生标准。如1979年,颁布了《工业企业设计卫生标准》,含111项毒物和9项粉尘最高允许浓度和噪声等物理因素的卫生标准。2010年,根据《中华人民共和国职业病防治法》,修订为《工业企业设计卫生标准》(GBZ 1—2010)。第二,职业卫生立法和有关标准、法规制定如2007年,经更新、修订,颁布了《工作场所有害因素职业接触限值 第1部分:化学有害因素》(GBZ 2.1—2007)和《工作场所有害因素职业接触限值 第2部分:物理因素》(GBZ 2.2—2007)等。第三,个人防护用品的合理使用和职业禁忌证的筛检,如生产性粉尘所导致的尘肺,可以佩戴防尘口罩;对高危职业人群,可依据《职业健康监护技术规范》(GBZ 188—2007)对就业禁忌证进行检查,凡有职业禁忌证者,禁止从事相关的工作。第四,控制已明确能增加发病危险的社会经济、健康行为和生活方式等个体危险因素,如禁止吸烟可预防多种慢性非传染性疾病、职业病或肿瘤。

第二级预防(secondary prevention)是早期检测和诊断人体受到职业性有害因素所致的健康损害并予以早期治疗、干预。尽管第一级预防措施是理想的方法,但所需的费用较大,在现有的技术条件下,有时难以达到理想效果,仍然会出现不同健康损害的人群,因此,第二级预防也是十分必要的。其主要手段是定期进行职业性有害因素的监测和对接触者的定期体格检查,以尽早发现病损和诊断疾病,特别是早期健康损害的发现,及时预防、处理。定期体格检查的间隔期可根据下列原则而定:疾病的发病时间和严重程度;接触职业性有害因素的浓度或强度和时间;接触人群的易感性。体格检查项目应鼓励常规检查并结合特异、敏感的检测指标。肺通气功能的检查或X线肺部摄片，常用作对接触粉尘作业者的功能性和病理性改变的指标；心电图、脑电图和神经传导速度及听力检查；微核率可以用于接触如放射线、多环芳经等职业性致癌因素的早期检测等，均可作为早期的检查方法。尽管早期健康损害的检查和发现是二级预防的重要环节，但是积极的、正确的、有效的干预措施与方案更为重要，因为职业性有害因素所导致的早期健康损害可发展成两种完全相反的结局：健康或疾病。

第三级预防（tertiary prevention）是指在患病以后，给予积极治疗和促进康复的措施。第三级预防原则主要包括：对已有健康损害的接触者应调离原有工作岗位，并结合合理的治疗；根据接触者受到健康损害的原因，对生产环境和工艺过程进行改进，既能治疗病人，又能加强一级预防；促进病人康复，预防并发症的发生和发展。除极少数职业中毒有特殊的解毒治疗外，大多数职业病主要依据受损的靶器官或系统，采用临床治疗原则，给予对症治疗。特别对接触粉尘所致肺纤维化，目前尚无特效方法治疗。

三级预防体系相辅相成、融为一体。第一级预防针对整个人群，是最重要的，第二级和第三级预防是第一级预防的延伸和补充。全面贯彻和落实三级预防措施，做到源头预防、早期检测、早期处理、促进康复、预防并发症、改善生活质量，构成职业卫生与职业医学的完整体系。

六、职业性有害因素的控制

职业性有害因素的控制包括工业通风、工业除尘、空气调节与净化、工业噪声与振动控制、采光与照明等，是从根本上消除、减少或控制职业性有害因素对人的作用和损害的工程技术措施。当在工作环境中尚不能消除或有效减轻职业有害因素和事故因素时，这是主要的防护措施，属于预防职业性有害因素综合措施中的第一级预防。

1. 工业通风

工作场所通风（ventilation of industrial work places）的作用包括通风、除尘、排毒、防暑降温等。一方面捕集生产设备产生的粉尘、有害气体（连同运载粉尘的气体）及高温和余湿，阻止其影响室内空气和环境；另一方面还要净化含粉尘、有害气体的空气，使其符合排放标准后再排入大气环境。工作场所通风设计应符合《工业建筑供暖通风与空气调节设计规范》（GB 50019—2015）。

2. 工业除尘

除尘是将含尘气体引入具有一种或几种力作用的除尘器，使颗粒物相对于其运载气流产生一定的位移，并从气流中分离出来，最终沉积到捕集体表面。除尘通常与环境保护相关，经常用于燃煤锅炉烟气、水泥窑炉尾气、钢铁冶炼烟尘、装卸与粉碎工艺颗粒物捕集与去除。

重力除尘、惯性除尘和离心力除尘常常作为预除尘措施，湿式除尘用于高温烟气、工艺不稳、条件特殊的场所，静电除尘和过滤除尘则是目前工业上应用广泛的主流除尘器。随着环保标准的提高，袋式除尘器的应用范围将更加扩大，是颗粒物捕集技术的发展方向。

3. 空气调节与净化

空气调节与净化是指利用人工手段对工作场所内的温度、湿度、气流速度、洁净度进行控制，并为室内提供足够的室外新鲜空气，人为地创造和维持人们工作所需的环境，来创造合适的室内气候环境。

空气调节设备一般包括进风和滤尘装置、通风机、管道、消毒设备、出风装置以及处理空气温度和湿度的设备(如喷雾室、洗涤室等)。对要求恒温、恒湿的系统，常装有自动控制和调节的设备。工作场所空气调节设计应符合《工业建筑供暖通风与空气调节设计规范》(GB 50019—2015)。

4. 工业噪声与振动控制

工业生产过程中，噪声是最常见的职业危害，现阶段要完全消除噪声，既不经济，也不可能。因此，企业应严格按照国家相关法律法规采取综合性措施，从控制声源、阻断噪声的传播来控制作业场所的噪声强度；为噪声作业人员佩戴护耳器，减少个体噪声的暴露水平；健康监护有助于及早发现噪声易感者及噪声聋病人；健康教育有利于提高作业人员的健康保护意识及健康行为。

控制振动源，改革工艺过程，采取技术革新，通过减振、隔振等措施，减轻或消除振动源的振动，是预防振动职业危害的根本措施。例如，采用液压、焊接、粘接等新工艺代替风动工具铆接工艺；采用水力清砂、水爆清砂、化学清砂等工艺代替风铲清砂；设计自动或半自动的操纵装置，减少手部和肢体直接接触振动的机会；工具的金属部件改用塑料或橡胶，减少因撞击而产生的振动；采用减振材料降低交通工具作业平台等大型设备的振动。通过严格执行国家职业卫生标准《工作场所有害因素职业接触限值 第2部分:物理因素》(GBZ 2.2—2007)，限制接触振动的强度和时间，可有效地保护作业者的健康，是预防振动危害的重要措施。

5. 个人防护用品

个人防护用品的种类很多，可分为安全防护用品和职业卫生专用防护用品两大类。安全防护用品是为了防止工伤事故的，有防坠落用品(安全带、安全网等)，防冲击用品(安全帽、安全防砸马甲、防冲击护目镜等)，防电用品、防机械外伤用品(防刺、绞、割、碳、磨损及脏污等的服装、手套、鞋等)，防酸、防碱和防油用品，防水用品，涉水作业用品，高空作业用品等。职业卫生专用防护用品是用来预防职业病的，有防尘用品(防尘、防微粒口罩等)、防毒用品(防毒面具、防毒衣等)、防高温用品、防寒用品、防噪声用品、防放射用品、防辐射用品等。但这种分类是相对的，多种防护用品同时具备防止工伤和预防职业病的用途。

一般，根据个人防护用品所防护人的体器官或部位，分为九大类：①头部防护类，如安全帽、防寒帽等；②呼吸器官防护类，如防毒口罩、防尘口罩、滤毒护具等；

③防护服类，如防机械外伤服、防静电服、防酸碱服、阻燃服、防寒服等；④听觉器官防护类，如耳塞、耳罩；⑤眼、面防护类，如防护眼镜、焊接护目镜及面罩、炉窑护目镜及面罩等；⑥手防护类，如绝缘手套、防酸碱手套、防寒手套；⑦足防护类，如绝缘鞋、防酸碱鞋、防寒鞋、防砸鞋等；⑧防坠落类，如安全带、安全绳；⑨护肤用品类，如护肤膏、防护霜。近年来，随着科学技术的发展，一些具有高科技含量的多功能防护用品业已问世，如同时具备头盔、面罩、耳罩和呼吸器作用的综合防护头盔。

防护品应正确选择性能符合要求的用品，绝不能选错或将就使用，特别是绝不能以过滤式呼吸防护器代替隔离式呼吸防护器，以防止发生事故。按2000年颁布的《劳动防护用品配备标准(试行)》、《劳动防护用品选用规则》(GB 11651—2008)的要求进行选择，并且按照每种防护用品的使用要求，规范使用。在使用时，必须在整个接触时间内认真充分佩戴。工厂车间内专人负责管理分发、收集和按规定维护保养防护用品，以延长防护用品的使用期限，并保证其防护效果。

七、职业健康监护

健康监护即是对职业人群有目的地、系统地、连续性地开展职业健康检查，以便及时发现职业性有害因素对职业从事者的健康损害，及时处理。

职业健康检查是通过医学手段和方法，针对职业从事者所接触的职业病危害因素可能产生的健康影响和健康损害进行临床医学检查，了解受检者健康状况，早期发现职业病、职业禁忌证和可能的其他疾病及健康损害的医疗行为。医学检查包括上岗前、在岗期间、离岗或转岗时、应急的健康检查和职业病的健康筛检。由省级以上人民政府卫生行政部门批准的医疗卫生机构承担。用人单位应当按照《职业病防治法》及其配套法规的要求组织职业健康检查，并将检查结果书面告知职业从事者。

1. 上岗前健康检查

上岗前健康检查又称就业前健康检查(pre-employment health examination)，是指用人单位对准备从事某种作业人员在参加工作以前进行的健康检查。其目的在于掌握其作业人员就业前的健康状况及有关健康的基础资料，发现职业禁忌证(occupational contraindication)，此项检查为强制性职业健康检查，应在开始从事有害作业前完成。我国《职业健康监护技术规范》(GBZ 188—2014)中，明确规定了有毒有害工种的职业禁忌证。

2. 在岗期间健康检查

在岗期间健康检查又称定期健康检查(periodical health examination)，是指用人单位按一定时间间隔对已从事某种作业的职业者健康状况进行检查。其目的是及时发现职业性有害因素对职业从事者健康的早期损害或可疑征象，及时发现有职业禁忌的职业从事者，为识别职业性有害因素及防护措施效果评价提供依据。健康检查的内容及检查周期应根据国家颁布的《职业健康监护技术规范》(GBZ 188—2014)中的有关规定执行。

3. 离岗或转岗时的健康检查

离岗或转岗时的健康检查是指职业从事者调离当前工作岗位时或改换为当前工作岗位前所进行的检查，也是健康监护的一个重要内容。其目的是为了掌握职业从事者在停止接触职业性有害因素时的健康状况，为离岗从事新工作的职业从事者和接受新职业从事者的业主提供健康与否的基础资料。

4. 应急健康检查

当发生急性职业病危害事故时，对遭受或可能遭受急性职业病危害的职业从事者及时组织的健康检查。依据检查结果和现场劳动卫生学调查，确定危害因素，为急救和治疗提供依据，控制职业病危害的继续蔓延和发展。在事故发生后立即开始从事可能产生职业性传染病的职业从事者，在疫情流行期或近期密切接触传染源者，应及时开展应急健康检查，随时监测疫情动态。

5. 职业病的健康筛检

职业病筛检是在接触职业性有害因素的人群中所进行的健康检查，可以是全面普查，也可以在一定范围内进行，属于二级预防措施。其目的是早期发现病人，早期采取干预措施或治疗措施；评价职业危害控制措施和其他初级预防措施的效果；根据毒理学和其他研究的结果，发现过去没有认识的可疑健康危害，并建议进一步进行确诊性检查。

职业健康监护工作是一项覆盖职业健康检查、接触控制和信息管理的系统工程，科学性、技术性很强，具有综合性功能，有一定的系统性。因而，要求对职业健康监护工作从组织实施、体检报告的形成到筛检职业病病人等操作程序化、规范化和信息化，对所有资料均应进行信息化管理。利用计算机网络技术，开发和建设职业健康监护信息管理系统，可有效提高资料的完整性、连续性和可靠性。

八、职业病诊断与鉴定

劳动条件中存在的各种职业性有害因素在一定条件下可对职业从事者的健康产生不良影响，严重者可导致各种职业性病损，甚而导致伤残，危及职业从事者生命。我国目前的职业病和工伤事故仍较严重。

职业病诊断与鉴定工作应当按照《职业病防治法》《职业病诊断与鉴定管理办法》的有关规定及国家职业病诊断标准进行。省级卫生行政部门应当向社会公布本行政区域内职业病诊断机构名单、地址、诊断项目等相关信息。劳动者可以选择用人单位所在地、本人户籍所在地或者经常居住地的职业病诊断机构进行职业病诊断。职业病诊断机构应当按照《职业病防治法》《职业病诊断与鉴定管理办法》的有关规定和国家职业病诊断标准，依据劳动者的职业史、职业病危害接触史和工作场所职业病危害因素情况、临床表现以及辅助检查结果等，进行综合分析，作出诊断结论。

当事人对职业病诊断机构作出的职业病诊断结论有异议的，可以在接到职业病诊断证明书之日起三十日内，向职业病诊断机构所在地设区的市级卫生行政部门申请鉴定。设区的市级职业病诊断鉴定委员会负责职业病诊断争议的首次鉴定。当事人对设区的市级职业病鉴定结论不服的，可以在接到鉴定书之日起十五日内，向原鉴定组织所在地省级卫生行政部门申请再鉴定。职业病鉴定实行两级鉴定制，省级职业病鉴定结论为最终鉴定。

第四节　作业管理

讲题 1　作业许可

一、作业许可的基础知识

1. 术语

(1)特殊作业

对操作者本人、他人及周围建(构)筑物、设备、设施的安全可能造成危害的作业。作业类型可参考《化学品生产单位特殊作业安全规范》(GB 30871—2014)、中国海油十大高风险作业等。

(2)责任区

作业人员具有属地管辖权的区域，或作业人员在被限定的区域内、作业期间具有管辖权。

(3)影响设备设施完整性作业

可能影响设备设施结构安全、原有功能，或可能造成能量、危险物质释放的作业。

2. 作业许可分类分级

(1)分级要求

①作业现场负责人对现场施工组织、人员分工、安全设施使用、风险削减措施的有效性及作业现场应急处置负责。

②作业现场安全监督员对作业许可审批、实施等全过程负督察责任。对出现的与管理级别、审批结果、安全措施等不符的人的不安全行为、物的不安全状态、不良的作业环境等提出警告，并下令进行纠正。

③作业现场监护人对现场作业人员安全防护用品、应急器材使用的有效性以及人身安全受到威胁时，采取的保护行为负责。

④所有施工作业人员应严格遵守风险削减措施，严格执行设备、工艺操作规程，对本岗位安全操作负责。

(2)分类原则

分类原则：根据作业活动是否属于特殊作业、是否影响设备设施完整性、是否属于作业人员的责任区三个维度，将作业活动划分为八类（表 3-13、图 3-31）。

表 3-13　各类作业活动描述表

类别	作业活动描述
第一类	非责任区、不影响设备设施完整性、特殊作业
第二类	非责任区、影响设备设施完整性、特殊作业
第三类	责任区、影响设备设施完整性、特殊作业
第四类	责任区、不影响设备设施完整性、特殊作业
第五类	非责任区、不影响设备设施完整性、非特殊作业
第六类	非责任区、影响设备设施完整性、非特殊作业
第七类	责任区、影响设备设施完整性、非特殊作业
第八类	责任区、不影响设备设施完整性、非特殊作业

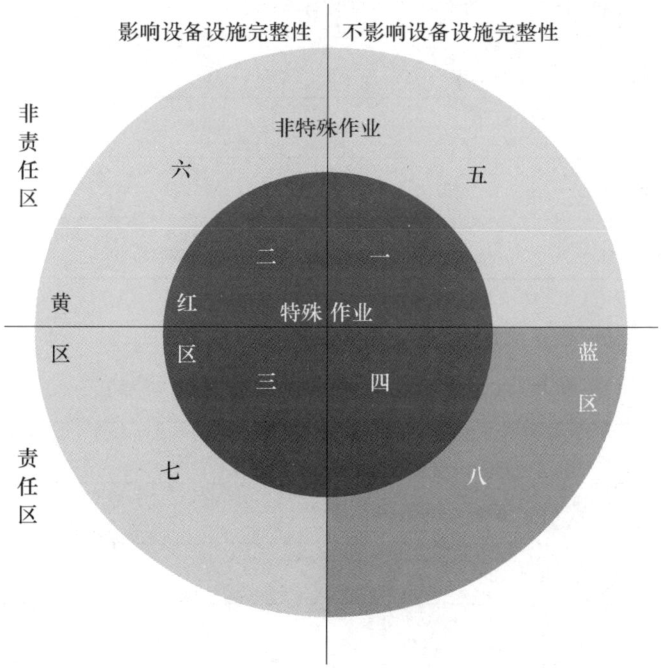

图 3-31　作业活动分类图

3．中海油各业务板块作业活动分类基本清单

(1)油气生产板块

①特殊作业清单(表 3-14)

表 3-14　特殊作业清单

序号	作业清单(括号内为易漏项目)
1	热工作业
2	受限空间作业
3	试压、高压作业(高压取样、高压冲洗)
4	大型吊装作业
5	高处作业
6	舷外作业
7	电气维修作业(临时用电)
8	爆炸、放射性及有毒有害作业(化学清洗)
9	挖掘作业
10	潜水作业
11	喷砂作业
12	脚手架作业

②影响设备设施完整性的作业清单(表 3-15)

表 3-15　影响设备设施完整性的作业清单

序号	作业清单
1	设备设施安装、检修、拆除、隔离
2	管线安装、检修、拆除、隔离
3	组块安装、拆除
4	通球作业

③非责任区内不影响设备设施完整性的作业清单(表 3-16)

表 3-16 非责任区内不影响设备设施完整性的作业清单

序号	作业清单
1	设备设施调试、标定及检验
2	管线维护、检验
3	单点/FPSO 连接、解脱
4	水下装置及结构物检验

④责任区内不影响设备设施完整性的作业清单(表 3-17)

表 3-17 责任区内不影响设备设施完整性的作业清单

序号	作业清单	特别控制要求
1	直升机接送	
2	生产流程切换	
3	靠船带缆作业	
4	生产日常操作、实验室操作	
5	设备日常维护、检查、保养	
6	设备启动、停止、切换	
7	管线、阀门等日常故障处理	
8	机修间内作业	特种作业资质
9	日常吊装作业	司索指挥资质
10	物料搬运、整理(叉车作业)	特种设备操作资质
11	药剂加注	
12	油气外输作业	外输方案、联合检查表
13	油气水取样、化验	
14	船舶航行、拖航作业	拖航方案
15	船舶靠/离驳平台、码头作业	
16	日常巡回检查	
17	卫生清洁	
注:通用控制要求:岗位培训/持证上岗、操作规程/维保规程/作业方案、安全检查、PPE、现场应急处置方案。		

(2)油田服务板块

①特殊作业清单(表 3-18)

表 3-18 特殊作业清单

序号	作业清单(括号内为易漏项目)
1	热工作业
2	受限空间作业
3	高处作业
4	舷外作业(救生艇、营救艇释放和回收)
5	电气作业(危险区域电气作业、临时用电)
6	危险化学品使用(爆炸品、放射品使用)
7	高压试压作业
8	吊系物及其他起重设施试重
9	吊篮吊人作业
10	交叉作业
11	潜水作业
12	脚手架作业

②影响设备设施完整性的作业清单(表 3-19)

表 3-19 影响设备设施完整性的作业清单

序号	作业清单
1	设备的拆除与隔离
2	陆地设备检修作业
3	海上平台设备检修作业
4	船舶设备检修作业

③非责任区内不影响设备设施完整性的作业清单(表 3-20)

表 3-20 非责任区内不影响设备设施完整性的作业清单

序号	作业清单
1	直升机、第三方设备供/受油
2	平台/船舶靠泊码头、船舶靠平台
3	第三方修理、检验
4	第三方作业(电测、试油、固井、下套管等)
5	在已投产生产设施上进行安装、调试、维修、检验等

④责任区内不影响设备设施完整性的作业清单(表 3-21)

表 3-21 责任区内不影响设备设施完整性的作业清单

序号	作业清单	特别控制要求
1	直升机接送	
2	船舶航行、靠离泊作业	操船手册
3	半潜式平台卸载、压载、起/抛锚、拖带和就位作业	操船手册
4	自升式平台升/降船、拔桩、拖带、就位和压载作业	操船手册
5	物探船采集、水下作业	操船手册
6	钻、完、修井作业岗位日常操作	岗位技能培训
7	钻、完、修井,压裂、试气流程作业	监督指令、钻井手册等
8	设备设施岗位日常操作	
9	设备设施 PMS 保养	PMS 保养系统
10	检修间设备设施日常操作和维保	
11	作业材料、生活物资补给	
12	叉车作业	特种设备操作资质
13	日常巡回检查	日常巡回检查表
14	日常清洁	
注:通用控制要求:岗位培训/持证上岗、操作规程/维保规程/作业方案、安全检查、PPE、现场应急处置方案。		

(3)海洋工程板块

①特殊作业清单(表 3-22)

表 3-22 特殊作业清单

序号	作业清单(括号内为易漏项目)
1	大型起重作业
2	大型结构物拖拉装船作业(含 SPMT 小车装船作业)
3	调试作业(组块及结构物称重、高压用电设备调试、水压及气密实验等)
4	气压升顶作业(LNG 储罐穹顶结构)
5	结构物下水就位(吊装、浮托等)
6	潜水作业
7	ROV 作业
8	挖掘作业
9	喷砂(漆)作业
10	干燥惰化(容器、管线)
11	脚手架作业
12	热工作业
13	受限空间作业
14	高处/舷外作业
15	射线作业
16	电气作业

②影响设备设施完整性的作业清单(表 3-23)

表 3-23 影响设备设施完整性的作业清单

序号	作业清单
1	陆地作业设备检修(大型起重设备、特种设备、检验设备等)
2	海上作业设备检修(ROV、打桩锤、灌浆机、挖沟机等)
3	船舶设备检修(起重设备、发电机、电动机、救生艇等)
4	船舶压载舱开舱、水下检验
5	设备、管线隔离

③非责任区内不影响设备设施完整性的作业清单(表3-24)

表3-24　非责任区内不影响设备设施完整性的作业清单

序号	作业清单
1	已投产生产设施上进行的安装、调试、维修、检验等作业
2	船舶码头靠泊作业
3	单点/FPSO连接、解脱
4	水下装置及结构物检测
5	工程交接投产后质保期间维护作业

④责任区内不影响设备设施完整性的作业清单(表3-25)

表3-25　责任区内不影响设备设施完整性的作业清单

序号	作业清单	特别控制要求
1	车间内、场地平面区域部常规作业	
2	成橇总装作业	
3	小型机械加工作业	
4	钢缆插接作业	
5	组块及导管架常规起重作业	特种设备操作资质
6	轻/小型起重设备作业	特种设备操作资质
7	场地供风、供水、生产供电设备设施、特种车辆使用等	特种设备操作资质
8	电仪设备组装	
9	船舶航行、拖航、加油、驳油、调载、起抛锚作业	航行方案
10	进出港口、码头、船坞及靠/离驳作业	
11	插桩、起桩、打桩、灌浆作业	
12	设备日常操作(DP、张紧器、滚筒等)	
13	带缆作业	
14	挖沟作业	
15	人工搬运	

续表

序号	作业清单	特别控制要求
16	无损、测量、理化检验	设计方案
17	实验室仪表监测标定	
18	焊接培训与考试	
19	除锈刷漆作业	
20	卫生清洁作业	
注:通用控制要求:岗位培训/持证上岗、操作规程/维保规程/作业方案、安全检查、PPE、现场应急处置方案。		

(4)炼化板块

①特殊作业清单(表 3-26)

表 3-26　炼化板块特殊作业清单

序号	作业清单
1	动火作业
2	受限空间作业
3	高处作业
4	吊装作业
5	动土作业
6	盲板抽堵作业
7	临时用电作业
8	断路作业
9	射线作业

②影响设备设施完整性的作业清单(表 3-27)

表 3-27　影响设备设施完整性的作业清单

序号	作业清单
1	装置内所有动静设备检修
2	装置区电气仪表检修

续表

序号	作业清单
3	报警、连锁投用和切除
4	防腐保温、砌砖、铺路面等土建施工
5	设备、管线隔离

③不影响设备设施完整性的作业清单(非责任区)(表 3-28)

表 3-28 不影响设备设施完整性的作业清单(非责任区)

序号	作业清单
1	解吸剂、酸碱等危险化学品卸车
2	脚手架搭设和拆除

④不影响设备设施完整性的作业清单(责任区)(表 3-29)

表 3-29 不影响设备设施完整性的作业清单(责任区)

序号	作业清单	特别控制要求
1	生产装置操作	消项操作卡
2	动设备润滑油、脂加注	
3	化工助剂及催化剂的加注、更换工作	
4	装置保洁人员清扫地面卫生作业	
5	设备停送电	电气作业票
6	特种设备操作(起重、厂内机动车等)	特种设备操作证、特种设备使用证
7	机泵的测温、测振、盘车	工单控制
8	定期切泵	消项操作卡
9	排凝,阀门动作实验	工单控制
10	脱液、脱水,机泵冷却水排放,除氧水采样冷却器低点排放	消项操作卡
11	阀门开关测试	消项操作卡
12	管线消压	消项操作卡
13	机泵密封油罐、过滤器等排油	

续表

序号	作业清单	特别控制要求
14	化验采样	
15	检修车间的检修作业	特种作业资质
16	装船、装车作业	船岸检查表、装车检查表
注:通用控制要求:岗位培训/持证上岗、操作规程/维保规程/作业方案、安全检查、PPE、现场应急处置方案。		

(5)气电板块

①特殊作业清单(表3-30)

表3-30 气电板块特殊作业清单

序号	作业清单(括号内为易漏项目)
1	动火作业
2	受限空间作业
3	高处作业
4	吊装作业
5	动土作业
6	断路作业
7	盲板抽堵作业
8	临时用电作业
9	射线探伤作业
10	脚手架作业(脚手架搭设和拆除)
11	喷砂作业
12	涂装作业
13	切除/恢复连锁与报警作业
14	水上水下作业(水底清淤、水上临边作业)
15	发电厂交叉作业
16	发电厂重要检修作业
17	发电厂重大运行操作

②影响设备设施完整性的作业清单(表 3-31)

表 3-31 影响设备设施完整性的作业清单

序号	作业清单
1	装置内所有动设备检修
2	装置内所有静设备检修
3	装置区仪表检修
4	除锈、防腐、保温,土建施工
5	设备、管线隔离

③不影响设备设施完整性的作业清单(非责任区)(表 3-32)

表 3-32 不影响设备设施完整性的作业清单(非责任区)

序号	作业清单
1	防雷、防静电等检测
2	电仪系统测试、阀门测试

④不影响设备设施完整性的作业清单(责任区)(表 3-33)

表 3-33 不影响设备设施完整性的作业清单(责任区)

序号	作业清单	特别控制要求
1	设备停送电、倒闸操作	电气作业票
2	取样化验	
3	接收站日常操作	
4	设备管道吹扫置换	
5	设备管道升压测漏	
6	设备日常巡检	
7	设备维护保养	
8	长输管道巡线检测作业	

续表

序号	作业清单	特别控制要求
9	管道阀井积水清理作业	
10	天然气入户开通作业	
11	电气巡检、火气系统检查	
12	发电厂设备在线冲洗及清扫	
13	发电热力系统切换或隔离	
14	发电厂 6 kV 及以下电气开关停送电	
15	检修车间的检修作业	特种作业资质
16	装卸船、装卸车作业	检查表
17	装置保洁人员清扫地面卫生作业	
注:通用控制要求:岗位培训/持证上岗、操作规程/维保规程/作业方案、安全检查、PPE、现场应急处置方案。		

(6)化工板块

①特殊作业清单(表 3-34)

表 3-34　化工板块特殊作业清单

序号	作业清单(括号内为易漏项目)
1	动火作业
2	高处作业
3	受限空间作业
4	断路作业
5	临时用电作业
6	盲板抽堵作业
7	动土作业
8	吊装作业(吊装质量大于 10 吨)

②影响设备设施完整性的作业清单(表 3-35)

表 3-35 影响设备设施完整性的作业清单

序号	作业清单
1	装置区所有施工和维修(包括装置区电仪故障处理、防腐保温、地面硬化、油漆等)
2	报警、连锁投用和切除
3	设备、管线隔离

③非责任区内不影响设备设施完整性的作业清单(表 3-36)

表 3-36 非责任区内不影响设备设施完整性的作业清单

序号	作业清单
1	车辆进入生产装置区、罐区作业
2	脚手架搭设、拆除

④责任区内不影响设备设施完整性的作业清单(表 3-37)

表 3-37 责任区内不影响设备设施完整性的作业清单

序号	作业清单	特别控制要求
1	装置开停车	确认单
2	工艺、设备日常巡检、操作、故障处理、机泵倒运	
3	电气、仪表日常巡检、操作	
4	危化品装卸作业:汽运、铁运槽车装卸	检查表
5	设备置换、清洗、交出	
6	润滑油更换与添加	
7	检修车间的检修作业	涉及特种作业的人员应具备特种作业资质
8	特种设备操作(起重、厂内机动车等)	特种设备操作证、特种设备使用证
9	消防水、泡沫、干粉等应急器材应急启用	
10	设备停送电作业、倒闸操作	电气作业票

续表

序号	作业清单	特别控制要求
11	低压设备带电作业	
12	非常规工艺处理	
13	化验室人员取样	
14	装置区卫生清洁	
注:通用控制要求:岗位培训/持证上岗、操作规程/维保规程/作业方案、安全检查、PPE、现场应急处置方案。		

(7)港口板块

①特殊作业清单(表3-38)

表3-38 港口板块特殊作业清单

序号	作业清单(括号内为易漏项目)
1	动火作业
2	高处作业
3	重大件吊装作业(重量在5吨或长度在12米以上)
4	动土作业
5	受限空间作业
6	断路作业
7	临时用电作业
8	盲板抽堵作业

②影响设备设施完整性的作业清单(表3-39)

表3-39 影响设备设施完整性的作业清单

序号	作业清单
1	码头设备设施、电气仪表维修
2	设备设施除锈、刷漆、保温
3	设备、管线隔离

③非责任区内不影响设备设施完整性的作业清单(表 3-40)

表 3-40 非责任区内不影响设备设施完整性的作业清单

序号	作业清单
1	设备设施维护保养作业
2	货车运输

④责任区内不影响设备设施完整性的作业清单(表 3-41)

表 3-41 责任区内不影响设备设施完整性的作业清单

序号	作业清单	特别控制要求
1	特种设备操作(起重、厂内机动车等)	特种设备操作证、特种设备使用证
2	人工搬运(散货、件货)	人工搬运安全专项培训
3	货车运输	防御驾驶培训
4	设备设施维护保养作业	
5	危险货物装卸船作业	船岸检查表
6	拖轮拖带作业	船员和船舶证书
7	解系缆作业	
8	工艺管线、电气、仪表等日常巡检、操作	
9	围油栏布设作业	
10	港区日常清洁	
注:通用控制要求:岗位培训/持证上岗、操作规程/维保规程/作业方案、安全检查、PPE、现场应急处置方案。		

(8)矿山板块

①特殊作业清单(表 3-42)

表 3-42 矿山板块特殊作业清单

序号	作业清单(括号内为易漏项目)
1	动火作业
2	高处作业
3	吊装作业(质量大于 10 吨)

续表

序号	作业清单(括号内为易漏项目)
4	断路作业
5	临时用电作业

②影响设备设施完整性的作业清单(表 3-43)

表 3-43 影响设备设施完整性的作业清单

序号	作业清单
1	矿房顶板、巷道支护作业
2	浮石处理作业
3	重要设备、设施检修作业,如井筒、主斜井
4	电机车、矿车、装碴机掉道复位
5	井下爆破
6	露天爆破
7	斜井轨道安装与更换
8	井下风水管安装与拆除
9	三层矿分层开采转层
10	矿房开、竣工回采

③非责任区不影响设备设施完整性的作业清单(表 3-44)

表 3-44 非责任区不影响设备设施完整性的作业清单

序号	作业清单
1	外来人员入井

④责任区不影响设备设施完整性的作业清单(表 3-45)

表 3-45 责任区不影响设备设施完整性的作业清单

序号	作业清单	特别控制要求
1	设备停送电操作、倒闸操作	作业票
2	停产复工	复工前自查,复查,主管领导审批

续表

序号	作业清单	特别控制要求
3	人员进入采空区	总工程师审批
4	电耙转移	电耙转移方案
5	爆破器材购买、储存、领退	民爆物品申请单、准运证、准购证、申领单
6	斜井下放大型设备及超长材料	下放方案
注:通用控制要求:岗位培训/持证上岗、操作规程/维保规程/作业方案、安全检查、PPE、现场应急处置方案。		

4. 作业许可实施程序

(1)作业许可的流程(图 3-32)

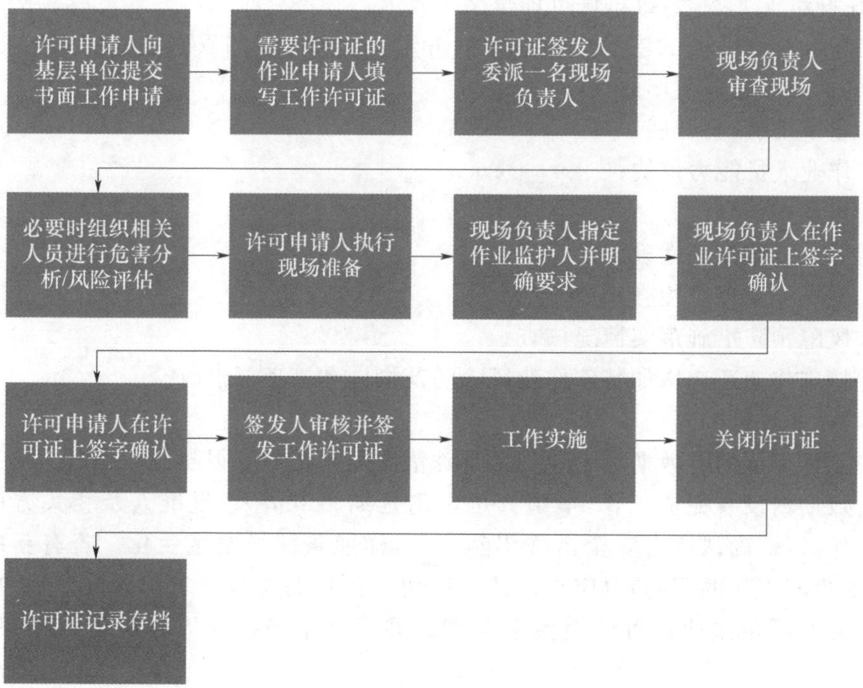

图 3-32　作业许可的流程

(2)作业许可的申请

①许可申请人向基层单位提交书面工作申请

在从事属于工作许可证制度管理的各项作业和活动之前,承包商(作业许可申请人)应向基层单位提交书面工作申请;说明作业的时间、地点、内容、工具(用具),

每次作业的人数、人员姓名、作业程序、工作要领和安全措施。

当一项作业同时涉及多种许可作业时，应同时申请多个作业许可证。

②需要许可证的作业申请人填写工作许可证

凡需要许可证的作业，在进行作业前，许可申请人查看现场和环境状况；并在充分了解与许可证作业相关的要求后，填写作业许可证。

③必要时组织相关人员进行危害分析或作业风险评估

必要时作业申请人组织人员进行作业安全分析或作业风险评估；填写作业安全分析表或作业风险评估表。

④许可申请人依据风险评估和控制措施执行现场准备

许可申请人依据风险评估和控制措施执行现场准备。在许可申请人完成准备后通知现场负责人对工作区域进行检查，确认是否落实了详细的预防措施。

(3)作业许可的审批

许可申请人确保理解许可证所述安全要求，并承诺按照各项要求安全地进行作业后，在许可证上签名，再将许可证呈交签发人。

签发人对许可证的内容和现场进行审核，确认相应的安全保护措施已经到位后，签名批准实施该项作业。

作业审批前，要开展：

①作业人员能力评估；

②作业安全分析；

③设备设施完整性确认；

④现场作业环境检查；

⑤风险预防措施落实情况核查；

⑥特殊作业还应增加特殊作业风险防范措施和管理要求。

(4)作业许可的延长

作业许可证的有效期为12小时，特殊情况需延长的不得超过6小时。如果在许可证有效期内没有完成工作，申请人可申请延期。申请人、批准人及相关方应重新核查工作区域，确认所有安全措施仍然有效，作业条件未发生变化。若有新的安全要求（如夜间工作的照明）也应在申请上注明。在新的安全要求都落实以后，申请人和批准人方可在作业许可证上签字延期。许可证未经批准人和申请人签字，不得延期。

(5)作业许可的失效

当发生下列任何一种情况时，各方都有责任随时取消作业许可，停止作业。需要继续作业的，应重新办理作业许可证。

①作业环境和条件（包括气候以及环境等对作业产生的危险条件）发生变化，许可证的风险控制措施无法有效控制时；

②作业内容发生改变和人员发生变化时；

③实际作业与作业计划发生重大偏离；

④发现新增风险无有效措施；

⑤发现重大安全隐患；

⑥紧急情况或事故状态。

应急警报拉响，必须从该区域撤离。

作业许可证批准签发后超过 2 小时没有开始作业，或作业间断超过 2 小时，必须重新办理许可证。

取消作业应由提出人和批准人在许可证正本上签字，副本收回。

一份作业许可证涉及多项作业时，若其中任何一项作业因上述原因被停止，其他相关作业应同时停止，本作业许可证及其涉及的其他许可证也同时被取消。

(6)作业许可的终止

作业完成后，现场负责人要检查作业区域的安全状况。

许可申请人应该在许可证上记录作业完成的时间，并把作业状态和作业区域的安全情况通知现场负责人。

在作业完成以及作业区域的安全条件已经恢复正常后，许可申请人、现场负责人和签发人必须在许可证上签字以关闭作业许可。

作业完成后，应确保做到“工完、料尽、场地清”，作业区域应恢复正常。

作业完成后，申请人与批准人或其授权人在现场验收合格后，双方签字后方可关闭作业许可。

作业申请人及时通知中控值班人员，中控值班人员通过广播系统及时通报作业已正式结束。

(7)作业许可的记录及存档

作业完成后，作业负责人应将完工时间、工作质量和完成情况填写清楚并交签发人存档。

作业许可证原件应由专人负责进行存档，并至少在现场设施上保存 1 年。

二、作业许可的要求

1. 作业许可的一般要求

所属单位应根据本单位管理需要和现场实际情况，参照《中国海油作业许可管理规定(暂行)》的作业活动分类要求，梳理作业活动和作业许可范围，建立作业许可管理体系，内容至少应包括：

(1)许可的分类及适用范围；

(2)许可的申请、审批、延长、终止等管理流程；

(3)许可的管理权限；

(4)相关人员(如许可申请人、作业人员、监护人、审核人和批准人)的职责；

(5)风险分析及安全措施；

(6)许可的存档管理要求。

所属单位要按照作业活动的类别执行相应的作业许可管理流程，具体参见表3-46。

表3-46 作业活动分类与作业许可类型对应表

作业活动分类	作业许可类型
第一类至第三类(红区)	作业许可+特殊作业许可
第四类(红区)	特殊作业许可
第五类至第七类(黄区)	作业许可
第八类(蓝区)	在明确控制要求后，通常不需要作业许可，各单位有特殊要求的，可自行确定

关于第八类作业，各所属单位应明确通用控制要求和特别控制要求：通用控制要求包括岗位培训(持证上岗)、操作规程(维保规程)、作业方案、安全检查、PPE和现场应急处置方案；特别控制要求根据作业内容和风险确定。

所属单位应在作业许可管理体系中明确作业许可证的格式，在实操过程中认真填写、审批作业许可证，并在作业许可证的有效期内实施作业，有效期内未完工的作业须重新申请作业许可证。作业许可证应在满足现场控制要求的前提下，尽可能的简单、易于操作。

各所属单位审批作业许可时，应执行一事一审批，当一项作业涉及多项作业许可时，必须同时申请多项作业许可。审批前应开展作业人员能力评估、作业安全分析、设备设施完整性确认、现场作业环境检查、风险预防措施落实情况核查，并识别是否需要特殊作业许可；特殊作业还应增加特殊作业风险防范措施和管理要求。

所属单位在甲方场地作业时，应根据甲方的HSE管理体系要求申办相应的作业许可。所属单位作为甲方时，应对承包商执行的作业许可制度提出明确要求。

作业许可申请人必须现场携带许可证的原件(白色)，并告知现场相关作业人员，保证全体人员掌握许可证上的内容。

作业许可申请人应督促、检查、指导作业人员严格依照许可证的要求进行作业。

作业人员应掌握许可证上的内容，懂得使用现场防护和必要的应急设备，掌握HSE控制措施，并严格按照许可证的要求进行作业。

现场监督和作业监护人负责对作业许可制度的执行情况进行监督，确认所进行的全部工作都符合作业许可证制度的要求，监督HSE措施的落实到位和检查施工现场的HSE行为。

全体作业人员和现场单位应密切关注作业环境、作业条件、作业内容和作业人员等，确保满足作业许可证要求。

2．作业许可的专项要求

(1)作业许可

各所属单位在进行影响设备完整性的作业或在非责任区内进行不影响设备设施完整性的作业时，应结合本单位实际情况，申请作业许可(作业范围参照前面各业务板块作业活动分类基本清单)。

(2)特殊作业许可

各所属单位进行特殊作业时，应申请相应的特殊作业许可，包括但不限于：

①热工作业许可

作业人员进行直接或间接产生明火的工艺设备以外的禁火区内可能产生火焰、火花或炽热表面的非常规作业(如使用电焊、气焊、气割、喷灯、电钻、砂轮等进行的作业)时，应申请热工作业许可。

②高处作业许可

作业人员要在以下区域进行作业时，应申请高处作业许可。

a．在距坠落高度基准面2米及以上有可能坠落的高处；

b．在平台或浮式生产储油装置常规保护区域的外侧区域；

c．下方有转动机械或堆置了易伤害人的物品的地点。

③进入限制空间许可

作业人员需要进入到有毒或易燃气体、烟雾或蒸气已达到危险程度或空气中氧气含量过低或过多的罐、容器及某些空间内进行作业时，应申请进入限制空间作业许可证。如进入油舱、油罐(柜)、各种塔类、沉箱、长距离输油(气)管道、暗沟下水道、化学药剂罐等空间进行作业。

④隔离锁定许可

隔离内容主要包括两大类：

第一类是作业隔离，即对进入施工作业区域的能源流进行封隔，保障作业区域人员安全，包括对作业许可要求的隔离与锁定项目和需要进行能源隔离的施工作业。

第二类是故障隔离，即对故障的设备或阀门隔离、标识并锁定，防止误操作引发事故，包括对操作状态异常、失效或泄漏的阀门或开关和使用起来不安全、功能不正常的设备器械的隔离。

⑤吊装作业许可

利用各种吊装机具将设备、工件、器具、材料等吊起并使其发生位置变化的作业，需申请吊装作业许可。

⑥电气作业许可

作业人员对电气设备进行运行、维护、安装、检修、改造、施工、调试等作业(不含电力系统进网作业)时，应申请电气作业许可。

⑦接触危险化学品作业许可

作业人员进行接触具有易燃、易爆、有毒、有害及有腐蚀特性，会对人员、设施、环境造成伤害或损害的化学品的作业时，应申请接触危险化学品作业许可。

⑧动土作业许可

进行深度在0.5米以上挖土、打桩、钻探、坑探、地锚入土等作业或使用推土机、压路机等施工机械进行填土或平整场地等可能对地下隐蔽设施产生影响的作业时，应申请动土作业许可。

⑨交叉作业许可

当两个或两个以上相对独立的作业在同一区域内同时进行时，应申请交叉作业许可。

⑩其他

作业人员在进行其他对操作者本人、他人及周围建(构)筑物、设备、设施的安全可能造成危害的作业时，应申请相应的特殊作业许可。

讲题2 作业安全分析法(JSA)

作业安全分析法(Job Safety Analysis,JSA)是目前欧美企业在安全管理中使用最普遍的一种作业安全分析与控制的管理工具。它借鉴了Phillips和美国Ocean Epoch公司半潜式平台风险分析单，通过工作前的过程分析，控制可能遇到的风险，消除导致事故发生的不安全行为和危险因素，努力营造一个不发生事故和伤害的工作环境。

一、JSA基本知识

1. JSA的定义

工作安全分析JSA是用来评估任何与确定的活动相关的潜在危害，保证风险最小化结构简单的方法。

2. JSA的目的与重要性

(1)风险管理能够细化到每一个具体的作业步骤。

(2)由作业者管理自己作业中的风险。

(3)消除重大危害，减少事故的发生。

(4)通过参与对JSA的编写、讨论、沟通及修订等，能够提高员工对日常作业中的风险识别能力。

(5)为个人提供安全有效的工作。

(6)员工参与工作区的安全事务。

(7)提供了工作前的安全指引。

3. 哪些作业需要做JSA

原则上所有现场作业活动都应开展作业安全分析，实施方法可采用书面和口头两种方式。接到作业活动申请后，首先应明确作业活动的内容，确定开展作业安全分析的方式。

风险较小、内容简单、作业场所经常变动的工作，可采用口头的作业安全分析。如：当日或当班要进行的作业、临时性的简单作业、有作业指导书的作业。

风险较大、内容较复杂、人员配合较多的作业应采用书面作业安全分析。如：无作业指导书的作业、偏离标准的作业、新的作业、作业指导书变更的作业、需要编制方案的作业。

4. JSA 由谁来做

JSA 工作开始之前，应确定由谁来做 JSA。一般，我们成立工作安全分析(JSA)小组。小组的成立，可以以文件的形式下发，正式成立；也可以寻找相关人员临时非正式成立。小组人数的多少，根据作业具体情况而定。

开展 JSA 时，作业负责人应明确执行 JSA 的人员和工作计划，要求作业负责人、参与作业的人员包括可能受到影响的人员都应参加。根据作业特点，还应邀请有知识和经验的人员加入。

例如：

· 设备专业

能有效解答设备结构或原理等相关问题。

· 工艺、生产专业

熟悉工艺、生产操作过程、作业流程等。

· 仪表、自控专业

能回答涉及仪表、自动控制等相关问题。

· 承包商代表

如果作业涉及承包商，承包商人员应参与讨论涉及承包商作业环节的相关问题。

· 安全工程师

熟悉 JSA、安全技术手段、安全要求、监督检查、应急等相关问题。

· 综合协调人员

如涉及单位部门间协调管理问题，能有效解决。

· 一线作业人员

熟悉一线作业具体情况，能回答相关问题。

在开始前，应该至少对工作现场有一次考察、调研活动。

二、JSA 的实施

1. JSA 基本步骤

《中国海油工作安全分析实施指南》，对 JSA 的流程作出了规定。

第一步，工作申请。

第二步，明确作业活动，选定 JSA 人员。

第三步，作业步骤划分。

第四步，辨识危害。

第五步，风险分析评价。

第六步，制定控制措施。

第七步，分析残余风险。本步骤是条件判定步骤。

如果还有不可接受的残余风险存在，则返回第四步，辨识危害，重新走流程。

如果没有不可接受的残余风险存在，则继续下一步。

第八步，作业许可和风险交底。

第九步，达成一致意见。本步骤是条件判定步骤。

如果所有人员达成不了一致意见，则不能开工；如果所有人员达成了一致意见，则继续下一步。

第十步，落实控制措施开展工作任务。

第十一步，反馈与总结。

第十二步，结束。

2. JSA 作业步骤的划分

分解，是将工作分解成若干步骤。

一般情况下，任务的分解方法就是按工作顺序把一项作业分成几个步骤，每一个步骤要具体而明确。

· 使用动作

比如说，准备、打开、转动、进入、隔离、清理、打磨、吊装等。

· 简明扼要

步骤名称要简明扼要，说清楚事情即可，不需要描述如何做。

· 不可过于笼统

步骤分解太少、太粗，可能会遗漏掉一些活动中的潜在危害。

· 不可过于细化

步骤分解太多、太细，会使后边步骤出现大量重复，浪费时间。

· 必要时实地查看

· 有经验的人参与

· 控制步骤个数

建议步骤个数控制在 5～15 个，给每个步骤编号。

可以参照原来的标准操作程序进行，步骤分解完毕之后，重新确认一下。

3. 清楚相关内容

辨识危害之前，首先要做到清楚。那么，我们要清楚什么内容呢？

要干什么

这是 JSA 的核心内容。要清楚你的作业，是动火、切割、吊装，还是检修？

时间

你要做的工作什么时候进行？原则上，JSA 的时间与工作的时间越近越好。为什么说越近越好呢，相差时间越长，作业环境、作业条件甚至是作业人员改变的概率越大。

地点

这个地点是指工作作业的地点。作业的地点是在平台上、陆地上、罐内、高处、室外还是船上，都应该交代清楚。因为作业地点、作业环境的不同，工作的风险也可能不一样。

人员

这个人员，主要是指与作业相关的人。

要清楚作业人员的资质能力，工作经验。比如特种作业，要清楚特种作业人员的持证情况。比如，风险高、危险高的作业，是否由经验丰富、身体健康的人员来完成？作业人员的情绪如何？比如，监护人员、安全检查人员，性格是否沉稳？作风是否严谨？

机械设备

机械设备是作业因素中重要的一环。机械设备一旦出事故，往往后果比较严重。因此，作业前要清楚，机械设备选型是否合适；机械设备是否存在故障和隐患。

物料

物料是作业中重要的组成部分。因此，需要清楚物料的特征和性质，是否属于易燃易爆品，是否具有毒害特性，是否污染环境，遇水是否分解损坏，是否具有腐蚀性等。

程序、方法

作业程序、操作方法是关系到作业成败的关键一环。作业前，应该要清楚作业许可、JSA、作业方案、隔离锁定等程序是否完备，操作方法是否正确，作业步骤是否合适。

环境

作业环境组成要素较多，需考虑周全。作业环境光线是否充足，地面是否湿滑，立足位置是否牢固，风力是否影响作业安全，是否有雾气，周围是否有高压电力线路，是否有压力管道、高大建筑物等。

工具及其他

工具由作业者掌握，工具是否存在缺陷，选型是否与作业匹配等，还有其他与作业相关的因素都需要清楚。

4. 现场巡视

现场巡视是风险识别最为常用和有效的识别方法，通常能发现很多显而易见的危害。

现场巡视的内容一般包括现场布置和现场状况，邻近的设施，可能同时进行的活动。

那么，需要注意的几点有：现场巡视不能识别隐藏的危害；有些危害的出现有时间性，现场巡视可能恰好避开；有些危害与工作方法有关，换一种工作方法可能不会出现。

5. 危害识别

《中国海油工作安全分析实施指南》对于危害因素给出了指导性建议，分别从人员、设备、材料、环境、程序五个方面展开。

(1)人员方面：新的/没经验人员；参观访问人员/非授权人员；沟通不够；人员不足够；工作能力不够。

(2)设备方面：脚手架/梯子；工具使用不当；设备稳定性/倒塌；维修保养；设备故障；设备受损/缺陷。

(3)材料方面：有害物质；放射性物质；易燃品；爆炸性物质；尺寸/重量；废料。

(4)程序方面：应急反应不及时；程序/流程不当；安全管理体系不充分；计划不充分；缺乏培训；缺乏信息/指令/监督。

(5)环境方面：限制空间；高处作业；噪音；温度；照明；通风；振动；天气。

6. 评价

一般用风险矩阵法评价。

事件风险等级 R 与发生概率 P、损失程度 C 的函数关系为：

$$R = f(P, C)$$

其中，发生概率 P 是指导致事故发生的可能性；损失程度 C 是指事故发生后能够带来多大的后果。等级划分见表 3-47～表 3-49。

表 3-47　风险发生的可能性(概率)P

等级	说　明	
1	发生事故需要多种因素的反常组合	基本不会发生：行业内很少听说过此事故
2	发生事故需要多种因素的非常组合	极少发生：不太可能发生
3	存在其他因素时可能发生事故，否则不可能发生	可能发生：作业周期内有可能发生不超过一次
4	不一定发生事故，但存在其他因素时可能发生	很可能：作业周期内可能很多次发生
5	事故的发生几乎不可避免	经常发生：作业周期内常有发生

表 3-48　可能造成的损失 C

等级	人员	环境	财产	声誉
1	伤害可以忽略，不用离岗	危险物质泄漏，不影响现场以外区域，微损，可很快清除	少于 1 万元	无影响或轻微影响

续表

等级	人员	环境	财产	声誉
2	轻微伤害，需要一些急救处理	现场受控制的泄漏，没有长期损害	1万～10万元	有限影响
3	受伤，造成损失工时事故	应报告的最低量的失控性泄漏，对现场有长期影响，对现场以外区域无长期影响	10万～100万元	很大影响
4	单人死亡或严重受伤	10～100吨烃类及危险物质泄漏，对现场以外某些区域有长期伤害	100万～1000万元	国内影响
5	多人死亡	100吨以上烃类及危险物质泄漏现场以外地方长期影响	大于1000万元	国际影响

表3-49 风险等级 R

等级	1	2	3	4	5
1	○	○	○	○	△
2	○	○	△	△	△
3	○	△	△	*	*
4	○	△	*	*	◇
5	△	*	*	◇	◇

○——低风险 △——中风险 *——较大风险 ◇——重大风险

7. 确定控制措施

确定控制措施的原则，如图3-33所示。

(1)消除

作业需要进行吗？如果作业必须进行，能否有办法消除危害？

使用机械设备代替手工操作是否能够消除危害？

举例：

如果工人使用电锯，有可能切断电线，你可以安装漏电保护器，当电线被切断时，漏电保护器动作保护工人。

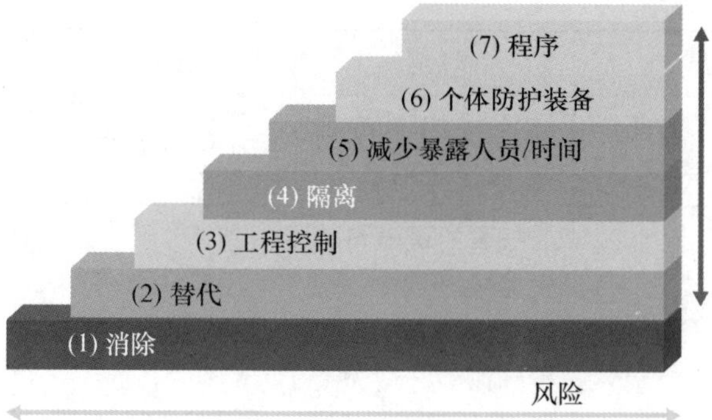

图 3-33　确定控制措施的原则

如果你提供无绳电锯，这时你就完全消除了危害。

(2)替代

这些东西可用来降低风险吗？

比如：使用水溶性物质替代有害溶剂；块状/液体物质替代粉状物质；减少物体的尺寸和重量。

(3)工程控制

装置可用来降低风险吗？

比如：现场通风排气；防护装置；隔离(机械/电气)；照明；围栏。

(4)隔离

距离/屏蔽/防护装置可用于防止人员暴露于风险之中吗？

比如：进入控制；距离；时空；工程控制。

(5)减少暴露人员/时间

限制暴露于风险之中的人数并控制暴露的时间。

比如：工作场所设计；交接工作；交替频次。

举例：

工人使用气锤，暴露在振动的危害中，可能永久地伤害神经系统。

可安排多人轮流工作来缩短他们使用气锤的时间，让他们有时间来恢复，避免永久的伤害。

(6)个体防护装备

适当和足够的个体防护装备(PPE)，适合该作业吗？

比如：安全索具/安全带；呼吸保护装置；化学防护；护目镜；面罩。

PPE 是保护人体的最后一道屏障，一旦突破将带来人身伤害。

(7)程序

程序可用来确定要遵守的工作安全系统并降低安全风险。

比如：容许作业；检查表；工作总成；风险评估/工作安全分析；过程图。

制定控制措施要注意以下几点：

要点一，措施要有针对性，每项危害因素都要有相应的控制措施。

要点二，说明你要做什么？

要点三，措施要具体而明确，不要含糊不清。

要点四，避免使用“工作要小心”……“要注意”，这不是控制措施。

8. 审查残余风险

在制定完控制措施之后，重新回顾识别的风险，看是否还有未考虑的风险，残余风险是否还需制定补充改进措施。如果存在不可接受的风险，应重新进行辨识危害。如果不存在不可接受的风险，则进入下一步。

接下来一个步骤是作业许可和风险交底。

作业实施前，应按要求取得配套作业许可，并做好风险交底。

风险交底应至少包含以下内容：

(1)划分的作业步骤安排及相邻作业；

(2)作业具体开展时间和每步作业的负责人；

(3)每个步骤潜在的危害及风险控制措施。

所有人员达成共识：如果作业计划、人员或条件改变，则应重新开展分析，否则应立即停止作业；所有的作业安全分析单应签字并留存。

应充分利用班前会进行 JSA 沟通。

(1)让参与工作任务的每个人彻底理解：

完成本工作任务所涉及的所有活动细节，包括他们自己的活动和其他人的活动；

辨识出本工作任务每个阶段的潜在危害；

已经采取的或将要采取的降低危害的控制措施；

在各个阶段每个人的行为和责任。

(2)应该包括参与工作的所有人员，或可能受影响的所有人员，如：设施上人员、其他承包商人员等。

9. 落实控制措施

作业实施过程中，作业负责人应对照作业安全分析单及作业许可证内容对作业过程进行验证。

如不能满足作业要求，应停止作业，重新召开作业安全分析。如作业实施过程中每步工作执行人或负责人不能切实落实作业安全分析的要求，应停止作业并立即纠正。

10. 反馈与总结

作业结束后，应组织参与作业的人员回顾作业过程及风险控制措施的落实情况，根据具体情况修改和完善作业安全分析单，并将最终的作业安全分析单更新到作业安全分析库。

(1)需要注意的是：

①JSA 是控制作业过程中危险的有力工具。

②JSA 把一项作业分成若干步骤，分析每一步骤可能的风险，提出相应的控制措施。

③JSA 本身不能控制事故的发生，它需要作业人员切实贯彻实施 JSA 要求的各项控制措施。

④JSA 有它的局限性，做 JSA 的人越有经验，认识的风险越全面。

(2)JSA 只是一种分析手段，本身不能控制事故的发生，它需要作业人员切实贯彻实施 JSA 要求的各项控制措施，操作规程。

①根据风险初始等级，提交给相应级别人员批准。

②根据 JSA 的建议做出行动计划或放弃此工作。

③JSA 是否成功取决于是否有效地沟通。

④获取工作人员对 JSA 的反馈。

⑤对不熟悉工作的人员进行培训指导。

第四章　应急管理
——当全能应急救援员

海洋石油开发所处的是高风险的环境，这样的现实情况决定了我们必须要建立不同突发事件的应急抢险及救援对策，下面针对几种高风险作业进行风险分析以及出现事故后的抢险与救援工作进行介绍。

第一节　应急响应

一、事故报告与抢险

《安全生产法》对事故发生以后的报告程序与抢险工作作了一些规定。

第七十条　生产经营单位发生生产安全事故后，事故现场有关人员应当立即报告本单位负责人。

单位负责人接到事故报告后，应当迅速采取有效措施，组织抢救，防止事故扩大，减少人员伤亡和财产损失，并按照国家有关规定立即如实报告当地负有安全生产监督管理职责的部门，不得隐瞒不报、谎报或者拖延不报，不得故意破坏事故现场、毁灭有关证据。

第七十一条　负有安全生产监督管理职责的部门接到事故报告后，应当立即按照国家有关规定上报事故情况。负有安全生产监督管理职责的部门和有关地方人民政府对事故情况不得隐瞒不报、谎报或者拖延不报。

第七十二条　有关地方人民政府和负有安全生产监督管理职责的部门负责人接到重大生产安全事故报告后，应当立即赶到事故现场，组织事故抢救。

任何单位和个人都应当支持、配合事故抢救，并提供一切便利条件。

1. 事故的分类

按照 2007 年 3 月 28 日国务院第 172 次常务会议通过的《生产安全事故报告和调查处理条例》，根据企业生产经营活动中发生的生产安全事故（以下简称事故）造成的人员伤亡或者直接经济损失，事故一般分为以下等级（不包括环境污染事故、核设施事故及国防科研生产事故）：

（1）特别重大事故，是指造成30人以上死亡，或者100人以上重伤（包括急性工业中毒，下同），或者1亿元以上直接经济损失的事故；

（2）重大事故，是指造成10人以上30人以下死亡，或者50人以上100人以下重伤，或者5000万元以上1亿元以下直接经济损失的事故；

（3）较大事故，是指造成3人以上10人以下死亡，或者10人以上50人以下重伤，或者1000万元以上5000万元以下直接经济损失的事故；

（4）一般事故，是指造成3人以下死亡，或者10人以下重伤，或者1000万元以下直接经济损失的事故。（“以上”包含本数）

中国海洋石油总公司针对突发事件安全事故的危害程度、影响范围和控制事态能力的差别确定响应级别，系统内部响应级别划分为以下三级。

（1）现场级应急响应：为一个作业单元（平台、油矿、终端、工厂等）可利用自己或可调用的资源解决遭遇的突发事件。

（2）公司级应急响应：所在地区或专业等所属公司组织的救援和控制行动，统一安排人员、设备或其他资源。该级响应需由应急指挥机构来统一指挥现场的应急救援和控制行动。所属单位应根据自身的具体情况，相应地明确通知范围，应急中心的启动程度，应急力量的出动，指挥人员赴现场的安排，设备、物资的调集规模，疏散的范围，应急指挥的职权等。事先应结合自身的特点按本预案第四部分“所属单位应急管理的要求”编制预案，并对下一级单位的应急准备工作做出系统规划和安排。

（3）总部级应急响应：必须启动并利用总公司系统资源的突发事件。当突发事件具备下列条件之一时，必须启动总部应急机构：

①可能造成公司重大声誉影响、公众情绪激烈、事件以负面的形式引起主流媒体的关注，以及可能造成严重社会影响；

②所属单位在不能独立处置所辖范围突发事件时提出救援请求，或需要动员整个公司资源、调动社会资源；

③造成重大人员死亡（10人以上），10人以上遇险或受困或多人伤害；

④出现中型以上溢油（10吨以上），油轮碰撞、管线破损产生或可能产生超过小型以上溢油；

⑤船舶、油轮、浮式生产装置、工程船舶、钻井船等重大碰撞、搁浅、沉没，矿山透水、采空区崩塌、尾矿库溃坝等严重事件；

⑥直升机坠落或船舶、车辆等交通工具遇难并造成群体伤亡；

⑦厂内、作业场所内、家属区、办公楼等建筑物受到灾害性破坏；

⑧出现火灾、爆炸或油气泄漏造成全体人员撤离或周围群众恐慌性撤离；

⑨硫化氢或其他有毒、有害化学危险品泄漏、放射性物质泄漏造成或可能造成多人伤害或造成人员撤离或周围群众恐慌性撤离；

⑩流行性传染病、群体性不明原因疾病、食品中毒事故等造成区域性多人丧失生活能力或不能维持正常工作和生活；

⑪发生重大群体事件，如罢工、游行、示威、集会、集体上访等造成严重社会影响或干扰生产作业；发生人数少，但引起政府、媒体关注，影响大或危害程度大的活动；

⑫突发战争、恐怖暴力事件，或重大刑事案件，邪教或敌对势力破坏活动等影响程度大的事件。

根据上述事故应急响应级别的不同，需要不同的事故报告和抢险程序。

2. 事故报告的原则

事故报告应当及时、准确、完整，任何单位和个人对事故不得迟报、漏报、谎报或者瞒报。

事故调查处理应当坚持实事求是、尊重科学的原则，及时、准确地查清事故经过、事故原因和事故损失，查明事故性质，认定事故责任，总结事故教训，提出整改措施，并对事故责任者依法追究责任。

3. 事故报告的程序

发生事故后，生产经营单位负责人必须立即如实地将事故情况报告有关部门。这样，相关部门可以及时组织抢救，防止事故扩大，减少人员伤亡和财产损失；可以及时对事故进行调查处理，分析事故的原因并提出防范措施，处理有关责任人员，教育职工和领导干部，加强安全管理，保障安全生产。

事故发生后，事故现场有关人员应当立即向本单位负责人报告；单位负责人接到报告后，应当于 1 小时内向事故发生地县级以上人民政府安全生产监督管理部门和负有安全生产监督管理职责的有关部门报告。

情况紧急时，事故现场有关人员可以直接向事故发生地县级以上人民政府安全生产监督管理部门和负有安全生产监督管理职责的有关部门报告。生产安全事故报告流程见图 4-1。

4. 事故报告的内容

当发生重大社会安全事件时，事件报告和记录应包括的内容提要：

(1)事件类别；

(2)事件发生的时间、地点(海上应急事件需提供坐标位置)；

(3)事件发生的初步原因；

(4)事件概况和处理情况；

(5)现场人员状况，人员失踪、伤亡及撤离情况(人数、程度、所属单位、国籍)；

(6)事件对周边自然环境影响情况，是否造成环境污染；

(7)事件对周边社会人员影响情况，是否波及社会人群或造成社会人员生命财产的威胁和影响；

(8)现场气象、海况及主要自然天气情况；

(9)请求总公司协调、支持的事项；

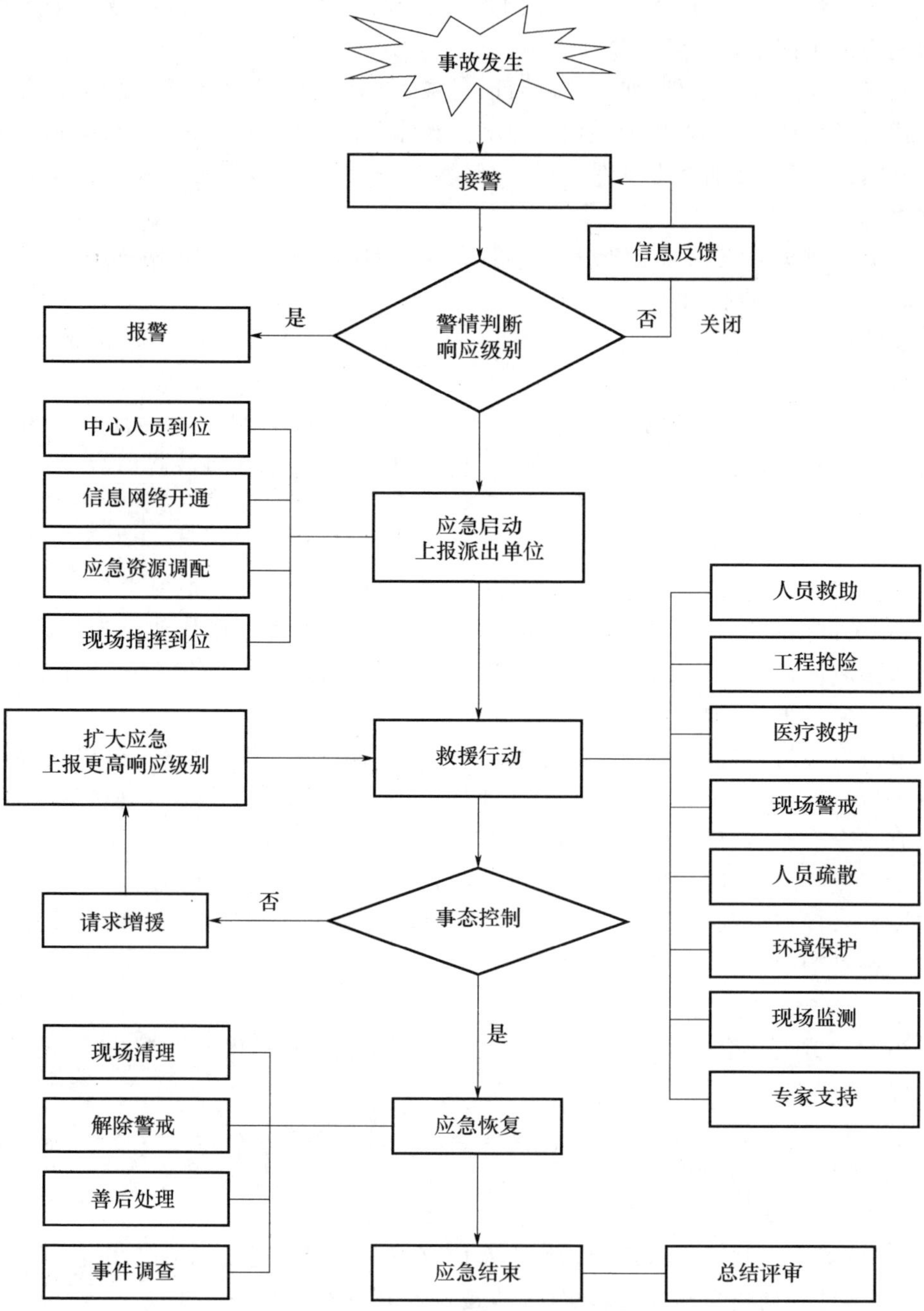

图 4-1　生产安全事故报告流程图

(10)当发生重大社会安全事件时,应补充报告下列内容:

①事件影响公司生产经营活动情况;

②事件涉及社会人员范围、组织者的情况；

③事件涉及主要社会问题，造成的社会影响和社会危害程度；

④已采取的疏导、安抚和控制措施。

5．事故的抢救

事故的抢险救灾工作直接影响着是否可以减少伤亡、控制事故蔓延和降低经济损失。事故发生单位负责人接到事故报告后，应当立即启动事故相应应急预案，或者采取有效措施组织抢救，防止事故扩大，减少人员伤亡和财产损失。

事故发生后，有关单位和人员应当妥善保护事故现场以及相关证据，任何单位和个人不得破坏事故现场、毁灭相关证据。

(1)现场人员的自救原则

矿山企业发生事故时，在场人员应尽可能了解或判断事故的类型、地点和严重程度，并迅速报告企业负责人。同时，在保证安全的前提下，尽可能利用现有设备和工具材料及时消灭或控制事故；如不可能，应由现场负责人或有经验的工人带领，选择安全路线迅速退避。

避灾的原则：

①如果发生瓦斯、煤尘爆炸事故，一般都会有强大的爆炸声和连续的空气震动，产生很强的高温气浪，并产生大量的有害气体。这时候，一定要沉着，不可惊慌，也不要乱喊乱跑，应积极进行自救。自救的方法是：

迅速背向空气震动的地方，脸向下卧倒，头要尽量低些，用湿毛巾捂住口鼻，用衣服等物盖住身体，使肉体的外露部分尽量减少。在爆炸的一瞬间，要尽量屏住呼吸，防止吸入大量的高温有害气体。与此同时，要迅速取下自救器，按照操作方法戴好。

戴好了自救器，就要辨清方向，沿避灾路线尽快进入有新鲜风流的巷道，离开灾区。撤离中，要由有经验的老工人带领同行。假如巷道破坏严重，又不知道撤退路线是否安全，就要设法找到永久避难硐室或自己构造临时硐室或到较安全的地方去暂时躲避，安静而又耐心地等待救护。躲避的地方要选择顶板坚固、没有有害气体、有水或离水近的地方，并且要时时注意附近情况的变化，发现有危险时，就要转换地方。

避灾中，每个人都要自觉遵守纪律，听从指挥，并严格控制矿灯的使用。要主动照顾受伤的人员，还要时时敲打铁道或铁管，发出呼救信号，并派有经验的老工人(至少两人同行)出去侦察。经过探险确认安全后，可向井口退出，并在沿途做出标记，以便救护队跟踪寻找。如有可能，要寻找电话及早同地面取得联系。

②当发生火灾、爆炸或毒物泄漏时，现场人员应尽可能迎着风流撤退至未被污染的空处。但也要具体情况具体分析对待，总之以最快方式撤到安全地点为原则。如线路较长，火焰与毒气可能马上袭来时，应向下卧倒或俯伏于水沟中，以减少灼伤。

③当位于室内的人员逃生通路阻塞或有毒有害气体量大等无法退避时，应迅速

紧关门窗，设法堵死门窗的缝隙，避免火焰或有毒气体进入房间，如果有电话，应立即与外面取得联系，然后用湿毛巾捂住鼻子和嘴，等待营救。

④如果发生水灾事故，首先要尽力判明水源性质并用最快的方式通知附近地区的工作人员一起按规定的路线撤出。要手扶支架躲过水头冲击后向高处走，进入上一个水平，然后撤出。

(2)事故的抢救

事故发生后，事故发生地的有关单位必须严格保护事故现场并组织事故抢救，因抢救人员、防止事故扩大以及疏通交通等原因，需要移动现场物件的，应当做出标志、绘制现场简图并写出书面记录，妥善保存现场重要痕迹、物证；特大事故发生单位所在地地方人民政府可以根据实际需要，将特大事故的有关情况通报当地驻军，请驻军参加事故的抢救或者给予必要的支援。

(3)消防队和救护队的抢救工作

工矿企业和事业单位及机关等地面工作场所发生的火灾、爆炸和毒物泄漏等事故的抢救工作，应执行《中华人民共和国消防法》的有关规定。

企业、事业单位根据需要设立群众义务消防队或者义务消防员，负责防火和灭火工作；火灾危险特大、距离当地公安消防队(站)较远的大、中型企业或者较大的事业单位，根据需要建立专职消防队，负责本单位的消防工作；新建的城市和扩建、改建的市区，应当按照接到报警后消防车能在5分钟内到达责任区边沿的原则设立公字消防队(站)。任何单位和个人在发现火警的时候，都应当迅速准确地报警，并积极地参加扑救，起火单位必须及时组织力量扑救火灾，邻近单位应当积极支援。消防队接到报警后，必须迅速赶赴火场进行扑救。

(4)抢救指挥部的设置

当发生事故时，企业应首先成立临时抢救指挥部。临时抢救指挥部应由生产、安全、调度、物资供应、厂内消防(或救护队)、保卫等部门负责人组成，总指挥由熟悉灾区情况的厂长或总工程师担任。重大事故或特大事故由当地政府或归口管理部门的主要负责人担任总指挥，抢救指挥部还应吸收公安、检察和主要外援单位负责人。

(5)抢救方案的确定

根据事故类别、灾区的范围、灾区人员的分布及预先编制的生产安全事故应急救援预案确定抢救方案。

抢救方案应包括预防事故扩大的措施、寻找遇难和负伤的人员、侦察灾区险情和范围、现场救护以及现场记录等内容。

事故抢救时，应保护好现场。确因抢救伤员和防止事故的扩大，需要移动现场物件时，必须做出标志、拍照、详细记录和绘制事故现场图。妥善保存现场重要痕迹、物证，伤亡事故现场必须经过安全生产监督管理部门或事故调查组同意才能清理，以确保现场勘查和调查工作的顺利进行。

二、应急救援行动的一般程序

一旦发生重大事故，启动企业内应急救援行动的一般程序如图 4-2 所示。

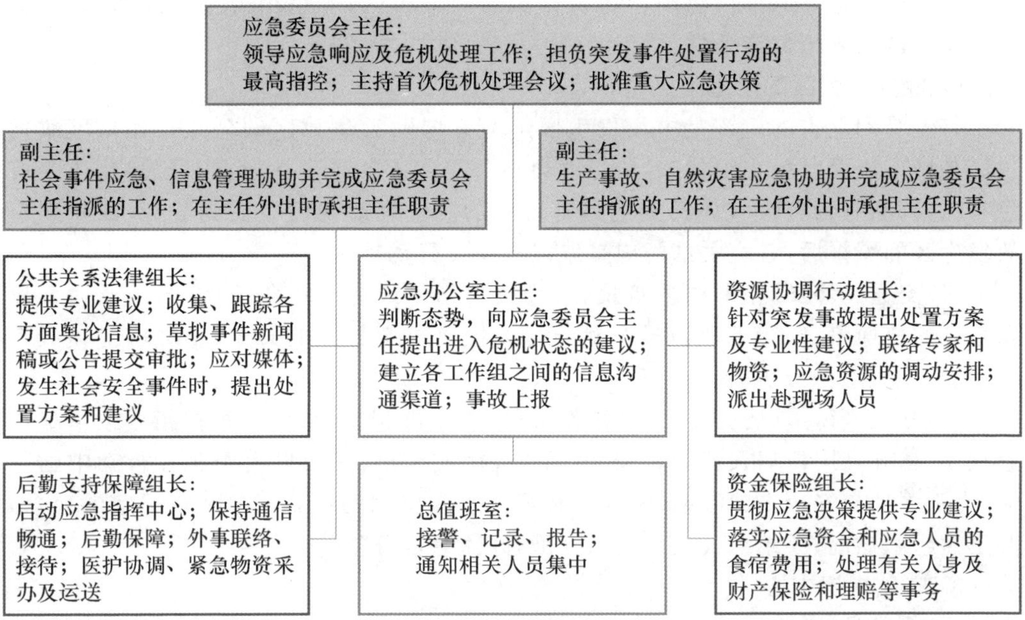

图 4-2　应急机构及其职责图

1. 事故发生区

事故现场、企业或社区负责人或安全主管部门应采取以下行动：

(1)掌握情况

不论事故现场是何种局面，必须掌握的情况有：事故发生时间与地点；种类、强度；已泄漏物质数量；已知的危害方向；事故现场伤亡情况，现场人员是否已安全撤离；是否还在进行抢险活动；有无火灾与爆炸伴随，这种伴随的可能性；现场的风向、风速；泄漏(释放)危及企业外的可能性。

(2)报告与通报

在基本掌握事故情况，并判明或已经发现事故危及企业外时，应立即向各有关部门进行如下报告：①报告负责本厂附近应急工作的市或区的应急指挥中心；②上报本系统直接领导部门；③根据事故的严重程度及情况的紧急程度，按预案规定的应急级别发出警报。

(3)组织抢救与抢险

制止危害扩散的最有效措施是迅速消除事故源，制止事故扩展。同时，事故发生单位最熟悉事故设施和设备的性能，懂得抢险方法，必须组织尽早抢救与抢险。事故发生单位要迅速集中抢险力量和未受伤的岗位职工，投入先期抢险，这包括：

①抢救受伤害人员和在危险区的人员，组织本单位医务力量抢救伤员，并将伤员迅速转移至安全地点；②堵漏、闭阀、停止设备运转、灭火、隔离危险区等；③清点撤出现场的人员数量，必要时，组织本单位人员撤离危害区；④组织力量消除堵塞，为前来应急救援的队伍创造条件。

2．事故发生区的附近地区

首先受到危害的应该是事故发生区下风方向贴近事故区的公众。如果事故发生区与城市居民区呈交织状态，情况就会十分复杂。如果事故泄漏(释放)物质为有色有味，判断有毒有害气体的到达是有可能的。一旦发现已经受到危害，或听到事故发生区的警报后，各有关部门应采取以下应急行动：

(1)交通民警：①立即向上级报告；②根据指令或情况危急程度，封锁通往事故发生区的交通路口；③迅速疏导车辆与行人撤离决定封锁的通道；④维持封锁区内的治安；⑤注意自身防护。

(2)社区或街道(居民委员会)工作人员：①立即报告上级；②根据指令或情况危急程度，指导高层楼居民进行隐蔽(关闭门窗)或撤出；③协助民警疏导行动中的人流，有秩序地向安全方向移动；④检查有否进入非密闭的地下工事或地下室的公众，并迅速组织撤离；⑤组织公众自救与互助，并注意自身防护。

3．应急指挥中心

(1)值班员的行动：①记录事故发生区报告的基本情况；②按预案规定，通知指挥部所有人员到达集中地点，并规定到达时限；③报告市(区)行政当局值班室；④与参与应急救援工作的当地驻军取得联系，并向他们通报情况；⑤根据情况的危急程度，或按预案规定通知各应急救援组织做好出动准备。

(2)指挥组的行动：①根据事故发生区报告的情况，指示安全技术人员进行危害估算；②会同专家咨询组判断情况，研究应急行动方案，并向总指挥提出建议。其主要内容是：事故危害后果及可能发展趋势的判断，应急的等级与规模，需要调动的力量及其部署，公众应采取的防护措施，现场指挥机构开设的必要性、开设的地点与时间；③按总指挥的指令调动，并指挥各应急救援组投入行动；④开设现场指挥机构；⑤向驻军通报应急救援行动方案，并提出要求支援的具体事宜。

(3)其他有关组织的行动：①专家咨询组进行技术判断及力量使用估计，会同指挥组向总指挥提供建议的内容；②安全评价(扩散估算)组根据事故发生区报告的基本情况和已知的气象参数，进行事故后果评价，扩散趋势预测，向指挥组做出技术报告；③气象保障组收集天气资料，若有可能可在现场开设气象观测哨；④各保障组做好后援准备；⑤各应急救援专业组织按指挥组指令投入行动。

三、事故评估程序

在应急救援的不同阶段实施什么行动要依靠决策过程，反过来这要求对事故发展过程的连续评价。无论是谁，只要发现危险的异常现象，第一反应就要开始启动应急程序。这种事故评估过程在特定时间首先由主管协调反应行动的人来履行，然后由企业应急总指挥和其工作人员来执行，这些以后再详细讨论。在紧急事件初始阶段，某人可能是第一个发现者，会决定是否启动报警程序，这也会启动相应的反应机制。启动应急行动的流程见图 4-3。

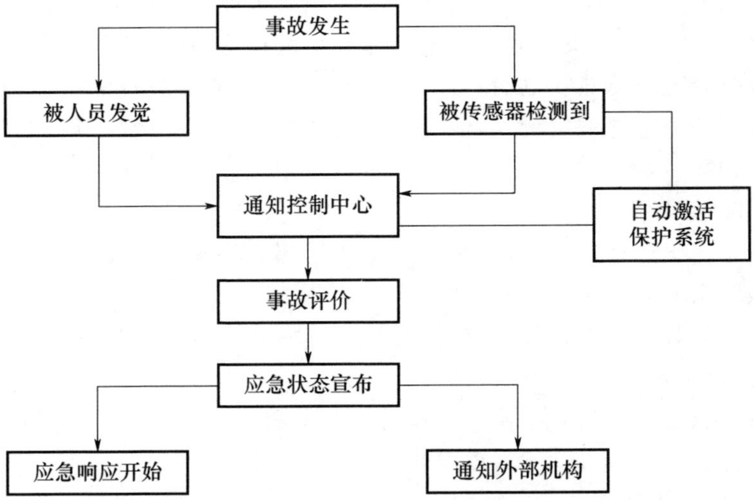

图 4-3 应急行动流程图

事故分级有几种方法。不同的人判断相同事故会产生不同的分级。为了消除紧急情况下产生的混乱，应参考企业和政府有关部门制定的事故分级指南。

应急行动级别是事故不同程度的级别数，事故越严重，数值越高。根据此分级标准，负责人可在特定时刻把事故严重程度转化为相应的应急行动级别。应急行动级别数值与企业性质和内在危险有关。大多工业企业采用三级分类系统就足够了。

一级——预警，这是最低应急级别。根据企业不同，这种应急行动级别是可控制的异常事件或容易被控制的事件。像小型火灾或轻微毒物泄漏对企业人员的影响可以忽略，这样的事故可定为此级。根据事故类型，可向外部通报，但不需要援助。

二级——现场应急，这是中间应急级别，包括已经影响企业的火灾、爆炸或毒物泄漏，但还不会超出企业边界，外部人群一般不会受事故的直接影响。这种级别表明企业人员已经不能或不能立即控制事故，这时需要外部援助。企业外人员如消防、医疗和泄漏控制人员应该立即行动。

三级——全体应急，这是最严重的紧急情况，通常表明事故已经超出了企业边界。在火灾、爆炸事故中，这种级别表明要求外部消防人员控制事故。如有毒物质泄漏发生，根据不同事故类型和外部人群可能受到影响，可决定要求进行安全避难或疏散。同时，也需要医疗和其他机构的人员支持，启动企业外应急预案。

四、通告和通信联络程序

通信联络对于有效地协调不同应急组织的应急行动是非常重要的。一般可采用下述程序。

1. 报警

报警是实施应急预案的第一步。通常，在许多企业，任何员工都能拉响警报或至少向报警人员报告，这个程序有利于尽早地预警可能出现的异常情况。如果有充分的事前准备，任何企业员工或操作人员都会知道在这种情况下首先该采取什么行动（例如，拨打企业应急热线电话）。从这开始，应急反应会按计划实施，热线操作人员将通知最初的应急评估负责人，他要确定应急级别并根据应急行动级别启动相应的应急反应预案。

2. 通知企业人员

最初应急组织有许多任务，首先是让企业内部人员知道已发生紧急情况。无论使用什么报警系统完成这个目的，最常使用的是声音报警。报警有两个目的：动员应急人员并提醒其他无关人员采取防护行动（例如，转移到更安全的地方，进入安全避难点，或撤离企业）。

就企业应急通信系统（包括人员和设备）而言，让应急人员知道应急发生是关键。组织有序和经过演习验证的预案使每个人知道做什么。

3. 通知外部机构

根据应急的类型和严重程度，企业应急总指挥或企业有关人员（业主或操作人员）必须按照法律、法规和标准的规定将事故有关情况上报政府安全生产主管部门。通报应该包括以下信息：

(1)将要发生或已发生事故或泄漏的企业名称和地址；

(2)通报人的姓名和电话号码；

(3)泄漏化学物质名，该物质是否为极危险物质；

(4)泄漏时间或预期持续时间；

(5)实际泄漏量或估算泄漏量，是否会产生企业外效应；

(6)泄漏发生的介质是什么；

(7)已知或预期的事故的急性或慢性健康风险和关于接触人员的医疗建议；

(8)由于泄漏应该采取预防措施，包括疏散；

(9)获取进一步信息，需联系人的姓名和电话号码；

(10)气象条件，包括风向、风速和预期企业外效应；

(11)应急行动级别。

尽管可靠的电话系统有效，但在应急过程中设置应急通知的热线会十分有用。应急人员必须熟悉这种程序并理解它的重要性。

应急通报是强制的，不只因为是法规要求，还在于通报企业外应急反应组织，并动员他们。此外，通知应急严重程度时，使用一套事先确定的应急行动级别非常有效。企业外的应急行动是否启动，要根据应急预案中事故类型和严重程度由现场应急总指挥的判断来决定。

4. 建立与保持企业内的通信联络

一旦企业应急总指挥决定启动应急预案,通信协调和联络部门就要负责保持各应急组织之间高效的通信能力。最重要的通信联络是应急指挥中心,它装有固定通信设备。任何应急指挥中心与外部的通信中断(特别是应急指挥中心与现场应急组织之间),必须报告通信联络负责人,动员现有资源和人力来解决问题。

可以使用警笛和公共广播系统向企业人员通报应急情况,必要时通知他们疏散,从企业部分或全部撤离。

5. 建立和保持与外部组织的通信联络

一旦应急预案启动,企业应急总指挥和副指挥在应急指挥中心进行应急指挥与协调,保持与外部机构联络,现场操作负责人直接与应急指挥中心联系。

6. 向公众通报应急情况

在事故影响到社区居民的情况下,可采取两种行动:疏散或在建筑物内避难。无论采取什么行动,社区居民和公众必须得到应急通知。如果没有有效的通信程序,这几乎不可能实现。用警笛报警系统通知事故发生的社区效果较差,而且这种系统只有在公众明白警报的含义,知道该采取的行动才会有效。紧急广播系统与警笛报警系统结合使用会更有效。紧急广播系统能发射无线电和电视信号,信息内容应该尽可能简明,告诉公众该如何采取行动。如果决定疏散,应该通知居民避难所位置和疏散路线。公众防护行动的决定权一般由当地政府主管部门掌握。应急组织应该做好如下一系列准备行动:

(1)准备向当地政府主管部门提供建议;

(2)(根据危险分析)制定关于何时进行公众疏散或是安全避难的指南;

(3)根据事故性质、气象条件、地形和原有逃生路线提出疏散的最佳路线;

(4)保存当地电台、电视台的电话簿;

(5)事先联系这些电台以协调信息发布;

(6)建立填单式信息向公众广播(这样可减少紧急时的混乱和避免忽略某些信息)。

企业负责人没有权力决定涉及公众的行动,可是这并不减少他们的事故责任。因而他们应该(特别对大众)确保建立起防护措施和有效通信机制,尽量减小事故后果。

7. 向媒体通报应急信息

在紧急情况下,媒体很可能获悉事故消息,当地报纸、电视和电台的记者会涌到事故现场或到企业大门前采集有关新闻消息。保卫人员应该确保若非允许不得入内,尤其是无关人员,不能进入应急指挥中心或应急人员正在控制险情的地方,因为这会干扰应急行动。要防止媒体错误报道事件,因此,应急组织中要有专门负责处理公众、媒体的部门。

此项功能的负责人应该定期举办新闻发布会,提供准确信息,避免错误报道。

当没有进一步信息时，应该让人们知道事故正在调查，将在下次新闻发布会通知媒体。

在这种情况下，用预先制作好的填空式信息单在新闻发布会上宣读是很方便的。在任何情况下，应准备好书面说明以便在新闻发布时分发，发布前由负责人员审定。作为应急准备方案的一部分，在新闻发布会使用的其他材料，如地图、表格、黑板和其他声像材料应该事先准备好。

五、现场应急对策的确定和执行

应急人员赶到事故现场后，首先要确定应急对策，即应急行动方案。正确的应急行动对策，不仅能够使行动达到所预期的目的，保证应急行动的有效性，而且可以避免和减少应急人员的自身伤害。无数事实表明，在营救过程中，应急救援人员的风险很大。没有一个清晰、正确的行动方案，会使应急人员面临不必要的风险。应急对策实际上是正确的评估判断和决策的结果，而初始的评估来源于最初应急行动所经历的情况。

现场应急对策的确定和执行包括：①初始评估；②危险物质的探测；③建立现场工作区域；④确定重点保护区域；⑤防护行动；⑥应急行动的优先原则；⑦应急行动的支援。

1. 初始评估

事故应急的第一步工作是对事故情况的初始评估。初始评估应描述最初应急者在事故发生后几分钟里观察到的现场情况，包括事故范围和扩展的潜在可能性，人员伤亡、财产损失情况，以及是否需要外界援助。初始评估是由应急指挥者和应急人员共同决策的结果，可以使用下述 LOCATE 因素分析方法进行初始评估。

例如，在火灾的前几分钟，应急人员必须做出一些决定，像放置水带的位置、人员疏散时间和地点。应急者必须根据有效的信息，快速做出决定，因为前几分钟决定着后面的结果。

LOCATE 因素分析描述了在初始评价阶段需要考虑的问题，具体为：

Life（生命）：危险区人员以及如何保护应急者、雇员和附近居民的生命安全。

Occupancy（影响程度）：事故范围与破坏车辆、储槽、管道和其他设备的情况。

Construction（建筑）：结构尺寸、高度和类型。

Area（附近区域）：在直接区域和周边区域需要的保护。

Time（时间）：日期，季节，火灾燃烧泄漏持续时间，到行动之前有多长时间。

Exposure（暴露）：在事故中有什么是需要保护的，比如人员、建筑、附近区域、环境。

初始应急者必须在到达现场时考虑这些因素。应用 LOCATE 因素分析，应急者能够制定一个良好的应急行动对策。

2. 危险物质的探测

危险物质的探测实际上是对事故及事故起因的探测。第一种方法是由两个人组成的小组在远离(在逆风向的较高位置,并且确保他们不会接触危险物质)事故现场的地方测定发生事故的物质;第二种方法可能更危险些,要求两名应急人员组成小组,到事故区域进行状况评估,采用这种方法,应急人员要穿上防护服。

需要探测和了解的情况包括:

(1)所涉及物质的类型和特性。例如,闪点、燃烧值、蒸气密度、蒸气压力、可溶性、活性、相容性、燃烧的产物。

(2)泄漏、反应、燃烧的数量。

(3)密闭系统的状况,例如,当前的压力和温度(特别是在不正常的情况下)、容器损坏的数量和类型、正在进行中的反应及泄漏的后果。

(4)控制系统的控制水平和转换、处理、中和的能力。

3. 建立现场工作区域

在初始评估阶段,另一项重要的任务是建立一个现场工作区域。在这个区域明确应急人员可以进行工作,这样有利于应急行动和有效控制设备进出,并且能够统计进出事故现场的人员。

在初始评价阶段确定工作区域时,主要根据事故的危害、天气条件(特别是风向)和位置(工作区域和人员位置要高于事故地点)。在设立工作区域时,要确保有足够的空间。开始时所需要的区域要大,必要时可以缩小。对危险物质事故要设立的三类工作区域,即危险区域、缓冲区域、安全区域,如图 4-4 所示。

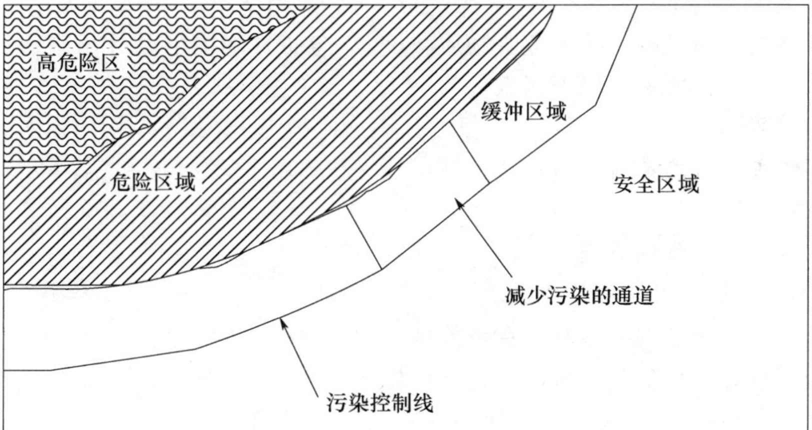

图 4-4 现场工作区域的划分

危险区域是把一般人员排除在外的区域,是事故发生的地方,它的范围取决于事故级别的范围以及清除行动的执行。只有受过正规训练和有特殊装备的应急操作人员才能够在这个区域作业,所有进入这个区域的人员必须在安全人员和指挥者的控制下工作。另外,还应设定一个可以在紧急情况下得到后援人员帮助的紧急入口。

环绕危险区域的是缓冲区域，也是进行净化和限制通过的区域。在这里污染将会受到净化，可称之为入口通道，只有受过训练的净化人员和安全人员才可以在这里工作。根据现场的实际情况，净化过程可以是简单的，例如，仅仅使用一桶水和一把刷子；也可以是非常复杂的多重步骤。净化工作非常必要，排除污染的方法必须和所污染的物质相匹配。

第三个区域是安全区域（也叫支持区域），这个区域是指挥和准备区域。它必须是安全的，只有应急人员和必要的专家能在这个区域。

限制区域的大小、地点、范围将依赖于泄漏或事故的类型、污染物的特性、天气、地形、地势和其他的因素。在现场实时的观察、仪器的读数、多方面的参考资料能决定受控制区域的大小和程度。有关组织编制的运输应急指南、化学事故应急信息系统、应急预案指南、物质安全数据（MSDS）和其他的资料与信息也能帮助建立控制区域。

其他的控制区域可能由现场内和现场外的防护区域组成，例如，疏散区域和掩体。应急预案应该包括决定疏散或进入掩体的原则。经过授权进行防护性行动的人员必须要对他们的任务和处理的方法有过良好的培训。特殊行动修改或扩大保护性行动必须由应急指挥者决定。如果泄漏有可能向现场外扩展，指挥者应该及时与当地政府应急主管部门联系。

4．确定重点保护区域

通过事故后果模型和接触危险物质浓度，应急指挥者能够估计出事故影响的区域，在这个区域内，要考虑以下因素。

（1）人员接触

①哪些人最可能接触危险；

②影响程度；

③达到危险浓度的时间。

（2）事故现场内的重要系统

①任何重要的控制区域是否在危险区域内；

②是否有必要在危险区域内对重要设施进行有序的停车程序，以防止更大的潜在危险。

（3）环境

①对危险很敏感的土壤区域；

②对野生生物的保护；

③渔业；

④水生生物。

（4）财产

①现场内的财产（设备、操作系统、车辆、油罐车、原材料、产品、存货）；

②现场外的财产。

(5)现场外的关键系统

①可能受到事故影响的主要运输系统;

②可能受到事故影响的公用水、电、气、通信服务系统等。

(6)应急人员的工作区域

①指挥中心;

②准备区域;

③支援的路线。

5. 防护行动

防护行动目的在于保护应急中企业人员和附近公众的生命和健康。这些行动常包括:搜寻和营救行动;人员查点;疏散;避难;危险区进出管制。

这些行动大多要求完善的准备并与各种应急组织和机构广泛合作,以便在应急中有效实施。此外,实施某些行动,例如,疏散可能要求与许多轻度危险或无危险区人员的合作,这要求必须认真进行事先计划。

(1)搜寻和营救行动

此类行动通常由消防队或救护队执行。如果人员受伤、失踪或困在建筑和单元中,就需要启动搜寻和营救行动。

(2)人员查点和集合区

重大事故应急可能要求所有企业人员实行防护行动。无论采取什么行动,不能使任何人被遗漏,这很重要,这要求在应急时进行人员查点。

企业每个单元或建筑应该派有疏散监督管理员,这些人通常是没有其他专门职责的企业员工,他们负责向其他员工报警和在疏散最初阶段负责查找人员,他们应该指挥关闭所有设备、设施、空调和通风系统。当决定放弃单元或建筑时,他们应该保证没有人被遗漏。在发生这种事故时,他们应该检查所有房屋(包括可能遗漏区域,如厕所),引导员工到集合点。这些疏散监管员应该熟悉内部报警系统(例如,不同的警笛声调)和集合地点,指挥人员按预定逃生路线疏散。所有员工都应能辨认警报,并知道集合点、熟悉逃跑路线和总体疏散程序。

非应急人员的集合点应该预先指定。如果原有集合点不稳定或不安全,应指定其他的集合点,逃生路线和替代逃生路线也应该事前确定出来。天气条件,特别是风向,将决定最合适的逃跑路线,应该使用工厂报警系统向工厂不同位置进行通报。

如果可能发生有毒物质泄漏的危险,应该设置专用避难所作为指定集合点,应该制定专门程序减少人员到达避难所前的风险。

(3)疏散

在重大事故应急发生时,可能要求从事故影响区疏散企业人员到其他区域。有时甚至要求全企业人员(除了负责控制事故的应急人员)都必须疏散。小企业或事故迅速恶化时,可直接进行全体疏散。被影响区无关人员应该首先撤离,接着是当全面停车时的剩余工人撤离。所有人员应该熟悉关于疏散的要求，在放弃他们的企业时，应该根据指示关闭所有设施和设备。此外，单元操作人员应该确切知道如何以安全方式进行应急停车。对于控制主要工艺设备停车的应急设备和公用工程，如果没有通知不能实施停车程序。

现场疏散的实际计划通常与企业大小、类型和位置有关。所以，应事先确定企业员工疏散的方法、主要或替换集合点、疏散路线和查点所有员工的程序，应该制定规定以警示和查找企业来访者。保卫人员应该持有这些人的名单，企业陪同人员负责来访者的安全。

如果发生毒气泄漏，应该设计转移企业人员的逃生方法，特别对于泄漏影响地区。所有在影响区域的人员都应配备应急逃生呼吸器，如果有毒物质泄漏能透过皮肤进入身体，还应该提供其他防护设备。人员应该横向穿过泄漏区下风以减少在危险区的暴露时间。逃生路线、集合点和企业地图应该在整个企业内设置，并清楚标识出来。此外，晚上应保证照明充足，便于安全逃生。企业内应该设置风标和南北指示标志，让人员能辨识逃生方向。

(4)现场安全避难

当毒物泄漏时，一般有两种保护人员的方法：疏散或安全避难。选择正确的保护方案要根据泄漏类型和有关标准，表 4-1 可作参考。

表 4-1　确定最佳防护行动的标准

防护方式	现场安全避难	疏　散
毒物泄漏情况	物品从容器中一次或全部泄漏 蒸气云迅速移动、扩散 天气状况促进气体快速扩散 泄漏容易控制 没有爆炸性或易燃性气体存在	大量物品长时间的泄漏 容器有进一步失效的可能 避难保护不够充分 持续火灾伴有毒烟 天气状况不利于蒸气快速扩散

当人员受到毒物泄漏的威胁，且疏散又不可行时，短期安全避难可给人员提供临时保护。

如果有毒气体渗入量在标准范围内，大多建筑都可提供一定程度保护。行政管理楼内也可设置避难所。

短期避难所通常是具有空气供给的密封室，空气可由瓶装压缩空气提供。一般控制室设计为短期避难所，使操作人员在紧急时安全使用。有些控制室如果为保证有序停车防止发生更大事故，需要设计为防止有毒气体的渗入。选择短期避难所的另一原因是人员到达可长期避难场所的距离过远，或因缺少替代疏散路线而不能安全疏散。

指挥者应根据事故区域大小、相对距离的远近和主导风向，为其员工选择短期避难所。避难所不应过远，使人员不能及时到达。在选定某建筑作为短期避难所前，指挥者应该考虑一下其设计特点：

①结构良好，没有明显的洞、裂口或其他可能使危险气体进入内部的结构弱点；

②门窗有良好的密封；

③通风系统可控制。

短期避难所不能长期驻留。如果需要长期避难设施，在计划和设计时必须保证安全的室内空气供给和其他支持系统。

避难场所应该能提供限定人员足够呼吸的空气量和足够长时间下的有效保护。在大多数常见情况下，临时避难所是窗户和门都关闭的任何一个封闭空间。

在许多情况下（如快速、短暂的气体泄漏等），采取安全避难是一个很有效的方法，特别是与疏散比，它具有实施时间少的优点。

(5)企业外疏散和安全避难

在紧急情况尤其是发生毒物泄漏时，企业经理或应急指挥者的首要任务是向外报警并建议政府主管部门采取行动保护公众。

接到企业通报，地方政府主管部门应决定是否启动企业外应急行动，协调并接管应急总指挥的职责。

迅速有效地对公众通报应急是十分重要的，使用可听报警器，如警笛系统和无线电广播系统，也非常有效。通报的应急信息应该能提醒和通知大众该做什么。安全避难一般不涉及后勤问题，如前面提到对于短期毒气泄漏，如果通风系统停止，渗漏甚小，大多数房屋甚至车辆也能作为临时避难所。如果建议进行疏散，后勤问题难度会很快升级，例如，通常是在下风向1公里区域内开始疏散，在大城市地区需要疏散人群数目会很大，要求更多时间。没有组织周密的计划，结果可能是灾难性的。

为了建立有效疏散计划，企业管理层不能单独行动。企业管理层应该积极与地方政府主管部门合作，制定应急预案，以保护公众免受紧急事故危害。

(6)应急救援行动的优先原则

①员工和应急救援人员的安全优先；

②防止事故扩展优先；

③保护环境优先。

以火灾为例：

首先，要建立疏散和营救遇险者及探测有可以进入的安全区域；其次，选择一个防御性的计划来防止火势蔓延。在实施防御措施中，事故指挥者一定不要忘了第一优先是人员的安全。同时，要努力保护环境使其免受燃烧流体、烟雾和危险气体的污染，例如，应急者临时构筑防堤，防止燃烧流体与附近化学物质发生反应。应急人员进入事故区域灭火并设法减少损失。

灭火的基本对策就是抑制和扑灭火焰。尽管这听起来非常简单，在浓烟滚滚的情况下决定如何和在哪里切断火势并不容易，营救员工可能使操作更加复杂。

(7)应急救援行动的支援

支援行动是当实施应急救援预案时,需要援助事故反应行动和防护行动的行动。这种活动包括对伤员的医疗救治,建立临时区,企业外部调入资源,与邻近企业应急机构和地方政府应急机构协调,提供疏散人员的社会服务,企业重新入驻以及在应急结束后的恢复等。

①医疗救治。许多组织可提供应急医疗救治和医疗援助:接受过急救和心脏恢复培训的应急反应人员;企业医生或护士;当地医生、护士和其他医疗人员;当地救护公司;来自附近企业的医疗人员和其他救援小组;当地卫生部门官员;医疗设备和医药供应商;毒物控制中心。

为实现有效的医疗救治,应该注意:介入的迅速性和介入单位之间的协调。负责医疗救治的人员必须熟悉最基本的急救技术,保证在应急行动后立刻开始医疗救治。迅速把伤员从事故现场转移到临时区域,他们可在那里得到充分的医疗救治。

②临时区行动。临时区是应急救援活动后勤运作的活动区域,包括以下操作:

a. 接收、临时储存和给应急救援人员分发后勤物资;

b. 应急部署前集合企业外应急人员;

c. 停放所有运输车辆、救护车、起重机械、消防车和其他来到现场的车辆;

d. 提供直升机的降落场地;

e. 建立非污染区。

临时区不应该离事故现场太远,当然也要考虑安全。临时区域应该有充足的车位,保证应急车辆自由移动。应设置保卫,防止无关人员进入此区域,临时区选址时要考虑保证电力照明和水源充足。

临时区可位于应急指挥中心附近,临时区的位置应该让所有有关人员知道,要张贴标识以指示应急人员。

临时区的一个很重要任务是保存物资清单,包括收到什么、发放给应急人员什么。企业应急指挥必须知道现有物资、设备和需求,这样可及时提出申请。临时区常用的供应物资、设备是:呼吸器、灭火剂、泡沫、水管、水枪、检测器、挖土和筑堤设备、吸收剂、照明设备、发电机、便携式无线电和其他通信设备、重型设备和车辆、特种工具、堵漏设备、食物、饮料、卫生设施、衣物、汽油、柴油。

临时区也可以用于接收伤员、管理急救和安排伤员转入待用救护车。在严重事故时,临时区可以作为临时停尸所。

清除污染也是临时区任务的一部分,尽管清污场所可能处于其他位置。临时区应配有塑料盆和安装喷头,以擦洗防护设备和进行人员清洁。处理水和溢流水也应该尽可能收集,在消毒后处理。

③互助与协调外部机构行动。附近企业经常是拥有技术、人员、物资和设备的另一个资源。其他当地外部机构只有事先介入计划才能有效合作,可以成立互助协会,成员单位事先要知道能提供什么合作和由谁提供。

④值勤和社会服务。应急时，事故影响区的值勤主要由保安和当地公安部门负责。他们的主要任务是防止无关人员和旁观者进入企业或事故现场，指挥交通以保证公众安全，保护应急行动。企业保安也要控制人员进入应急指挥中心、新闻发布室、有重要记录和商业秘密的敏感地区。

全体应急时，当地警方有指挥疏散和在疏散区执法(防止抢劫)的任务，这些在政府应急预案中应有详细说明。

社会服务，如对事故受害者家属的援助或对疏散者的帮助应该在政府主管部门的直接指挥下进行，编制地方政府应急预案应予以考虑。对企业员工的其他救助可由企业管理层通过人事部门和当地志愿组织提供。

⑤恢复和重新进入。从应急到恢复和重新进入现场需要编制专门程序，根据事故类型和损害严重程度，具体问题具体解决。主要考虑如下内容：组织重新进入人员；调查损坏区域；宣布紧急结束；开始对事故原因进行调查；评价企业损失；转移必要操作设备到其他位置；清理损坏区域；恢复损坏区的水、电等供应；清除废墟；抢救被事故损坏的物资和设备；恢复被事故影响的设备、设施；解决保险和损坏赔偿。

应急结束后，企业应急总指挥应该委派有关人员重新入驻，清理重大破坏地区和保证恢复操作的安全。根据危险的性质和事故大小，重新入驻人员可能不同，可包括应急人员，企业技术、工程、维修人员。重新入驻人员的安全应该保证，如果危险，人员应佩戴个人防护设备。重新入驻要直接观察现场和采取适当措施后才能进入破坏区域。

进入现场的人员应将发现的情况及时通知企业应急指挥，他会决定是否宣布应急结束。只有在所有火灾扑灭、没有点燃危险存在、所有气体泄漏物质已经被隔离和剩余气体被驱散时，才可以宣布结束应急状态。

小型应急事故，可以及时指示企业人员重新进入建筑或企业单元，并恢复正常操作。如果是重大事故，应急指挥者可能决定暂不允许大多数员工进入，人事部门负责通知员工什么时候可以开始工作。

事故调查应该尽早进行，并应严格遵守有关事故调查处理法规和标准。

如果事故涉及有毒或易燃物质，清理工作必须在进行其他恢复工作之前进行。消除污染包括建立临时净化单元如洗池，用于清除场所内所有有毒物质和使用前的处理。由于事故直接造成的或者由于进行应急操作时(例如消防用水，如果污染水流失没有存留和回收)造成的土壤污染可能已经发生，土壤净化是一项花费时间、消耗大量资金的极为复杂的任务。

水、电供应的恢复只有在对企业彻底检查之后才能开始，以保证不会产生新危险。

恢复工作的最终目的是恢复到企业原有状况或更好。所需时间进程、费用和劳动力与事故的严重程度有关。无论怎样，从事故中吸取教训是极为重要的，包括重新安装防止类似事故发生的装置，这也是审查应急反应预案、评价应急行动有效性的一个因素。通过加入新的内容，改善原应急预案，提高事故预防水平。

第二节　各类事故的抢险组织与救援

讲题 1　火灾与爆炸事故的抢险组织与救援

在石油勘探开发、生产作业场所存在着石油、天然气等许多易燃易爆物质。动火、振动、电气、雷击或静电等都有可能引起火灾或爆炸。因此对现场火灾或爆炸的发生应时刻保持警惕，火灾或爆炸发生时按照本应急程序处理。

一、事故类型及危险程度分析

动火作业(电焊、风焊)、压力容器(乙炔、氧气瓶)水工建筑频繁使用，均属于高危作业或高危物品，违章作业导致火灾或爆炸事故影响非常大，群死群伤概率高，须严格按照国家规定，采取各项控制措施，预防事故的发生。

火灾和爆炸事故主要危险源如下。

(1)动火作业：电焊、气割；

(2)危险化学品：天那水、油漆、硅烷、汽油、柴油等；

(3)压力容器：气瓶、空压机；

(4)用电火灾：用电短路或用电负载过大发热引起火灾。

二、应急处置的基本原则、组织机构及职责

1. 应急处置的基本原则

(1)优先切断火源，控制火灾蔓延。

(2)利用现场资源自救、互救。

2. 组织机构及职责

见图 4-2。火灾和爆炸事故应急救援组织为项目部应急救援指挥小组。

三、火灾和爆炸事故预防措施

(1)加强对可燃物和易燃易爆物品的管理。

(2)办公室、职工宿舍、饭堂、施工现场设备、材料堆放场所配备充足有效的灭火器材。

(3)按规定设置乙炔和氧气瓶的库房，气瓶室通风要良好，在库房门口张挂醒目的防火警示标示，配备充足有效的灭火器材。

(4)乙炔和氧气的使用和存放要符合有关规定。

(5)在易燃易爆场所动火作业，必须先办理“三级”动火审批手续，领取动火作业许可证，并做足防火安全措施，方可动火作业。动火时要设专人值班，随时观察动火情况。

(6)严禁对盛装过可燃气体的容器进行焊割。

(7)焊割作业人员必须经专门培训，考试合格取得焊工证后，方可上岗，在作业时应做到“八不”“四要”“一清”。

(8)危险化学物品须存放在通风阴凉点，化学性质相抵触的物品不得混合存放；危险品存放点与明火的距离不得小于10米。

(9)火灾与爆破危险环境内须按规范配备足量消防器材，消防器材应放置在明显位置。

(10)现场设置安全通道和消防水池，消防通道不得堵塞，水池水满，消防泵可随时开机使用。

(11)定期检查消防设备设施，保证设备设施可正常使用。

(12)职工宿舍不准乱接乱拉电线，不准在电源线上晾挂衣物，不准在宿舍内使用明火、电炉、气化炉具，不准使用电热器具和烧香拜神，严禁躺在床上吸烟。

四、事故报告流程与现场应急处置措施

1. 事故报告流程

见图4-1。

2. 现场应急处置措施

(1)发生火灾和爆炸，首先要迅速扑灭火源和报警，及时疏散有关人员，对伤者进行救治。

(2)火灾发生初期是扑救的最佳时机，发生火灾部位的人员要及时把握好这一时机，尽快把火扑灭。

(3)在扑救火灾的同时拨打“119”电话报警或及时向上级有关部门及领导报告。

(4)现场的消防安全管理人员，应立即指挥员工撤离火场附近的可燃物，避免火灾区域扩大。

(5)组织有关人员对事故区域进行保护。

(6)及时指挥、引导员工按预定的线路、方向疏散、撤离事故区域。

(7)发生员工伤亡，要马上进行施救，将伤员撤离危险区域，同时打“120”电话求救。

(8)船舶火灾须用高频呼救附近船舶协助，同时拨打海事局海上救助电话12395，寻求外部救助。

讲题2　危险化学品事故的抢险组织与救援

一、事故类型及危险程度分析

所谓化学事故，从广义上讲，是指一切由化学物质造成的人员、环境的伤(危)害事故。但从化学事故抢险救援的角度看，它主要是指与化学危险物品有关的单位在生产、经营活动中由于某些意外的情况，突发性地发生或人为的破坏，使有毒有害化学物质大量泄漏；或伴随火灾、爆炸次生大量有害气体，从而在较大范围内造成比较严重的环境污染，对国家和人民的生命财产安全造成严重危害的灾害性事故。

二、应急处置的基本原则、组织机构及职责

1. 应急处置的基本原则

(1)抢救人员优先。

(2)重点控制泄漏源、泄漏物。

2. 组织机构及职责

见图4-2。危险化学品应急救援组织为项目部应急救援指挥小组。

三、危险化学品事故的预防

1. 替代

预防、控制化学品危害最理想的方法是不使用有毒有害和易燃易爆的化学品，但由于受到技术和经济方面的影响，有时做不到。通常选用无毒或低毒的化学品替代有毒有害的化学品，选用可燃化学品替代易燃化学品。

2. 变更工艺

通过改变生产工艺来降低危险化学品事故发生，如：以往从乙炔制乙醛时采用汞作催化剂，现在发展为用乙炔为原料，通过氧化或氯化制乙醛。

3. 隔离

隔离就是通过封闭、设置屏障等措施，避免作业人员直接暴露于有害环境中。最常用的方法就是将生产或使用的设备完全封闭起来，使工人在操作中不接触化学品。

4. 通风

通风是控制作业场所中有害气体、蒸气或粉尘最有效的措施。借助于有效的通风，使作业场所空气中有害气体、蒸气或粉尘的浓度低于安全浓度，以确保工人的身体健康，防止火灾、爆炸事故的发生。

四、事故报告流程与现场应急处置措施

1. 事故报告流程

见图4-1。

2. 现场应急处置措施

(1)隔离、疏散

设置带有标识的警戒区域，并有专人警戒；除消防、应急处理人员以及必要坚守岗位的人员外，其他人员禁止进入警戒区；泄露区域严禁火种。

紧急疏散：迅速将警戒区域及污染区内与事故应急处理无关的人员撤离，以减少不必要的人员伤亡。

(2)防护

根据事故物质的毒性及划定的危险区域，确定相应的防护等级，并根据防护等级按标准配备相应的防护器具。

各种级别的防护标准如表 4-2 所示。

表 4-2　各种级别的防护标准

级别	形式	防化服	防护服	防护面具
一级	全身	内置式重型防化服	全面防静电内衣	正压式空气呼吸器或全防型滤毒罐
二级	全身	封闭式防化服	全面防静电内衣	正压式空气呼吸器或全防型滤毒罐
三级	呼气	简易式防化服	战斗服	简易滤毒罐、面罩或口罩、毛巾等防护器材

(3)询问情况和侦检

询问遇险人员情况，容器储量、泄露量、泄露事件、部位、形式、扩散范围、消防设施、工艺措施、到场人员处置意见。

使用检测仪器测定泄露物质、浓度、扩散范围。

确认设施、建(构)筑物险情及可能引发爆炸燃烧的各种危险源，确认消防设施运行情况。

(4)现场急救

进行急救时，不论患者还是救助人员需要进行适当的防护。

选择有利地形，应选择通风、远离泄漏点等环境进行急救。

(5)泄露处理

泄漏源控制：容器发生泄漏后，采取措施修补和堵塞裂缝，制止化学品的进一步泄露，对整个应急处理是非常关键的。

泄漏物处理：现场泄漏物要及时进行覆盖、收容、稀释，使泄漏物得到安全可靠的处理，防止二次事故的发生。

(6)火灾控制

危险化学品容易发生火灾、爆炸事故，但不同的化学品以及在不同的情况下发生火灾时，其扑救方法差异很大，若处置不当，不仅不能有效扑灭火灾，反而会使火灾进一步扩大。此外，由于化学品本身及其燃烧产物大多具有较强的毒害性和腐蚀性，极易造成人员中毒、灼伤，因此，扑救化学危险品火灾是一项极其重要而又非常危险的工作。

讲题 3　高处坠落事故的抢险组织与救援

一、事故类型及危险程度分析

码头工程存在少量高处作业，特别是设备维修、船舶作业，现场高处作业在无法采取围蔽、护栏等措施时，有时作业风险比较高，极易发生高处坠落事故。

二、应急处置的基本原则、组织机构及职责

1. 应急处置的基本原则

有效组织现场资源，抢救方式正确，及时联系外部救助。

2. 组织机构及职责

见图 4-2。高处坠落事故应急救援组织为项目部应急救援指挥小组。

三、高处坠落事故的预防

(1)对职工进行预防高处坠落的安全知识教育，使他们在操作时熟悉使用工具和正确佩戴安全防护用品。

(2)针对可能发生坠落事故的特定危险施工，在施工前制定安全防范措施，并在日常安全检查中加强监督落实。

(3)凡身体不适合(如高血压、癫痫病等禁忌症)从事高处作业的人员不得参与高处作业，从事高处作业的人员要按规定进行体检。

(4)高处作业要穿工作鞋，严禁穿硬塑料底鞋、高跟鞋。

(5)作业人员严禁互相打闹，不得攀爬脚手架，以免失足坠落。

(6)进行悬空作业时，应有牢固的立足点并正确系挂安全带。

(7)基坑周边、临空周边、预留洞口等，必须有安全警示并设置临时护栏，护栏围密目式(2000 目)安全网。

(8)施工使用的临时梯子要牢固，梯脚要有防滑措施，顶端捆扎牢固或设专人扶梯，确保使用安全。

四、事故报告流程与现场应急处置措施

1. 事故报告流程

见图 4-1。

2. 现场应急处置措施

(1)当发生高处坠落事故后，应马上组织抢救伤者，首先观察伤者的受伤情况、部位伤害性质，如伤员发生休克，应先处理休克。遇呼吸、心跳停止者，应立即进行人工呼吸、胸外心脏按压。处于休克状态的伤员要让其安静、保暖、平卧、少动，并将下肢抬高 20°左右，尽快送医院进行抢救治疗。

(2)出现颅脑损伤，必须维持呼吸道通畅。昏迷者应平卧，面部转向一侧，以防舌根下坠或分泌物、呕吐物吸入，发生喉阻塞。

(3)有骨折者，应初步固定后再搬运。遇有凹陷骨折、严重的颅底骨折及严重的脑损伤症状出现，创伤处用消毒的纱布或清洁布等覆盖伤口，用绷带或布条包扎后，及时送就近有条件的医院治疗。

(4)发现脊椎受伤者，创伤处用消毒的纱布或清洁布等覆盖伤口，用绷带或布条包扎，搬运时，将伤者平卧放在担架或硬板上，以免受伤的脊椎移位、断裂造成截瘫，招致死亡。抢救脊椎受伤者，搬运过程，严禁只抬伤者的两肩与两腿或单肩背运。

(5)移位或刺伤肌肉、神经或血管的固定方法：以固定骨折处上下关节为原则，可就地取材，用木板、竹头等，在无材料的情况下，上肢可固定在身侧，下肢与健侧下肢缚在一起。

(6)遇有创伤性出血的伤员，应迅速包扎止血，使伤员保持在头低脚高的卧位，并注意保暖，采取正确的现场止血处理措施。

(7)一般伤口小的止血法：先用生理盐水(0.9%NaCl 液)冲洗伤口，涂上红汞水，然后盖上消毒纱布，用绷带较紧地包扎。

(8)加压包扎法：用纱布、棉花等作成软垫，放在伤口上再加包扎，来增强压力而达到止血。

(9)止血带止血法：选择弹性好的橡皮管、橡皮带或三角巾、毛巾、带状布条等，上肢出血结扎在上臂 1/2 处(靠近心脏位置)，下肢出血结扎在大腿上 1/3 处(靠近心脏位置)。结扎时，在止血带与皮肤之间垫上消毒纱布棉垫。每隔 25～40 分钟放松一次，每次放松 0.5～1 分钟。

(10)采用最快的交通工具或其他措施，及时把伤者送往临近的医院抢救，运送途中尽量减少颠簸。同时，密切注意伤者的呼吸、脉搏、血压及伤口的情况。

讲题 4　溢油事故的抢险组织与救援

海洋石油作业的特点决定了在钻井、完井、测试、修井、油气生产过程中发生井喷时或海上采油设施、油轮、储油容器破损时，都有可能发生溢油事故。一旦溢油事故发生，按照本应急程序进行处理。

防止溢油事故及对各种程度的溢油事故处理的详细程序请参阅相关油矿、各海区石油钻完井的经国家海洋行政主管部门批准的《溢油应急计划》。

一、事故类型及危险程度分析

本工程中的码头施工包括打桩、水上安装以及主体工程，施工辅助作业船舶数量多，船体状况及船舶内部管理参差不齐，如发生船舶溢油事故，易引发环境污染，影响面积广，相关方关注程度高，应急处理困难，企业形象影响损失大，因此船舶防油污工作也是工程施工项目中的一个重点。

二、应急处置的基本原则、组织机构及职责

1. 应急处置的基本原则

(1)控制事故影响范围优先。

(2)保护环境优先。

2. 组织机构及职责

见图 4-2。船舶溢油事故应急救援组织为项目部应急救援指挥小组。

三、溢油事故的预防

(1)严格执行资源准入审核制度，船况不佳、船舶内部管理混乱等不合要求船舶

不得进场。

(2)加强船机的维修保养,防止船机“跑、滴、漏”油。

(3)油水分离器等油污处理装置正常运行,船舶须备有消油剂等清油污材料以及围油栏等初级油污扩散控制设施。

(4)油污或废油须由专业资格回收机构进行回收,不得将报废油料和油污排入海中。

四、事故报告流程与现场事故应急处置措施

1. 事故报告流程

见图 4-1。

2. 事故现场应急处置措施

(1)作业过程中发生溢油事故,船长应立即向全体船员发出船舶溢油应急反应部署命令,全体船员按“溢油应急反应部署表”的规定迅速到达自己的岗位。

(2)船舶按有关规定,立即向海上/港航安全监督部门报告,并根据情况向港口有关部门以及与本船有关的部门通报。

(3)在确定漏泄和原因的同时,立即采取控制措施,用吸油材料等油污清除设备和材料,把已溢流在甲板上的油围住、收集在一起,将排泄到船外的溢油限制在最低程度。

(4)尽快用围油栏或代替物等将溢入海面的油围住,防止扩散,同时用吸附材料等回收溢油。

(5)最后可用消油剂将油污清除,但使用前必须得到海上/港航安全监督部门的许可,而且必须使用符合技术标准要求的物品。

(6)在做最后处理之前,船上应精心地保管回收的污油和清洁使用过的材料。

(7)当本船无力清除海面溢油时,应立即请求有关单位援助。

讲题 5 触电事故的抢险组织与救援

一、事故类型及危险程度分析

海洋石油工程项目施工现场用电设备多,用电设备随工程进度移动频繁,施工面积广,且作业区域导电材料多、临水,触电事故发生概率高,影响范围广,安全用电是安全工作的一大重点。

二、应急处置的基本原则、组织机构及职责

1. 应急处置的基本原则

动作迅速、方法正确。

2. 组织机构及职责

见图 4-2。触电事故应急救援组织为项目部应急救援指挥小组。

三、触电事故的预防措施

项目经理部根据安全用电“装得安全，拆得彻底，用得正确，修得及时”的基本要求，为防止发生触电事故，在日常施工（生产）用电中要求严格执行有关用电安全管理规定，具体为：

(1)施工现场焊机等机电设备必须配备防雨罩，现场电缆不许直接铺设在有车来往碾压的地面上。

(2)一切线路敷设必须按用电安全技术规程进行，按规范保持安全距离，距离不足时，应采取有效措施进行隔离防护。

(3)非电工严禁接拆电器线路、插头、插座、电气设备、电灯等。

(4)根据不同的环境，正确选用相应额定值的安全电压作为供电电压。

(5)带电体之间、带电体与地面之间、带电体与其他设施之间、工作人员与带电体之间必须保持足够的安全距离，距离不足时，应采取有效措施进行隔离防护。

(6)在有触电危险的场所或容易产生误判断的地方，以及存在不安全因素的现场，设置醒目的文字或图形标志，提醒人们识别、警惕危险因素。

(7)采取适当的绝缘防护措施将带电导体围护或隔离起来，使电气设备及线路能正常工作，防止人身触电。

(8)采取适当的保护接地措施，将电气装置中平时不带电，但可能因绝缘损坏而带上危险的对地电压的外露导电部分（设备的金属外壳或金属结构）与大地连接，以防触电的危险。

(9)施工现场供电必须采取 TN-S 的三相五线的保护接零系统，把工作零线和保护零线区分开，通过保护接零作为防止间接触电的安全技术措施，同一施工区域不能同时存在 TN-S 两个供电系统。注意事项有：

①在同一台变压器供电的系统中，不得将一部分设备保护接零，而将另一部设备做保护接地。

②采用保护接零的系统，总电房配电柜两侧做重复接地，配电箱（二级）及开关箱（三级）均应做重复接地，其工作接地装置必须可靠，接地电阻值≤4 欧姆。

③所有电动设备的重复接地必须有两个接地点。

④电动设备和机具实行“一机一闸一漏一箱”，严禁一闸多机，闸刀开关选用合格的熔丝，严禁用铜丝或铁丝代替保险熔丝。按规定选用合格的漏电保护装置并定期进行检查。

⑤电源线必须通过漏电开关，开关箱漏电开关控制电源线长度不大于 30 米。

四、事故报告流程与现场应急处置

1. 事故报告流程

见图 4-1。

2. 触电事故应急处置措施

触电急救的要点是动作迅速，救护得法，切不可惊慌失措，束手无策。要贯彻

“迅速、就地、正确、坚持”的触电急救八字方针。发现有人触电，首先要尽快使触电者脱离电源，然后根据触电者的具体症状进行对症施救。脱离电源的基本方法有：

（1）将出事附近电源开关刀拉掉或将电源插头拔掉，以切断电源。

（2）用干燥的绝缘木棒、竹竿、布带等物将电源线从触电者身上拨离或者将触电者拖离电源，必要时可用绝缘工具（如带有绝缘柄的电工钳、木柄斧头以及锄头）切断电源线。

（3）救护人可戴上手套或在手上包缠干燥的衣服、围巾、帽子等绝缘物品拖拽触电者，使之脱离电源。

（4）如果触电者由于痉挛手指紧握导线缠绕在身上，救护人可先用干燥的木板塞进触电者身下，使其与地绝缘来隔断入地电流，然后再采取其他办法把电源切断。

（5）如果触电者触及断落在地上的带电高压导线，且尚未确证线路无电之前，救护人员不可进入断线落地点 8～10 米的范围内，防止跨步电压触电。进入该范围的救护人员应穿上绝缘靴或临时双脚并拢跳跃地接近触电者。触电者脱离带电导线后应迅速将其带至 8～10 米以外立即开始触电急救。只有在确认线路已经无电，才可在触电者离开触电导线后就地急救。

3．使触电者脱离电源时应注意的事项

（1）在未采取绝缘措施前，救护人不得直接触及触电者的皮肤和潮湿的衣服。

（2）严禁救护人直接用手推、拉和触摸触电者。

（3）救护人不得采用金属或其他绝缘性能差的物体（如潮湿木棒、布带等）作为救护工具。

（4）在拉拽触电者脱离电源的过程中，救护人宜用单手操作，这样对救护人比较安全。

（5）当触电者位于高位时，应采取措施预防触电者在脱离电源后坠地摔伤或摔死（电击二次伤害）。

（6）夜间发生触电事故时，应考虑切断电源后的临时照明问题，以利救护。

（7）触电者未失去知觉的救护措施：应让触电者在比较干燥、通风暖和的地方静卧休息，并派人严密观察，同时请医生前来或送往医院诊治。

（8）触电者已失去知觉但尚有心跳和呼吸的抢救措施：应使其舒适地平卧着，解开衣服以利呼吸，四周不要围人，保持空气流通，冷天应注意保暖，同时立即请医生前来或送往医院诊治。若发现触电者呼吸困难或心跳失常，应立即实行人工呼吸及胸外心脏按压。

（9）对“假死”者的急救措施：当判定触电者呼吸和心跳停止时，应立即按心肺复苏法就地抢救。方法如下：

①通畅气道。第一，清除口中异物。使触电者仰面躺在平硬的地方，迅速解开其领扣、围巾、紧身衣和裤带。如发现触电者口内有食物、假牙、血块等异物，可将其身体及头部同时侧转，迅速用一只手指或两只手指交叉从口角处插入，从口中取出

异物，操作中要注意防止将异物推到咽喉深入。第二，采用仰头抬颏法畅通气道。操作时，救护人用一只手放在触电者前额，另一只手的手指将其颏颌骨向上抬起，两手协同将头部推向后仰，舌根自然随之抬起，气道即可畅通。为使触电者头部后仰，可于其颈部下方垫适量厚度的物品，但严禁用枕头或其他物品垫在触电者头下。

②口对口(鼻)人工呼吸。使触电者仰卧，松解衣扣和腰带，清除触电者腔内痰液、呕吐物、血块、泥土等，保持呼吸道通畅。救护人员一手将触电者下颌托起，使其头尽量后仰，另一只手捏住触电者的鼻孔，深吸一口气，对住触电者的口用力吹气，然后立即离开触电者口，同时松开捏鼻孔的手。吹气力量要适中，次数以每分钟16～18次为宜。

③胸外心脏按压。将触电者仰卧在地上或硬板床上，救护人员跪或站于触电者一侧，面对触电者，将右手掌置于触电者胸骨下段及剑突部，左手置于右手之上，以上身的重量用力把胸骨下段向后压向脊柱，随后将手腕放松，每分钟按压 60～80 次。在进行胸外心脏按压时，宜将触电者头放低以利静脉血回流。若触电者同时伴有呼吸停止，在进行胸外心脏按压时，还应进行人工呼吸。一般做 4 次胸外心脏按压，做 1 次人工呼吸。

讲题 6 起重伤害事故的抢险组织与救援

一、事故类型及危险程度分析

工程现场需要大型起重设备，现场作业人员密集，存在频繁的交叉作业，如发生意外，极易造成群死群伤，影响较大，起重作业安全是工程施工安全工作的重中之重。

二、应急处置的基本原则、组织机构及职责

1. 应急处置的基本原则

(1)抢救人员优先。

(2)控制事故扩大优先。

2. 组织机构及职责

见图 4-2。起重事故应急救援组织为项目部应急救援指挥小组。

三、起重伤害事故的预防

(1)起重机应有省、市技术监督部门检测证书，起重船应有船舶检验证书，船员应有适任证书，起重司机、起重指挥工应持有特种作业操作证书。

(2)船舶水上水下安装作业前到海事局办理《水上水下作业施工许可证》及《航行通告》。

(3)起吊作业钢丝绳、卡环和绳套等配套设施须有质量合格证。

(4)起重作业“十不吊”须严格执行，“十不吊”内容有：被吊物重量超过机械性能允许范围；信号不清楚；吊物下方有人；吊物上站人；埋在地下物；斜拉斜牵物；散物捆绑不牢；立式构件、大模板等不用卡环吊装；零碎物无容器；吊装物重量不明。

(5)选用的绳具、卡环须与被吊物重量相匹配,不得起吊气瓶、压力容器、爆破危险品等高危物品,禁止使用施工现场的起重机械吊运人(施工作业人员)。

(6)起重机械安全装置(限位装置、行程开关、超载保护、超力矩保护、信号、喇叭等)完好,作业过程中须开启。

(7)起重作业区地面结实、平整,非斜坡,汽车、轮胎起重机作业时须将支撑完全撑开。

(8)起重作业区域应设显眼的警示标志,无关人员不得进入起重作业影响范围,起重指挥工应佩戴醒目的标识。

(9)大型构件的起吊安装制定专项吊装方案,现场多台吊机配合起吊时须设一名起重总指挥,其他多名起重工服从起重总指挥的统一手势,步调一致。

(10)夜间、风力 4 级以上不得进行起重作业。

四、事故报告流程与现场应急处置措施

1. 事故报告流程

见图 4-1。

2. 现场应急处置措施

(1)吊物、吊臂打击事故

①发生物体打击事故,应马上组织抢救伤者,首先观察伤者的受伤情况、部位,伤害性质,如伤员发生休克,应先处理休克。遇呼吸、心跳停止者,应立即进行人工呼吸、胸外心脏按压。处于休克状态的伤员要让其安静、保暖、平卧、少动,并将下肢抬高 20°左右,尽快送就近医院进行抢救治疗。

②出现颅脑损伤,必须维持呼吸道通畅。昏迷者应平卧,面部转向一侧,以防舌根下坠或分泌物、呕吐物吸入,发生喉阻塞。有骨折者,应初步固定后再搬运。遇有凹陷骨折、严重的颅底骨折及严重的脑损伤症状出现,创伤处用消毒的纱布或清洁布等覆盖伤口,用绷带或布条包扎后,及时送就近有条件的医院治疗。

(2)吊机超负荷起吊、吊机支撑不稳,导致倾覆

①发生机体倾覆,应马上组织抢救司机,司机受伤,则按本项规定进行救援。

②确保人员安全情况下,救援工作组长组织清理损坏设备,如发生火灾和爆炸事故须按照“讲题 1　火灾与爆炸事故的抢险组织与救援”实施现场救助。

讲题 7　气体泄漏事故的抢险组织与救援

在石油生产作业、油气处理、储存和运输过程中有可能发生有毒有害及可燃气体泄漏事故,从而对人员造成伤害或导致火灾、爆炸事故的发生。为了能对事故进行及时和有效的施救,把有毒有害及可燃气体泄漏可能导致的人员伤亡和财产损失降低到最低程度,特制定有毒有害气体及可燃气体泄漏事故抢险组织与救援程序。

一、陆上泄漏事故现场

若在油气处理、储存过程中发生有毒有害及可燃气体泄漏，由终端先行组织施救，公司应急值班室接到报告后，根据事态严重程度和应急指挥中心主任指令指挥现场的堵漏抢险工作，并根据情况及时向外部相关组织求援；若在运输过程中发生有毒有害及可燃气体泄漏，由相关承包商按有关规章制度自行处理，分公司根据事故情况和有关承包商请求积极配合进行处理，书中不作详细描述。

二、海上运输泄漏事故现场

若有毒有害及可燃气体在海上运输途中发生泄漏，运输船船长或有关人员要首先实施堵漏抢险处理作业，将事故消灭在萌芽状态；若情况危急，依靠现场人员处理不了，并对人员安全造成危害，则应立即采取措施，将全体人员撤到安全区，隔离有毒有害及可燃气体泄放区域。对已受危害的人员采取必要的医疗措施，与此同时，报告应急办公室和附近钻井/采油平台，并进一步按照接到的指令实施堵漏抢险处理作业。

讲题 8 硫化氢事故的抢险组织与救援

一、硫化氢(H_2S)的特性

硫化氢是一种剧烈急性的窒息性毒物，为无色带有腐蛋臭气的有毒气体，由含硫化物腐败生成，相对密度为 1.192，凝点为 －82.9 ℃，沸点为 －61.8 ℃，燃点为 29.2 ℃，能溶于水和醇，如通风不良，可使空气中硫化氢浓度提高，在无防护措施的情况下进入这种环境，可能发生中毒。空气中浓度达 43%～45.5%容量范围，即可发生爆炸，吸入空气中含量超过 30～40 mg/m^3，即可引起中毒。

二、硫化氢中毒类型划分

1. 刺激反应

接触硫化氢后出现流泪、眼刺痛、流涕、咽喉部位有灼热感等刺激症状，在短时间内恢复者。

2. 轻度中毒

有眼胀痛、畏光、咽干、咳嗽，以及轻度头痛、头晕、乏力、恶心等症状。

3. 中度中毒

有明显的头痛、头晕等症状，出现轻度意识障碍；有明显的黏膜刺激症状，出现咳嗽、胸闷、视力模糊、眼结膜水肿及角膜溃疡等。

4. 重度中毒

出现昏迷、呼吸循环衰竭、休克等症状表现。

三、硫化氢危害程度及现象

硫化氢浓度及其危害程度及现象见表 4-3，硫化氢浓度及其生理影响与危害见表 4-4。

表 4-3　硫化氢危害程度及现象

硫化氢浓度(ppm)	危害程度及现象
0.13～4.6	可嗅到臭鸡蛋味,一般对人体不产生危害
4.6～10	刚接触有刺热感,但会迅速消失
50	允许直接接触 10 分钟
100	刺激咽喉,引起咳嗽,3～10 分钟会损伤嗅觉、眼睛;头痛、恶心、脉搏加快,接触 4 小时以上可死亡
200	立即破坏嗅觉系统,眼睛、咽喉有灼烧感,时间稍长,眼、喉将灼伤,甚至导致死亡
500	失去理智和平衡知觉,呼吸困难,2～15 分钟内呼吸停止,如抢救不及时,将导致死亡
700	很快失去知觉,停止呼吸,若不立即抢救,将死亡
1000	立即失去知觉,造成死亡,或造成永久性脑损伤,智力损残
2000	吸上一口,将立即死亡,难于抢救
525～600	1～4 小时内有生命危险
900	暴露 30 分钟会引起致命性中毒
1500	引起呼吸道麻痹,有生命危险
1500～2500	在数分钟内死亡

表 4-4　空气中硫化氢浓度及其生理影响与危害

空气中硫化氢浓度(mg/m^3)	生理影响与危害
0.04	闻到臭味
0.5	闻到明显臭味
5	有强烈臭味
7.5	有不快感
15	刺激眼睛
35～45	强烈刺激黏膜
75～150	刺激呼吸道

续表

空气中硫化氢浓度(mg/m^3)	生理影响与危害
150～300	嗅觉在15分钟内麻痹
300	暴露时间长则有中毒症状
300～450	暴露1小时引起亚急性中毒
375～525	4～8小时内有生命危险

四、应急准备

1. 应急物资准备

(1)各作业区域必须有联络的通信工具，并必须保持畅通。

(2)装置内设观测风向的简单装置。

(3)生产装置区域配备至少10套防毒面具和配套供氧呼吸设备。

(4)汽提塔、酸性水罐应有硫化氢声响报警系统。

(5)应配备足够的医用氧气和吸氧设备或呼吸器。

(6)生产装置区域应配备可使硫化氢中毒者饮用后产生兴奋的饮料(浓茶或咖啡)、干净清洁的水和毛巾。

2. 紧急服务信息

(1)医疗急救电话120或就近的医疗机构的医疗技术备件。

(2)指挥组织负责人应清楚生产装置详细位置。

(3)操作人员应清楚生产装置地形、硫化氢监测仪器放置情况、报警声响特点、风向标位置及安全撤离路线等。

3. 一般护理常识

(1)当中毒者呼吸和心跳恢复后，可给中毒者喝些兴奋性的饮料和浓茶、咖啡，并专人护理。

(2)如中毒者眼睛轻度损害，可用清洁水清洗或冷敷。

(3)遭受硫化氢中毒者，需要休息几天，不得再度受硫化氢的伤害，因为被硫化氢伤害过的人，对硫化氢的抵抗力变得更低。

(4)安全地带是指通风良好且空气新鲜的上风地区。

五、应急反应和处理行动

1. 现场人员发生硫化氢中毒时，应进行以下应急行动：

(1)巡检中发现装置中硫化氢泄漏，应立即逐级向上汇报，紧急情况可以越级汇报，在确保人身安全和流程上下游装置安全的情况下，根据泄漏部位和泄漏量的大小，果断采取应急措施。若泄漏量不大，通知检修人员尽快处理；若泄漏量很大，则立即通知受到威胁的其他岗位人员做好个人防护或撤离，汇报调度，装置紧急停车，并尽快隔离泄压，调度在得知现场发生大的泄漏事故时，应立即通知消防参与现场应急处理，并将情况报告应急救援指挥部。

(2)岗位操作人员应立即采取相应的措施，处理完毕后，及时将处理结果汇报当班值负责人并做好记录。当班值负责人应对岗位人员采取措施的有效性及处理结果进行检查认可，如有问题，应立即与岗位人员一起采取措施处理，并立即将情况汇报车间主任(或主管技术员)。

2．当现场作业人员遭遇硫化氢中毒时

(1)应急小组根据情况初步判断中毒级别，若属轻、中度，应立即接受吸氧 30 分钟后，再将伤员送至救助的医疗机构。

(2)同时应急小组组长通知相关人员佩戴防毒面具或迅速撤离至安全地带。

(3)若确需在有硫化氢气体存在的场所继续作业，必须两人以上组成一个小组佩戴防毒面具工作，并且至少每隔 10 分钟撤离至安全地带休息 5 分钟方能继续工作。

3．现场作业人员发生硫化氢重度中毒时

(1)应迅速报告应急指挥小组组长，组长应立即组织人员穿戴好防毒面具或求助相关方将伤员迅速撤离现场，放置在安全地带。

(2)若中毒者能自行进行呼吸，应立刻吸氧，并应保持中毒者处于放松状态、保持中毒者的体温，不能乱抬乱背，应将中毒者放于平坦干燥的地方就地抢救，然后将伤员送至救治的医疗机构或求助当地 120 急救中心。

(3)如果重度中毒者撤离至安全地带时，已出现休克、心脏或呼吸停止的现象，应立即采取人工呼吸、呼吸器、人工胸外心脏按压法等方法进行抢救。

4．现场抢救方法

(1)人工呼吸法

人工呼吸法是家庭急救中经常应用的一项急救措施，是在病人因各种原因所致的呼吸突然停止或极度呼吸衰竭时，利用人工方法帮助呼吸，使其恢复自然的一种方法。常用的人工呼吸法有以下三种。

①口对口吹气法。病人仰卧，托起下颌，张开口，捏住病人鼻孔，头部尽量后仰，舌头不要堵塞咽喉。急救人员自己先深吸一口气，对准病人的嘴(两嘴对紧，不要漏气)用力吹气，病人胸部扩张起来后，停止吹气，并放松鼻孔，使其胸部自然缩回去。如此反复进行，每分钟 16～20 次，直到病人呼吸恢复为止。

②俯卧压背法。病人俯卧，头偏向一侧，一侧臂向前伸直，使其头枕在另一只弯着的手臂上，腹部用枕头垫高。急救人员跪伏在病人大腿两侧，面向病人头部，两臂伸直，两手掌平放于病人下胸背部两侧，均匀地用力按压后背下部，使气体由肺脏排出。然后两手放松，身体后仰，除去压力，使胸部自然扩张，空气进入肺内。如此反复进行，每分钟 16～20 次。此法对触电及溺水者更为适宜。

③仰卧压胸法。病人仰卧，头侧向一边，尽可能将舌头拉出，背部垫上枕头或衣被，使胸部抬高。急救人员跪于病人大腿两侧，以手掌贴于病人两侧肋弓部，拇指向

内，其余四指向外，借上半身的体重用力向胸部上后方压迫，挤出胸内空气，然后松手，胸部自行弹回，使空气吸入。如此有节奏地进行，每分钟 18～20 次。

在实施人工呼吸时，应注意以下几点：

· 将病人安放在空气流通的地方，松开衣服，但不要使病人受凉。

· 用纱布或手帕清除病人口中的痰液、血块、泥土或假牙等物。

· 口对口呼吸时，嘴与嘴间可放上手帕或几层纱布，但不要太厚，以免影响空气吸入。

· 人工呼吸的同时，可肌肉或皮下注射呼吸兴奋剂。

· 病人有微弱的自然呼吸时，人工呼吸应和病人的自然呼吸节律相一致，不可相反。

· 病人呼吸恢复正常后，方可停止，如果病人呼吸再度停止，则应再次施行，不可中断，只有确定病人已经死亡，方可放弃抢救。

· 用力要适当，以防肋骨骨折，也不要挤压胃部，防止将胃内容物压出，阻滞呼吸。

· 抢救开始时，首次吹气两口，每次吹气量不要大于 1200 毫升，以免造成胃扩张，儿童吹气量在 800 毫升左右，以胸廓上抬为准。

· 吹气时不要按压胸部。

(2)胸外心脏按压法

胸外心脏按压法，是在病人因某种原因心脏突然停止跳动、血液循环也停止时，采取的一种心肺复苏术。具体方法如下：

病人仰卧在床上或地上，头低 10°，背部垫上木板，解开衣服，在胸廓正中间有一块狭长的骨头，即胸骨，胸骨下正是心脏。

急救人员跪在病人的一侧，两手上下重叠，手掌贴于心前区（胸骨下 1/3 交界处），以冲击动作将胸骨向下压迫，使其陷 3～4 厘米，随即放松（按压时要慢，放松时要快），让胸部自行弹起，如此反复，有节奏地按压，每分钟 60～80 次，到心跳恢复为止。

胸外按压法注意事项：

· 按压时，不宜用力过大、过猛，部位要准确，不可过高或过低。否则，易致胸骨、肋骨骨折、内脏损伤，或者将食物从胃中挤出，逆流入气管，引起呼吸道梗阻。

· 胸外心脏按压常常与口对口呼吸法同时进行，吹气与按压之比：1 人时，吹 1 口气，按压 8～10 次；2 人时，吹 1 口气，按压 4～5 次。

· 在施行胸外心脏按压的同时，要配合心率注射急救药物，如肾上腺素、异丙基肾上腺素等。

· 如果病人体弱或是小孩，则用力要小些，甚至可用单手按压。

· 按压有效时，可触到颈动脉搏动，自发性呼吸恢复，脸色转红，已散大的瞳孔缩小等。

(3)氧气吸入法

氧气吸入法是在病人呼吸困难的情况下采用的一种给氧方法。此法适用于以下病人：

①头部外伤,使呼吸中枢的功能受到抑制,甚至发生麻痹,急需要吸入氧气。

②胸部外伤,一般指开放性外伤,如肋骨骨折刺破了肺脏,使肺活量显著减退,呼吸困难,急需用氧。

③一切肺脏的急性感染,最常见的如小儿麻疹后合并肺炎,引起呼吸困难,吸氧可减轻其症状。患支气管哮喘、肺气肿、大叶性肺炎等呼吸困难的病人,也可吸入氧气。

讲题 9 船舶交通事故的抢险组织与救援

一、事故类型及危险程度分析

工程施工现场作业的船舶多、渔船多,作业时间较长以及施工区域有渔船,作业的船舶有本单位打桩船组及配合施工船舶、外单位作业船舶,相互间交叉航行频繁。若相关方联系、沟通、避让失误,易发生船舶交通碰撞事故,甚至人员伤亡和重大船舶、设备损坏等财产损失,衍生火灾、爆炸事故。因此,必须加强各船舶间的联系沟通、避让,严格遵守海上航行避撞规则,避免船舶交通事故的发生。

二、应急处置的基本原则、组织机构及职责

1. 应急处置的基本原则

(1)预防为主,相互沟通、避让。

(2)整合外部资源,减少事故损失。

(3)控制衍生事故。

2. 组织机构及职责

见图 4-2。船通事故应急救援组织为项目部应急救援指挥小组。

三、船舶交通事故的预防

(1)进入施工现场的施工船舶检验合格、状态良好,船舶持有合格船舶检验证书,船员证件齐全,船员的配备机构不低于船舶最低安全配员要求,船舶处于适航状态。

(2)航行过程遵守“国际海上避碰规则”和“雾航规则”等海上航行规则,航行期间保持瞭望,夜间停泊须有人值班。

(3)船舶进、出港或经过船艇密集的狭险航道,或遇雾、暴风雨等恶劣天气时,要加强船头瞭望,瞭望时应注视船头方向及两舷的海面情况,如发现漂浮物、船舶、陆岸、暗礁及灯光、声响及其他不正常情况,应立即向驾驶台报告,以便及时采取正确的避让措施。

(4)船舶航行、停泊过程中要正确使用信号标志,施工船舶使用的陆域地锚、锚

缆位置应设立明显的安全标志。

(5)施工船舶作业中应注意观望海面状况，密切注意往来船舶途径及对施工作业的影响。

(6)经常检查起重钢丝绳、系缆钢丝绳、卡环、索具等的磨损情况，发现缺陷及时更换。

(7)船舶航行过程中出现故障或搁浅等影响其他船舶正常航行时，须立即向海事部门报告，采取措施减少和消除影响。

(8)打桩船、方驳等非自航船舶锚泊时，抛锚点须设锚标，锚标夜间装标灯，标灯夜间可发光。

(9)船舶拖航前须根据《海上拖航检验技术规则》申请航前检验，由船检机构发布《适拖证书》，确定拖船与被拖物适拖，制订航行计划后方可拖航。拖航期间随时收听天气信息，定期检查拖具和被拖物，加强瞭望及沟通。

(10)船舶不得超载航行，大风、大浪等恶劣天气情况下不得出航。

四、事故报告流程与现场应急处置措施

1. 事故报告流程

见图 4-1。

2. 现场应急处置措施

(1)发生海上交通事故须立即用高频或电话向当地海事局报告(海上救助电话：12395)，寻求海上救助资源，船长为船舶应变部署总指挥，指挥船员根据《船舶应变部署表》做出应变反应。

(2)船舶发生交通事故可能影响其他航行船舶的安全时，须显示船舶事故信号，警示其他船舶避让。

(3)船舶发生碰撞，如船体破坏，破坏点位于吃水线之上，面积较小，须立即组织人员焊接、补实，面积比较大，须联系维修船配合维修或进坞维修；船体破坏点位于吃水线之下，船体漏水，立即采取堵漏工具堵住漏洞，控制舱内涌水，抽水工具排除舱内集水。船体漏水无法控制，将漏水舱室内封闭；封闭后，须切断漏水舱室的电源，防止漏电事故的发生。船舶有下沉的趋势，应与海事部联系，获得许可，就近或就地将船载重物卸下，以减轻船载，争取抢救时间。

(4)船舶沉船趋势明显，须采取弃船行动，船员穿上救生衣、乘坐救生阀或救生艇脱险。

(5)船舶搁浅，检查船体是否有破损或裂口，存在裂口漏水须采取措施，若无破损则联系拖轮或等待高潮时将船移出。船舶搁浅期间须加固船载的易动物件，防止船体发生倾斜，物体倒塌、坠落引起的事故。

(6)船舶交通事故衍生淹溺事故、火灾或触电事故，须按照淹溺、火灾、触电事故应急预案实施现场处置。

讲题 10 车辆交通事故的抢险组织与救援

随着社会的向前发展，汽车越来越多地被用于陆上交通，因此就有可能出现交通事故，甚至是特大交通事故。为规范公司特大道路交通事故应急管理，以确保公司相关人员在发生此类事故时能及时、准确地做出应急响应，将事故造成的损失降低到最低程度，特制定本程序。

一、事故类型及危险程度分析

工程项目施工的各类车辆多，有时路况差、道路狭窄、临海，行驶路线更换频繁，有的车况不良，超载严重，行驶路线与码头作业区域频繁交叉，交通事故概率高，衍生事故损失大，因此，车辆交通安全是施工现场安全工作的重点，应从司机的准入、教育和考核出发，加强车辆和道路监管，避免交通事故的发生。

二、应急处置的基本原则、组织机构及职责

1. 应急处置的基本原则

(1)抢救人员优先。

(2)控制事故扩大优先。

2. 组织机构及职责

见图 4-2。车辆交通事故应急救援组织为项目部应急救援指挥小组。

三、车辆交通事故的预防

(1)严把司机进场准入关，司机须持有与其驾驶车型相符的合格驾驶证。

(2)行驶车辆车牌、行驶证和年度检验合格证齐全、有效。

(3)每日出车前检查车辆的转向装置、刹车装置、信号灯具、喇叭和轮胎等，保持车况良好，严禁带“病”车辆上路。

(4)施工路段设置限速牌，限制施工路段车速，临海路段、急转弯或作业人员密集区域设减速标志和警示标志。

(5)严格遵守交通规则，严禁违规驾驶。

(6)严格控制车辆的载重，禁止车辆超载行驶。

(7)施工道路须平整、通畅，减少急转弯，道路须由专人维护，及时清理车辆漏卸的物料，路面经常洒水，减少扬尘。

(8)超长、超宽的物件运输，应设置明显的警示标志，制定专项运输方案。

四、事故报告流程与现场应急处置措施

1. 事故报告流程

见图 4-1。

2. 现场应急处置措施

(1)发生事故，应立即采取措施，调用现场设备将人员脱离危险区域，拨打急救电话 120 寻求医疗救护。

(2)现场受伤人员抢救:首先观察伤者的受伤情况、部位、伤害性质,如伤员发生休克,应先处理休克。遇呼吸、心跳停止者,应立即进行人工呼吸,胸外心脏按压。处于休克状态的伤员要让其安静、保暖、平卧、少动,并将下肢抬高20°左右,尽快送就近医院进行抢救治疗。

(3)出现颅脑损伤,必须维持呼吸道通畅。昏迷者应平卧,面部转向一侧,以防舌根下坠或分泌物、呕吐物吸入,发生喉阻塞。有骨折者,应初步固定后再搬运。遇有凹陷骨折、严重的颅底骨折及严重的脑损伤症状出现,创伤处用消毒的纱布或清洁布等覆盖伤口,用绷带或布条包扎后,及时送就近有条件的医院治疗。

(4)拨打122报告交警大队,协助事故现场的清理。

讲题11 食物中毒事故的抢险组织与救援

日常生活中可能发生食物中毒事情,特别是海上集体生活,一旦发生食物中毒,极易出现多人同时发病。

一、事故类型及危险程度分析

食物中毒是指人食用了含有毒、有害物质的食品而引起的急性、亚急性中毒现象。食物中毒事故在建筑工地上时有发生,极易造成群死群伤的严重后果。因此,必须提高劳动者对防止中毒的认识,加强宣传教育工作和预防措施的落实。

二、应急处置的基本原则、组织机构及职责

1. 应急处置的基本原则

(1)查出毒源、减少事故影响人群。

(2)寻求医疗救助优先。

2. 组织机构及职责

见图4-2。食物中毒事故应急救援组织为项目部应急救援指挥小组。

三、食物中毒事故的预防

(1)保持食品加工场所内外环境整洁,采取消除苍蝇、老鼠、蟑螂和其他有害昆虫及其滋生条件的措施。

(2)设置卫生消毒柜。盛放直接入口食品的容器,使用前必须洗净、消毒,其他用具用后必须洗净。

(3)食堂人员必须持有效合格的健康证上岗,应当经常保持个人卫生,穿戴清洁工作衣帽,非厨房人员不得擅自进入厨房。

(4)生、熟食物要定点采购。

(5)从市场上购买的蔬菜要先用清水洗净,浸泡约半小时后,用开水烫过才煮炒。

(6)切菜的砧板、盛食物的容器要生熟分开,碗筷和洗碗布要经常消毒,所有食品均应实行24小时留样。

(7)不购买、食用因病因毒死亡的禽、畜和已死亡的海鲜、鱼虾类以及腐烂变质

或过期的食品。

(8)每月两次对生活区进行除“四害”喷药杀毒。

四、事故报告流程与现场处置措施

1. 事故报告流程

见图 4-1。

2. 中毒的症状与现场处置措施

食物中毒的症状：表现为起病急骤，轻者有恶心、呕吐、腹痛、腹泻、发热等现象；重者出现呼吸困难、抽搐、昏迷等症状，如不及时抢救，极易死亡。食物中毒的特点：

(1)突然暴发，在短期内(一般 2～24 小时)有多人发病，所有发病者与进食某种食品有明显的关系。如果停止食用引起食物中毒的食品，则发病迅速停止。

(2)发病者多是在同一伙食单位进食同一种食品。进食量多的人，病情较重。

(3)细菌性食物中毒多发在夏、秋季节。误食毒蘑菇中毒多发在春、夏多雨及暖湿的季节。

3. 现场应急处置措施

(1)一旦发生食物中毒，要立即报告当地卫生局和防疫站。中毒者应及时送医院治疗。在送医院前，如果发现中毒者口服的毒物并非强酸、强碱或其他腐蚀物，又清醒合作，可即让其饮水 2～3 碗，至感饱满为度。随即用手刺激其咽部与舌根，引起迷走神经兴奋而发生呕吐，将毒物吐出。

(2)当发生职业中毒事故时，首先必须切断毒物来源，即使患者停止接触毒物，对中毒地点进行送风输氧处理，然后派有经验的救护人员佩带防毒器具进入事故地点将患者移至空气流通处，使其呼吸新鲜空气和氧气，并对患者进行紧急抢救。

(3)在切断毒物来源之前，严禁任何人未佩戴防毒器具进入现场抢救。

讲题 12 淹溺事故的抢险组织与救援

由于生产设施作业区域多在海上，所以人员落水的事情就有可能发生。当发生人员落水事故时，应按照以下应急处理程序进行处理。

一、事故类型及危险程度分析

工程涉及临水、水上作业和船舶作业。作业区域夏季长、温度较高，海区夏季台风频发、秋冬季节季候风盛行，自然环境比较恶劣，作业过程中发生人员坠海淹溺事故可能性较大。

二、应急处置的基本原则、组织机构及职责

1. 应急处置的基本原则

(1)充分利用现场救助资源，迅速、果断、自救、互救。

(2)溺水时间长、体质弱的先营救。

2. 组织机构及职责

见图 4-2。淹溺事故应急救援组织为项目部应急救援指挥小组。

三、淹溺事故的预防措施

(1)水上作业、甲板上临边操作的人员必须正确穿救生衣,舷外作业系救生绳(安全带)。

(2)临水作业时的风力等级不得超过 6 级,超过 6 级停止作业。

(3)临边、临水作业区及海上作业平台(码头)空洞处设置安全网(平网、立网)围蔽,孔洞用木板盖上,无围蔽措施处须设立明显的警示标志。

(4)在小艇、排筏水上作业时必须 2 人以上,严禁单独水上作业。

(5)乘坐及驾驶交通船的安全措施:

①交通船持有有效适航证书,配置符合载员要求的救生设备。

②交通船上限定载量和最高载客人数,不许超载。

③乘坐交通船的人员上船后,要坐下或蹲下,手扶船上固定物(栏杆),不准嘻闹,遇到风浪大时,人员不能走到同一侧,船未停稳不得上岸。

(6)船舶靠泊、移船、定位带缆作业时,人员要站在安全位置和站稳,防止船舶碰撞瞬间站立失稳掉海。

(7)水上作业人员须正确穿救生衣,临水作业点放置一定数量的救生圈。

(8)定期检查船体状况及安全设施齐备情况,保证船舶安全适航。

四、事故报告流程与应急处置

1. 事故报告流程

见图 4-1。

2. 现场应急处置

(1)施救人员救护措施

①第一个发现有人落水的人员应及时进行施救,立即向落水者下游、下风或附近抛下救生圈,系有救生绳的救生圈应把绳头留在手上,同时大声通知附近人员或船只协助救援。可能时,直接救落水者脱险。

②现场带班负责人听到有人落水的消息,应立即组织抢救并通知工地负责人。

③值班救护船接通知后,应立即前往出事地点,从下风、下游接近落水者,如风浪大要保持一定距离,防止船碰撞落水者。

④救护船接近落水者后,放下舷边挂梯,伸出竹竿或抛下带救生绳的救生圈,使落水者拉住扶物,自行上船或拖近船旁上船。

⑤如落水者落水后晕迷或受伤,施救人员下水施救时,应穿好救生衣,系上救生绳,接近伤者后,仰面托起受伤者头部,把伤者救离水面后,立即根据伤情给予现场抢救。

⑥如伤者情况严重或无法现场抢救,救护船在现场抢救的同时,边通知项目部负责人做好送伤者到医院就医准备。

(2)落水人员自救措施

①人员一旦落水,浮升到水面后,应大声呼救,可能情况下,尽量抓住固定物,避免漂远或被海浪打向岸边。但要注意身体不要碰撞固定物。

②落水人员如被压船底,应手托船底板,设法顺流游离船底。

③落水人员在待救时,要背向风浪,防止呛水。

讲题 13 中暑事故的抢险组织与救援

一、事故类型及危险程度分析

码头工程所在的区域常年高温、天气炎热,露天作业体力劳动频繁,作业区域临水,人员在高温下施工容易出现中暑。

二、应急处置的基本原则、组织机构及职责

1. 应急处置的基本原则

(1)有效组织现场资源,早发现、早处理。

(2)团结合作、相互照顾,及时抢救。

2. 组织机构及职责

见图 4-2。中暑事故应急救援组织为项目部应急救援指挥小组。

三、中暑事故预防措施

(1)采取综合的措施,切实预防中暑事故的发生,从技术、保健、组织等方面做好防暑降温工作。

(2)加强防暑降温工作的领导,在入暑以前,制订防暑降温计划和落实具体中暑措施。

(3)要加强对职工防暑降温知识的教育,增强自防中暑的能力,注意保持充足的睡眠时间。

(4)根据本地气温情况,适当调整作息时间,利用早晨、傍晚气温较低时工作,延长休息时间等办法,避开中午时间,减少阳光辐射热,以防中暑。

(5)贯彻《劳动法》,控制加班加点;切实做到劳逸结合,保证工人吃好、睡好、休息好。

(6)在职工较集中的露天作业施工现场设置休息室,室内通风良好,室温不宜超过 30 ℃;工地露天作业较为固定时,也可采用搭建活动凉棚、遮阳伞等措施,减少阳光辐射。

(7)对露天和高温作业者,应供给足够的符合卫生标准的饮料,供给含盐浓度 0.1%~0.3%的清凉饮料,暑期还可供给绿豆汤、茶水等。

(8)加强个人防护。一般宜选用浅蓝色或灰色的工作服,颜色越浅热阻率越大。对辐射强度大的工种应供给白色工作服,并根据作业需要佩戴好各防护用具;露天作业应戴白色安全帽,防止阳光曝晒。

四、事故报告流程与现场事故应急处置措施

1. 事故报告流程

见图 4-1。

2. 中暑事故的表现与现场应急处置措施

(1)中暑症状的表现

①先兆中暑。其症状为：在高温环境中劳动一段时间后，出现大量流汗、口渴、身感无力、注意力不集中，动作不能协调等症状。

②轻度中暑。其症状为除有先兆中暑症状外，还可能出现头晕乏力、面色潮红、胸闷气短、皮肤灼热而干燥，还有可能出现呼吸循环系统衰竭的早期症状，如面色苍白、恶心、呕吐、血压下降、脉搏细弱而快、体温上升到 38.5℃以上。此时，如不及时救护，就会发生热晕厥或热虚脱。

③重症中暑。一般是因未及时和适当处理出现的轻症中暑(病人)，导致病情加重，随着出现昏迷、痉挛或手脚抽搐。此时中暑病人皮肤往往干燥无汗，体温升至40℃以上，若不赶紧急救，很可能危及生命安全。

(2)现场应急处置措施

出现有头痛、头晕、耳鸣、眼花等症状继之出现恶心、呕吐、全身皮肤发红、剧烈口渴、小便增多、脉搏快速而微弱等症状者为中暑，应该迅速将病人移至阴凉通风的地方，解开其衣服，让病人平卧，头部不要垫高，用冷水毛巾敷头部，用风扇吹病人(不能太大风)或用较凉的水(刚一开始不要用很凉的水，而要将水温逐渐变凉)擦其身体(头部、腋下、股窝等处)再用风扇吹，一般中暑病人就能逐渐好转，并可服人丹、十滴水等药物，并送就近医院抢救。

讲题 14　各类自然灾害事故的抢险组织与救援

确切地说，凡危害人类生命财产和生存条件的各类事件通称之为灾害。纵观人类的历史可以看出，灾害的发生原因主要有两个：一是自然变异，二是人为影响。因此，通常把以自然变异为主因的灾害称之为自然灾害，如地震、风暴潮；将以人为影响为主因的灾害则称之为人为灾害，如人为引起的火灾。

自然灾害形成的过程有长有短，有缓有急。有些自然灾害，当致灾因子的变化超过一定强度时，就会在几天、几小时甚至几分、几秒钟内表现为灾害行为，像地震、洪水、飓风、风暴潮、冰雹等，这类灾害称为突发性自然灾害。旱灾、农作物和森林的病、虫、草害等，虽然一般要在几个月的时间内成灾，但灾害的形成和结束仍然比较快速、明显，所以也把它们列入突发性自然灾害。另外，还有一些自然灾害是在致灾因素长期发展的情况下，逐渐显现成灾的，如土地沙漠化、水土流失、环境恶化等，这类灾害通常要几年或更长时间的发展，则称为缓发性自然灾害。

一、事故类型及危险程度分析

1. 自然灾害的事故类型

(1)地质灾害:地质作用所产生的灾害,如火山爆发、地震、泥石流、山体滑坡、山崩。

(2)气象灾害:短时间的大气物理过程产生的灾害,如雨灾(暴雨、热带暴风雨)、风灾(台风、飓风、龙卷风)、水灾(洪水)、雪灾(暴风雪、雪崩)。

(3)气候灾害:气候异常所产生的灾害,如全球大气变暖、旱灾等。

(4)水文灾害:如水灾等。

(5)生态灾害:恶性传染病(SARS、埃博拉病毒)、沙尘暴、火灾(森林大火)等。

(6)天文灾害:流星体或小行星撞击地球,太阳活动引发的灾害。

2. 危险程度分析

中国自然灾害种类繁多。地震、台风、暴雨、洪水、内涝、高温、雷电、大雾、灰霾、泥石流、山体滑坡、海啸、道路结冰、龙卷风、冰雹、暴风雪、崩塌、地面塌陷、沙尘暴等,每年都要在全国和局部地区发生,造成大范围的损害或局部地区的毁灭性打击。自然灾害是人与自然矛盾的一种表现形式,具有自然和社会两重属性,是人类过去、现在、将来所面对的最严峻的挑战之一;自然灾害是地理环境演化过程中的异常事件,却成为阻碍人类社会发展最重要的自然因素之一。

自然灾害通常是剧烈的,其破坏力极大,持续时间有长有短。自然灾害有许多重要的特征,具有普通性、区域性、不可避免性和对财产损害性。

二、应急处置的基本原则、组织机构及职责

1. 应急处置的基本原则

(1)以人为本。在实施自然灾害救援中,始终把保障人民群众的生命财产安全作为出发点和落脚点。

(2)预防为主。在监测中坚持常规监测与专项监测相结合,在预报中坚持科学分析与准确预报相结合,在预警中坚持提前预警与扩大预警覆盖面相结合,加大日常宣传教育力度,做好各项防范准备。

(3)统筹兼顾。自然灾害发生后,各相关部门和受灾地区要按照各自的工作职责开展恢复生产、生活工作。

2. 组织机构及职责

见图 4-2。自然灾害事故应急救援组织为项目部应急救援指挥小组。

三、自然灾害事故预防措施

(1)预防和减轻台风灾害,应根据台风预警级别,及时疏散沿海地区居民,人员应尽可能待在防风安全的地方,加固港口设施,防止船只走锚、搁浅和碰撞,拆除高层建筑广告牌,预防强暴雨引发的山洪、泥石流灾害。

(2)对暴雨洪涝灾害,根据雨情发展,及时转移滞洪区、泄洪区人员、财产,及时转移城市低洼危险地带以及危房内的居民,切断低洼地带有危险的室外电源。

(3)浓雾发生时，大气能见度与空气质量明显下降，机场、高速公路、航运采取停运、封闭措施，交通驾驶人员控制速度，确保安全，居民减少外出，外出时戴口罩。

(4)雪灾发生时，相关部门做好交通疏导，必要时关闭道路交通，做好道路清扫和积雪融化工作，驾驶人员小心驾驶，防范道路结冰影响。

四、事故报告流程与现场应急处置措施

1. 事故报告流程

见图 4-1。

2. 现场应急处置措施

(1)灾情监测、收集、报告与评估。必要时可组织专家组深入灾区，对灾害损失及其社会影响进行评估，为救灾工作提供决策依据。

(2)紧急救援和转移灾民，最大限度地减少人员伤亡和财产损失。

(3)应急保障。保障救灾应急所需资金；为灾民提供临时住所、应急食品、饮用水、衣被等生活必需品；保障灾区交通、通信畅通和电力供应以及紧急救援所需的车、船等交通运输工具；为参加抢险的人民解放军、武警部队、预备役部队和民兵等准备必要的专用物资、器材，并提供必要的生活保障；紧急救治伤病员，控制疫情发生和蔓延；维护灾区社会治安和交通秩序。

(4)预防次生、衍生灾害。

(5)向上级有关部门申请应急资金，必要时向上级人民政府请求紧急支援。

(6)视灾情组织救灾捐赠。

(7)恢复重建因灾毁损的居民住房、学校校舍，修复因灾毁损的交通、通信、水利、电力、供水等基础设施。

(8)向社会发布灾情及救灾工作等有关信息。

附录一
应急管理部　人力资源和社会保障部 教育部　财政部　国家煤矿安全监察局 关于高危行业领域安全技能提升行动计划的实施意见

（应急〔2019〕107 号）

各省、自治区、直辖市及新疆生产建设兵团应急管理厅（局）、人力资源和社会保障厅（局）、教育厅（局）、财政厅（局）、煤矿安全培训主管部门，各省级煤矿安全监察局，有关中央企业，各有关单位：

按照《国务院办公厅关于印发职业技能提升行动方案（2019—2021 年）的通知》（国办发〔2019〕24 号）要求，为认真实施高危行业领域安全技能提升行动计划，现提出以下意见。

一、目标任务

从现在开始至 2021 年底，重点在化工危险化学品、煤矿、非煤矿山、金属冶炼、烟花爆竹等高危行业企业（以下简称高危企业）实施安全技能提升行动计划，推动从业人员安全技能水平大幅度提升。

——高危企业在岗和新招录从业人员 100％培训考核合格后上岗；特种作业人员 100％持证上岗；高危企业班组长普遍接受安全技能提升培训，其中取得职业资格证书或职业技能等级证书或接受相关专业中职及以上学历教育的人员比例提高 20 个百分点以上；化工危险化学品、煤矿、金属非金属地下矿山、金属冶炼、石油天然气开采企业从业人员中取得职业资格证书或职业技能等级证书的比例达到 30％以上。

——遴选培育 50 个以上具有辐射引领作用的安全技能实训和特种作业人员实操考试示范基地、50 个以上安全生产教育培训示范职业院校（含技工院校，下同）、100 家以上安全生产产教融合型企业；安全技能培训基础进一步夯实，培训供给能力和质量大幅度提升。

——安全技能培训制度机制更加完善，以企业为主体、各类机构积极参与、劳动者踊跃参加、部门协调配合、政府激励推动的高危行业领域安全技能培训格局初步形成。

二、有针对性地开展安全技能提升培训

(一)开展在岗员工安全技能提升培训。高危企业是安全技能提升培训的责任主体,企业主要负责人要组织制订并推动实施安全技能提升培训计划。培训计划要覆盖全员,将被派遣劳动者、外包施工队伍人员纳入统一管理和培训。要围绕提升职工基本技能水平和操作规程执行、岗位风险管控、安全隐患排查及初始应急处置的能力,构建针对性培训课程体系和考核标准。要分岗位对全体员工考核一遍,考核不合格的,按照新上岗人员培训标准离岗培训,考核合格后再上岗。企业要制订计划,2021 年底前安排 10%以上的重点岗位职工完成职业技能晋级培训,取得职业资格证书或职业技能等级证书后,按照有关规定给予职业培训补贴或参保职工技能提升补贴。

(二)严把新上岗员工安全技能培训关。高危企业新上岗人员安全生产与工伤预防培训不得少于 72 学时,考核合格后方可上岗;要建立健全并严格落实师带徒制度,出徒后方可独立上岗。要加大从职业院校招收新员工力度,逐步提高从业人员中高中阶段及以上文化程度的招收比例。工作岗位调整或离岗 3 个月以上重新上岗的人员要接受针对性安全培训,考核合格方可重新上岗。人力资源社会保障、教育、财政部门要会同应急管理、煤矿安监部门在危险化学品“两重点一重大”装置操作、矿山井下作业、石油天然气钻井作业、油气管道带压开孔、金属冶炼煤气作业等风险偏高的技能操作型岗位新招录员工中,推行企业新型学徒制,实行“入企即入校”企校合作培养培训,按规定给予职业培训补贴。

(三)实施班组长安全技能提升专项培训。各省级应急管理、煤矿安全培训主管部门要统筹制定总体方案,明确目标进度、培训内容、考核形式、实施主体、保障措施等,2021 年底前将高危企业班组长轮训一遍。实行企业内安全培训、职业技能培训等学习成果互认。各级应急管理、煤矿安全培训主管部门要会同教育、人力资源社会保障部门搭建校企合作平台,推动职业院校设置安全管理相关专业,通过“文化素质+职业技能”等多种方式面向高危班组长招生,由校企共研培养方案,根据企业生产特点灵活安排学习,推行面向真实生产环境的任务式培养模式,实施“学历证书+若干职业技能等级证书制度”试点。对于符合条件人员,按规定给予职业培训补贴。

(四)强化特种作业人员安全技能培训考试。各企业要依法明确从事特种作业岗位的人员,新任用或招录特种作业人员要参加专门的安全技能培训,考试合格后持证上岗。严格危险化学品和新申请煤矿安全作业的特种作业人员须具备高中阶段及以上文化程度,严格特种作业人员理论和实际操作培训课时要求,不具备实际操作条件的机构不得承担培训任务,鼓励企业建立特种作业人员培训考试点。应急管理部门、煤矿安全培训主管部门要组织实施特种作业实操考点创优提升计划,取消以问答代替实际操作的培训和考试方式。结合培训内容、培训时长、考核结果、物价水平等因素，确定特种作业人员安全技能培训补贴。

（五）将安全生产知识贯穿各类人员职业培训全过程。人力资源社会保障部门要把安全生产与工伤预防内容编入各类人员职业技能标准和培训教材，明确培训课时要求，考核评价中涉及安全生产的关键技能不合格的，则技能考核成绩不及格。教育、人力资源社会保障部门要在职业院校相关专业教学标准中增加安全生产知识，作为必修内容。应急管理部门要提供专家、内容资源等支持，会同人力资源社会保障和教育部门组织编制培训大纲和有关教材。

三、提高安全技能培训供给质量

（一）重点提升企业安全技能培训能力。鼓励有能力的企业设立职工培训中心、编制课程体系、建立考核标准和题库，自主组织安全技能培训考核；其他不具备能力的企业要委托有能力的企业或机构，提供长期、量身定制的培训考核服务。强化规划布局和经费投入，支持在高危企业集中的地区新建或提升改造一批具有辐射引领作用的高水平安全生产和技能实训基地，其中2021年底前实现省级以上化工园区都有具备实训条件的专业机构、其他化工园区都有自建共建或委托具备实训条件的专业机构提供安全技能培训服务。应急管理、煤矿安全培训主管部门要遴选一批安全技能培训示范企业，推荐纳入产教融合型企业，按规定给予政策激励。

（二）推动职业院校开展安全技能培训。应急管理、人力资源社会保障和教育部门要联合遴选公布一批安全技能提升培训能力和意愿较强的示范职业院校，引导强化高危行业安全技能培训供给，开展化工危险化学品产业工人培养试点。应急管理部门要会同有关部门经常举办高危行业产教融合对接洽谈活动，推动一批化工园区与职业院校建立产教联盟，推动一批职业院校在高危企业设立分校区，推动一批高危企业依托职业院校设置职工培训机构、实训基地。应急管理部门、煤矿安全培训主管部门要共建一批安全生产特色职业院校，支持职业院校申报特种作业人员考试点。鼓励社会培训机构开展安全技能提升培训，落实同等支持政策。

（三）建设安全生产网络平台和机制。应急管理部门要引导各类力量参与，建设企业安全生产网络学院和高危行业分院，建立完善课程超市和自主选学机制。建立高危行业安全技能学习培训学分银行制度，有序开展学习成果的认定、积累、转换，制定线上学习课时按比例计入培训总课时的标准，逐步实现理论知识更新再培训以线上培训为主。探索为每位高危企业从业人员建立安全技能培训学习个人终身账号和档案，存储个人学习、培训、从业等信息，一人一档、终身有效，使培训和考核过程可追溯。推动现代模拟实训考试技术应用，防止过度虚拟化。

（四）强化专兼职师资队伍建设。高危企业要建立健全内部培训师选拔、考核和退出机制，大力推动管理、技术人员和能工巧匠上讲台，并给予授课技巧培训和基本课件、通用案例等支持，逐步实现企业在岗培训以企业内训师承担为主。省级以上应急管理部门要公开遴选、择优公布若干区域性、专业性安全技能培训师资研修基地。各培训机构要制订师资培养培训计划，并组织教师每年到企业实践或调研，提高授课针对性和感染力。

（五）规范培训考核标准体系。应急管理部门、煤矿安全培训主管部门要发挥标准在安全技能培训中的基础性作用，加快构建培训机构标准、实训条件标准体系。推广结构化、模块化的矩阵培训方法和职业培训包制度，提升培训规范性、系统性。按照看得懂、记得住、用得上原则，开发分层次、分专业、分岗位的教材体系，倡导使用新型活页式、工作手册式教材，鼓励企业编写企业内部培训教材。建设安全生产数字资源库，推动安全培训课件、事故案例、电子教材等资源共建共享。

四、强化保障措施

（一）强化组织领导保障。各省级应急管理部门要会同人力资源社会保障、教育、财政、煤矿安全培训主管部门研究制定本地区高危行业领域安全技能提升行动计划实施方案。要建立工作抽查评估和情况通报机制，将方案实施情况纳入对下级政府安全生产和消防综合考核内容，作为安全生产标准化达标评审必要条件。发挥行业协会在促进校企合作对接、培训考试标准建设等方面的作用。注重总结经验、推广典型，层层培育示范企业、示范院校、示范基地。强化政策解读和宣传，适时举办全国性安全技能竞赛，营造良好工作氛围。

（二）落实职业培训补贴政策。要将高危行业领域安全技能提升行动计划中相关内容纳入职业技能提升行动，细化有关资金补贴条件和具体标准。高危企业要在职工教育培训经费和安全生产费用预算中配套安排安全技能培训资金，用于一般从业人员安全技能培训；落实企业职工教育经费税前扣除限额提高至工资薪金总额8%的税收政策。依法从工伤保险基金提取工伤预防费用于工伤预防的宣传培训。推动安全生产责任险保险机构为参保企业提供安全技能培训服务。通过现有渠道安排资金，对安全技能实训基地建设、培训教材开发、师资培训、数字资源建设等给予支持。省级应急管理部门、煤矿安全培训主管部门要会同人力资源社会保障部门建立完善安全技能培训机构管理制度，将符合条件的安全技能培训机构名单，纳入人力资源社会保障部门统一目录清单管理；要建立安全技能培训实名制管理平台，及时向人力资源社会保障部门推送补贴性培训人员信息，减少企业及个人报送纸质材料，提高审核拨付补贴资金工作效率。

（三）加大执法检查力度。各级应急管理部门、煤矿安监部门要把企业安全培训纳入年度执法计划，规范安全培训执法程序和方法，将抽查企业培训计划、持证情况、抽考安全生产常识作为培训执法重要内容，发现应持证未持证或未经培训就上岗的人员，依法责令企业限期改正并予以处罚。发现不按统一的培训大纲组织教学培训、不按统一题库进行考试等行为的安全培训和考试机构，要依法严肃处理。

应急管理部　人力资源和社会保障部　教育部

财政部　国家煤矿安全监察局

2019年10月28日

附录二
关于印发《中国海油安全技能提升行动实施方案》的通知

（中国海油安〔2020〕243 号）

有关所属单位：

为深入贯彻落实国家有关部委关于高危行业领域安全技能提升行动计划的要求，督促中国海油各有关单位切实加强从业人员安全技能培训工作，全面提升人员安全技能水平，为公司实现高质量发展保驾护航，集团公司质量健康安全环保部和人力资源部研究制定《中国海油安全技能提升行动实施方案》，现印发给你们，请认真贯彻执行。

中国海洋石油集团有限公司

2020 年 6 月 5 日

中国海油安全技能提升行动实施方案

为认真贯彻落实《应急管理部 人力资源和社会保障部 教育部 财政部 国家煤矿安全监察局关于高危行业领域安全技能提升行动计划的实施意见》（应急〔2019〕107 号）文件精神，深入推进集团公司各有关单位安全技能培训工作，全面提升从业人员安全技能水平，夯实公司安全发展、高质量发展基础，现制定本实施方案。

一、总体要求

坚持以习近平新时代中国特色社会主义思想为指导，认真贯彻落实党中央、国务院关于安全生产和职业技能培训教育的决策部署，严格落实企业安全生产教育和培训主体责任，以“坚决防止较大事故，全面防范一切事故，始终追求零伤亡目标”为导向，以海洋石油勘探开发生产、工程建设、油田服务和中下游炼油、化工、储运等生产经营单位一线作业人员为重点，深入开展全覆盖、多手段、高质量的安全技能提升培训教育，推动从业人员安全技能水平大幅度提升。

二、工作目标

截至2021年底，集团公司下属涉高危的海洋石油勘探开发、工程建设、油田服务以及中下游炼油、化工、储运等生产经营单位(以下简称有关单位)，实施安全技能提升行动计划，力争达到以下目标：

(一)企业主要负责人、安全生产管理人员和特种作业人员(以下简称三项岗位人员)100%持证上岗；

(二)在岗和新招录从业人员100%培训考核合格后上岗；

(三)班组长100%接受安全技能提升培训和考核，其中新取得或者晋级取得职业资格证书或职业技能等级证书或接受相关专业中职及以上学历教育的人员比例提高20%以上；

(四)从业人员中取得职业资格证书或职业技能等级证书的比例达到30%以上；

(五)统筹培训考核资源，推动培训供给能力和质量大幅度提升，在集团公司内培育2～3个具有辐射引领作用的安全技能实训和特种作业人员实操考试示范基地；

(六)发挥网络教育和人工智能优势，创新教育和学习方式，建成中国海油安全生产网络学院，并投入使用。

三、工作措施

(一)落实安全培训主体责任。

各有关单位是从业人员安全技能提升培训的责任主体，主要负责人要组织制订并推动实施安全技能提升培训计划，保障经费需求，严格落实“三项岗位”人员和从业人员先培训后上岗制度，健全安全培训档案。具备安全培训条件的生产经营单位，以自主开展安全培训为主，也可以委托具备安全培训条件的机构，对从业人员进行安全培训；不具备安全培训条件的生产经营单位，应当委托具有安全培训条件的机构，提供量身定制的培训与考核服务，但保障安全培训的主体责任仍由生产经营单位负责。

(二)加强组织领导。

各有关单位要成立安全技能提升行动专项工作小组，由安全管理部门、人力资源部门、财务部门、宣传部门等组成，各负其责，加强统筹协调，细化落实措施，确保政策落地见效。集团公司质量健康安全环保部、人力资源部将实施方案的落实情况纳入对各有关单位安全生产和培训综合考核内容。

(三)有针对性地开展安全技能提升培训。

1. 开展企业在岗员工安全技能提升培训。

要分层级、分岗位构建针对性培训课程体系和考核标准，对全体员工考核一遍，考核不合格的，按照新上岗人员培训标准离岗培训，考核合格后再上岗。

(1)对企业领导，要重点强化安全新理念、新法规、新方法培训，提高安全管理意识和能力；

(2)对中层干部，要重点开展制度流程、安全知识、管理方法培训，强化安全责任和安全行为落实；

(3)对一线员工，要围绕操作规程执行、岗位风险管控、安全隐患排查及初始应急处置等内容重点开展小范围、短课时、多形式的实战培训，练好安全操作的基本功，要将长期劳务派遣人员纳入统一管理和培训；

(4)对外来承包商队伍，要重点开展安全管理制度、安全操作技能、应急预案演练等方面的培训，提高安全施工作业能力；

(5)支持员工积极参与职业资格和职业技能等级认定，组织、安排重点岗位员工完成职业技能晋级培训，确保2021年底从业人员中取得职业资格证书或职业技能等级证书的比例达到30%以上。

2. 严把新上岗员工安全技能培训关。

严格落实新上岗员工培训考核合格后上岗制度和师带徒制度。

(1)新招录人员、转岗人员接受安全生产和工伤预防培训不得少于72学时，考核合格后在经验丰富的师傅带领下实习至少满2个月，具备本岗位安全操作、应急处置等知识和技能之后方可独立上岗作业；

(2)离岗3个月以上重新上岗的人员要接受针对性安全培训，考核合格方可重新上岗；

(3)在危险化学品“两重点一重大”装置操作、石油天然气钻井作业、油气管道带压开孔等风险较高的技能操作型岗位新招录员工中，推行企业新型学徒制，逐步提高从业人员中高中及以上文化程度的招收比例。

3. 突出抓好班组长安全技能提升专项培训。

按照应急〔2019〕107号文要求，各地方政府应急管理部门统筹制定班组长安全技能提升专项培训总体方案，各有关单位要明确高危岗位班组长范围，统计参培人数，灵活安排参加脱产培训，确保2021年底前将企业班组长轮训考核一遍。

(1)上游企业参加海油安监办海油分部统一组织的班组长安全技能提升专项培训考核；

(2)中下游企业按照属地管理原则参加属地政府组织的班组长专项培训考核，或按照属地政府要求开展班组长专项培训工作；

(3)畅通班组长职业资格等级或职业技能等级晋升通道，组织制定班组长职业技能晋升计划，鼓励班组长积极申报职业资格等级和参加职业技能等级认定，确保班组长新取得或者晋级取得职业资格证书或职业技能等级证书的人员比例提高20%以上。

4. 强化特种作业人员培训、考核和取证。

(1)各企业对照国家公布的特种作业人员目录，明确从事特种作业岗位的人员，建立台账，严格落实特种作业人员考试合格后持证上岗规定；

(2)新任用或招录的特种作业人员必须参加专门的安全技能培训，考试合格后持证上岗；

(3)危险化学品特种作业人员须具备高中或者相当于高中及以上文化程度。

(四)夯实安全技能培训基础支撑能力，提高培训供给质量。

1. 提升安全技能实训和特种作业人员实操培训考试能力。

为高效推进安全技能提升行动计划实施，依托公司现有的内部培训考试机构，充分利用已有的资源和资质，优化整合，加快提升安全培训能力，努力提升安全技能培训供给质量。

(1)进一步推动集团公司内部现有培训机构加强实训场地、师资、设备、管理、施教模式等建设，着力提升实训能力，培育两到三个具有辐射引领作用的安全技能实训和特种作业人员实操考试示范基地，申报国家级安全技能培训示范企业，争取相关政策和资金支持；

(2)鼓励公司内部培训机构建立特种作业人员培训考试点，按照“管用、实用、够用”的原则，增设或改造升级现有实操培训设备，满足国家相关标准要求，严格执行特种作业人员理论和实际操作培训课时要求，不具备实际操作条件的机构不得承担培训考核任务。

2. 建设安全生产网络学院。

注重发挥网络学习平台在推动优质培训资源共享和降低培训成本中的作用，以海学平台为基础，结合上中下游各业务板块风险特点，开发针对性课程，建立课程超市和自主选学机制，实现混合式培训模式，制定线上学习课时按比例计入培训总课时的标准，有序开展学习成果的认定、积累和转换，逐步实现理论知识更新再培训以线上培训为主。探索为每位员工建立安全技能培训学习个人终身账号和档案，存储个人学习、培训、证书等信息，一人一档、终身有效，使培训和考核过程可追溯。安全生产网络学院在2020年底之前实现上线试运行。

3. 加强专兼职师资队伍建设。

(1)各生产经营单位应注重加强企业内训师的培养，制定选拔、政策激励、考核等制度，遴选具有实际工作经验的一线管理人员、工程技术人员和能工巧匠上讲台，并给予授课技巧培训和基本课件、通用案例等支持，逐步实现在岗培训以内训师授课为主；

(2)各培训机构要制订师资培养培训计划，加强专业和知识更新培训，组织安全培训教师到生产经营单位实践或调研，提高授课针对性和有效性。

4. 严格培训管理、严格考试把关。

各有关单位要充分认识到严格考试是对提升安全培训质量的指挥棒作用，要坚持“以考促培、以考促学”的重要原则，完善安全培训考试管理制度，规范安全生产培训和考试工作，紧贴实际需求制定培训大纲和考核题库，建立培训档案记录，严格培训、考试过程管理，严肃处理考试违规违纪行为，切实保障安全技能培训取得实效。

四、时间安排

(一)动员部署安排阶段。2020 年 6 月底以前，各有关单位结合自身实际成立专项工作组，制定本单位的具体工作方案和培训计划，加强政策宣贯、营造良好氛围。

(二)组织实施阶段。2021 年 8 月底以前，各有关单位要按照培训计划全面实施从业人员安全技能培训工作。

(三)总结评估阶段。2021 年 11 月 30 日前，完成安全技能培训评估、总结，开展优秀组织单位和个人表彰，总结良好经验和好做法，及时上升到制度层面，建立保障提升从业人员安全技能水平的长效机制。

五、保障措施

(一)加大政策宣贯。

利用海洋石油报、海油螺号、官微等平台宣贯国家和地方政府有关安全技能培训的政策和集团公司安全技能提升行动方案，适时举办各类安全技能竞赛、安全知识辩论大赛等活动，营造良好工作氛围。

(二)落实经费保障。

各有关单位要积极掌握和用好国家和地方政府关于支持安全技能培训的政策措施，同时也要保证必要的安全教育经费，精准使用。

1. 要积极跟踪了解各地方政府的安全技能培训补贴政策，积极申报、充分争取地方政府的专项资金补贴。

2. 要在职工教育培训经费和安全生产费用预算中配套安排安全技能培训资金，用于员工安全技能培训。

3. 推动安全生产责任险保险机构提供安全技能培训服务。

(三)加强监督检查。

集团公司质量健康安全环保部和人力资源部对有关单位的安全技能培训情况和内部安全培训机构进行监督检查，对于工作重视程度不够、工作要求落实不到位和受到政府安全培训专项执法处罚的，依据有关规定进行处理。

中国海洋石油集团有限公司办公室

2020 年 6 月 5 日印发